Bodendenkmalpflege und Industriekultur

Materialien zur Bodendenkmalpflege im Rheinland
Heft 13

Eine Veröffentlichung des
Landschaftsverbandes Rheinland
Rheinisches Amt für Bodendenkmalpflege

herausgegeben
von
Harald Koschik

LANDSCHAFTSVERBAND RHEINLAND
Rheinisches Amt für Bodendenkmalpflege

Bodendenkmalpflege und Industriekultur

2002
Rheinland-Verlag GmbH · Köln
in Kommission bei
Dr. Rudolf Habelt GmbH · Bonn

Gedruckt mit Mitteln des
Ministeriums für Städtebau und Wohnen, Kultur und Sport
des Landes Nordrhein-Westfalen

Titelbild: Reste einer Pulvermühle bei Dattenfeld, Gemeinde Windeck (SU),
die im 1. Weltkrieg stillgelegt wurde.

Rheinland-Verlag GmbH · Köln · 2002
Rheinland-Verlag- und Betriebsgesellschaft
des Landschaftsverbandes Rheinland mbH
© Rheinisches Amt für Bodendenkmalpflege
Redaktion: Brigitte Beyer und Klaus-Dieter Kleefeld
Herstellung: Angela Wieland
Satz: rvbg-satz
Druck: Boss-Druck, Kleve
ISBN 3-7927-1853-7

Inhalt

Vorwort 7
Einleitung 9

I. Ansätze: Ausgangslage, Methodik, Beispiele

KLAUS FEHN, Historische Industriekulturlandschaften in Nordrhein-Westfalen –
Strukturen und Elemente 13

KLAUS-DIETER KLEEFELD, Untertägige industriegeschichtliche Relikte innerhalb
der Kulturlandschaft 21

THOMAS OTTEN, Bodendenkmalpflege in Industrielandschaften –
Bewußtseinsförderung zum Wert der Industriekultur 26

JUAN MANUEL WAGNER, Ziele und Leitbilder der Kulturlandschaftspflege in
industriell geprägten Räumen 29

LUDWIG ZÖLLER, Geoarchäologie – Paläogeographie – „Archäogeographie" 34

DIETRICH DENECKE, Konzeption der Dokumentation, Erhaltung, Pflege und
Vermittlung einer montanen Kulturlandschaft im Harz 41

GEORG RÖMHILD, Bodendenkmäler und „Geländedenkmale": Pingen, Halden
und Stollen als randliche Landschaftsphänomene 50

II. Industriekultur-Landschaft Nordrhein-Westfalen: Fallstudien

ROLF PLÖGER, Erfassung und Kartierung von industriegeschichtlichen Objekten
im Ruhrgebiet 67

MICHAEL GECHTER, Ein Überblick über den Forschungsstand zur Montan-
archäologie im Bergischen Land 82

EVA KISTEMANN, Industriekultur im Bergischen Land – Erfassung und Erhaltung
bodendenkmalpflegerisch relevanter Relikte 91

HENRIETTE MEYNEN, Industriekultur in Köln zwischen Bestandsverlusten
und Erhalt 100

MARK SAUER, „Untergrund-Bahn": Eisenbahn-Relikte als Bodenbefund 109

WOLFGANG WEGENER, Nordeifel – Die Wiederentdeckung einer historischen
Industrielandschaft 111

PAUL-GEORG CUSTODIS, Kulturlandschaften mit technik- und wirtschafts-
geschichtlichem Zeugniswert 123

III. Musterfall: Das Mayener Grubenfeld

HANS SCHÜLLER, Bemühungen um die Erhaltung einer historischen
Bergbaulandschaft 131
PETER BURGGRAAFF, Umgang mit dem bergbaulich und gewerblich geprägten
kulturellen Erbe 143
ANGELIKA HUNOLD, FRITZ MANGARTZ, HOLGER SCHAAFF,
Das Mayener Grubenfeld – Ein Projekt im Vulkanpark Osteifel 152
HARALD KOSCHIK, Zusammenfassung und Ausblick 161

Literaturverzeichnis 163
Autorenverzeichnis 171
Abbildungsnachweis 173

Vorwort

Es bedurfte nicht unbedingt eines „Jahres der Industriekultur", um den Aspekt der archäologischen Denkmalpflege in Industrielandschaften in einer von verschiedenen Fachdisziplinen getragenen Veranstaltung besonders auszuleuchten. Die Bodendenkmalpflege des Rheinlandes sieht sich schon seit über einem Jahrzehnt in die Thematik der Kulturlandschaftspflege unmittelbar eingebunden und hat hierbei – zumindest für den Part der Archäologie – Pionierarbeit geleistet. Die Erfordernis, nicht nur im Blickwinkel auf Einzeldenkmäler zu denken und zu handeln, sondern die „Landschaft" selbst und insgesamt als grundlegendes Kriterium zu betrachten, rückt mittlerweile immer stärker in den Vordergrund. So beispielsweise bei der Aufstellung der Gebietsentwicklungspläne als Basis zukünftiger Landnutzung, an der das Fachamt mitwirkt.

Der Denkmalbegriff hat sich stets weiterentwickelt. Auf die Bodendenkmäler bezogen, beschränkt er sich beileibe nicht mehr auf nach Jahrhunderten gemessen „Altes", sondern berücksichtigt zunehmend auch die Relikte der Neuzeit bis schon in die jüngere Vergangenheit. Überreste der Industrialisierung – seien es nun Bergwerke, Verhüttungs- und Produktionsanlagen sowie die zugehörigen Verkehrseinrichtungen – sind Bodendenkmäler, sofern sie die im Denkmalschutzgesetz vorgegebenen Bedingungen des Begriffs erfüllen, und haben allen Anspruch auf Schutz und Pflege.

Ganz zweifellos erweitert sich damit das Aufgabenfeld der amtlichen Bodendenkmalpflege. Archäologische Denkmalpflege in den Landschaften der Industriekultur stellt nicht nur in Nordrhein-Westfalen eine Herausforderung dar, der – wie die schon überschaubaren Erfahrungen lehren – am besten in Kooperation mit anderen Fächern begegnet werden kann. In vorderster Reihe steht hier das Seminar für Historische Geographie der Universität Bonn, das sich seit vielen Jahren als tatkräftiger und verläßlicher Partner der archäologischen Denkmalpflege erwiesen hat. Herrn Prof. Dr. Klaus Fehn und seinen Mitarbeitern ist für die Organisation des Kolloquiums vom 12. und 13. Dezember 2000 in Heisterbach bei Königswinter ebenso zu danken wie für die anschließenden Redaktionsarbeiten, so daß die Mehrzahl der Vorträge schon nach Jahresfrist in Buchform vorgelegt werden kann. Finanzielle Unterstützung erhielten Veranstaltung und Publikation aus dem Denkmalförderungsprogramm des Landes, wofür dem zuständigen Referenten, Herrn Prof. Dr. Heinz Günter Horn, Dank zu sagen ist. Und nicht zuletzt bin ich allen Referenten dankbar, die mit Ihren nun in gedruckter Form vorliegenden Beiträgen ein komplexes, vielschichtiges Thema umrissen haben, das uns zukünftig in verstärktem Maße beschäftigen wird.

Dr. Harald Koschik
Rheinisches Amt für Bodendenkmalpflege

Einleitung

Das Jahr der Industriekultur bietet die willkommene Gelegenheit, Aufgaben und Möglichkeiten von Schutz und Pflege der Industriekulturlandschaften noch genauer zu bestimmen, als dies bisher der Fall gewesen ist. Im Mittelpunkt stehen dabei die durch die moderne Industrie und den Bergbau entstandenen Elemente und Strukturen der Hochindustrialisierungsphase, also des 19. und 20. Jahrhunderts, ohne jedoch die gewerblichen und protoindustriellen Phänomene der davorliegenden Zeiten ganz außer acht zu lassen. Weiterhin wird im Titel der Veröffentlichung ganz bewußt der Begriff „Kulturlandschaft" in eine Beziehung zum Begriff „Industrie" gebracht, um zu zeigen, dass es einerseits auch in jungen Industriegebieten Bodendenkmäler gibt und andererseits die einzelnen Bodendenkmäler immer in Zusammenhang der gesamten Industriekulturlandschaft gesehen werden sollten. Mit diesen Überlegungen rückt die Bodendenkmalpflege in die noch größere Nähe zur Kulturlandschaftspflege, die sich von einem raumorientierten Ansatz her mit der Kulturlandschaft befaßt, wobei kulturhistorische, landschaftsästhetische und landschaftsökologische Gesichtspunkte gleichermaßen eine Rolle spielen. Im Hinblick auf die noch sehr junge Beschäftigung anwendungsorientierter Wissenschaften mit den Industriekulturlandschaften ist es für die Bodendenkmalpflege hier wie anderswo nicht einfach, diese noch sehr neue Aufgabenstellung bei den bekanntlich sehr eingeschränkten Möglichkeiten nicht nur grundsätzlich zu akzeptieren, sondern auch gangbare Wege aufzuzeigen, die wissenschaftliche unterbaute Maßnahmen für den Schutz, die Pflege und die substanzschonende Weiterentwicklung von Industriekulturlandschaften gestatten. Besonders wichtig erscheint hier ein flächendeckendes Kulturlandschaftskataster parallel z.B. zum Ökotopkataster.

Erfreulicherweise kam auch bei der brisanten Thematik der Industriekulturlandschaften wieder die altbewährte fachübergreifende Zusammenarbeit zwischen dem Rheinischen Amt für Bodendenkmalpflege und dem Seminar für Historische Geographie der Universität Bonn zum Tragen. Die zweitägige Veranstaltung vom 12. bis 13. Dezember 2000 im Kloster Heisterbach konnte dank der großzügigen finanziellen Unterstützung des Ministeriums für Stadtentwicklung und Verkehr des Landes Nordrhein-Westfalen durchgeführt werden, wofür ich Prof. Dr. Heinz Günter Horn, dem Referenten für Bodendenkmalpflege in diesem Ministerium, an dieser Stelle herzlich danken möchte.

Die einzelnen Referate sollten aus der Sicht verschiedener Fächer, vor allem der Archäologie und der Historischen Geographie, Aufgaben, Möglichkeiten und Probleme der Bodendenkmalpflege in Industriekulturlandschaften aufzeigen. Leider konnten aus verschiedenen Gründen nicht alle Referenten ihre Vortragsmanuskripte für den vorliegenden Band druckfertig machen. Während schon mehrere der Referate Fallstudien für konkrete Räume boten, gewährte die Exkursion in das ehemalige Mayener Basaltabbaugebiet darüber hinaus einen sehr lebendigen Einblick in die Probleme vor Ort. Die Beiträge zum Exkursionsgebiet sind ebenfalls im Tagungsband enthalten.

Der vorliegende Band kann und will keine Patentrezepte für den Umgang der Bodendenkmalpflege mit Industriekulturlandschaften geben. Da aber nach der Meinung zahlreicher Experten dieses Feld zunehmend an Bedeutung gewinnt, was ja die Durchführung des Jahres der Industriekultur eindrucksvoll unter Beweis gestellt hat, mögen die auf der Tagung gebotenen zahlreichen Anregungen, die in diesem Band größtenteils publiziert werden konnten, dazu beitragen, die unbedingt nötige umfassende Diskussion weiter zu intensivieren bzw., dort wo es notwendig ist, auch erst einmal in Gang zu bringen.

Prof. Dr. Klaus Fehn
Seminar für
Historische Geographie

I. Ansätze: Ausgangslage, Methodik, Beispiele

Historische Industriekulturlandschaften in Nordrhein-Westfalen – Strukturen und Elemente

KLAUS FEHN

Die Bodendenkmalpflege beschäftigt sich schon lange mit gewerblichen und proto-industriellen Landschaften der Zeit vor dem 19. Jahrhundert. Durch die erfolgreiche Forschungstätigkeit der Montanarchäologie und anderer Nachbarwissenschaften sind die Elemente und Strukturen der frühen Regionen und Reviere des Bergbaus, der Textil- und der Metallverarbeitung grundsätzlich bekannt. Diese Kenntnisse kommen wiederum den Aktivitäten der Bodendenkmalpflege in den fossilen gewerblichen und protoindustriellen Landschaften wie z.B. dem bergisch-märkischen Eisen- und Textilrevier und dem frühen Kohlenabbaugebiet im Einzugsbereich des Flusses Ruhr zugute (Wegener 1995, 1998). Spätestens seit dem frühen 20. Jahrhundert wuchs mit dem zunehmenden Verschwinden der frühen Strukturen im Zeitalter der Hochindustrialisierung das Interesse an der Erhaltung der bedrohten Werte. So werden z.B. Hammerwerke in Mittelgebirgstälern heute ganz allgemein als schön, naturnah und historisch bedeutsam angesehen. Für die angesprochenen Zeiträume geht es also in Zukunft weniger um die Erforschung von Einzelelementen oder um die Verankerung ihres Denkmalwerts im allgemeinen Bewußtsein, sondern vielmehr um die Untersuchung von Raumstrukturen sowie die Erfassung flächiger Muster und Gefüge und der funktionalen Verflechtungen innerhalb dieser Räume.

Grundsätzlich anders stellt sich die Situation für die Hochindustrialisierungsperiode dar (Fehn 1998a). Hier gibt es offensichtlich noch kein anerkanntes Konzept für die Bodendenkmalpflege. Der Forschungsbereich der Industriearchäologie führt zwar den Begriff Archäologie im Namen, hat aber zumindest in Deutschland nur sehr wenig mit der Mittelalter- und Neuzeitarchäologie zu tun. Nur sehr langsam verbreitet sich darüber hinaus eine positivere Einstellung zu den aus der Nutzung fallenden Elementen der Hochindustrie, nachdem noch bis weit in die Nachkriegszeit nicht mehr benötigte Gebäude und Anlagen diskussionslos beseitigt wurden. Um erfolgversprechend und effektiv tätig werden zu können, benötigt die Bodendenkmalpflege vor allem genauere Kenntnisse über die Produktionseinrichtungen der wichtigsten Typen von Industriebetrieben im Hinblick auf ihre Stellung in der Kulturlandschaft sowie die räumlichen Strukturen und Muster, die sich im 19. und 20. Jahrhundert herausgebildet haben. Dabei wird sich rasch zeigen, daß die zu untersuchenden Objekte durchweg sehr ausgedehnt, vielteilig, kompliziert geschichtet und umfassend mit anderen Objekten vernetzt sind. Im Normalfall handelt es sich außerdem nicht im Sinne des UNESCO-Kulturerbes um fossile Kulturlandschaften, sondern um fortbestehende Kulturlandschaften, was im Bereich der Bauindustriedenkmalpflege im Ruhrgebiet bereits zu der atemberaubenden Idee eines Nationalparks Ruhrgebiet geführt hat.

Abb. 1: Wasserkraft als Standortfaktor: Hunderte bodendenkmalpflegerisch relevante Objekte in den Tälern des Bergischen Landes sind noch nicht erfaßt. Das verfallene Schütz oberhalb des Müllershammers an der Leppe dokumentiert die Gewerbetradition des Tals.

In einer hochindustriellen Kulturlandschaft hat es die Denkmalpflege mit ganz spezifischen Elementen und Strukturen zu tun, die alle potentiell wüstfallen und dann Gegenstand der Bodendenkmalpflege werden können: Das Bergwerk untertage, die eigentlichen Produktionsbauten wie Zechen und Hütten, die Hilfswerke und Kraftanlagen, die Einrichtungen zur Wasserversorgung und zur Entsorgung, die Infrastrukturlinien wie Eisenbahnen, Kanäle und Straßen, die Wohnbauten für Arbeitgeber und Arbeitnehmer, die Versorgungsanstalten, die Verwaltungs-, Fürsorge- und Erholungsbauten und schließlich die anthropogenen Landschaftsveränderungen wie z.B. die Halden, die Bergschäden, die Vorflutveränderungen und die Eingriffe in das hydrographische System. Die Auswirkungen auf die Landschaft waren regional und zeitlich verschieden. So wurden die Anlagen der neueren Industriewerke gegenüber den im Laufe der Jahrzehnte zusammengewachsenen Fabriken klarer und planvoller, aber vom Standpunkt der Kulturlandschaftsgeschichte auch landschaftsfremder, was nicht eine größere ökologische Belastung bedeuten mußte (Abb. 1).

Die anstehenden schwierigen Aufgaben der Bodendenkmalpflege in den Hochindustrialisierungslandschaften können nur mit einem umfassenden kulturlandschaftspflegerisch orientierten Gesamtkonzept gelöst werden. So wichtig es ist, sich mit den noch bestehenden Industriedenkmälern intensiv zu beschäftigen, so dringend ist auch die konsequente und uneingeschränkte Erforschung der durch die Hochindustrialisierungsperiode geprägten Landschaften als identitätsstiftende Kulturlandschaften.

Vor nunmehr fast genau zehn Jahren wurde ein gemeinsames Projekt zwischen dem Rheinischen Amt für Bodendenkmalpflege und dem Seminar für Historische Geographie der Universität Bonn vereinbart, das sich mit der Kulturlandschaft am unteren Niederrhein beschäftigte. Eines der wichtigsten Ergebnisse war die Publikation mit dem Titel „Kulturlandschaft und Bodendenkmalpflege am unteren Niederrhein" in der Reihe „Materialien zur Bodendenkmalpflege im Rheinland". In der Folgezeit bestand noch mehrmals die Möglichkeit für die Angewandte Historische Geographie, die sich in dem vergangenen Jahrzehnt wesentlich weiterentwickelt hat, Anregungen zur intensiveren Berücksichtigung der Aspekte der Kulturlandschaften in der Bodendenkmalpflege zu äußern. Ich nenne als Beispiele die Tagung der nordrhein-westfälischen und brandenburgischen Bodendenkmalpflege in Königswinter (Fehn 1995b) und der Landesarchäologen der Bundesrepublik Deutschland in Waren am Müritzsee (Fehn 1995a). Speziell in Waren wurde nach dem ersten Problemfeld, dem Umgang der Bodendenkmalpflege mit großflächigen komplexen Kulturlandschaften, der zweite Aufgabenbereich, die Ausweitung in die neuere und neueste Zeit, thematisiert. Erfreulicherweise trägt das beharrliche Bemühen der Angewandten Historischen Geographie unter der Federführung des Seminars für Historische Geographie, die Idee einer umfassenden Kulturlandschaftspflege bzw. eines Kulturlandschaftsmanagements zu verbreiten, immer mehr Früchte (Angewandte Historische Geographie 1997, Kulturlandschaftspflege 1997, Burggraaff 2000). Als Beispiel, das gleichzeitig zu den Industrie-Kulturlandschaften hinüberführt, sei die diesjährige Tagung des Rheinischen Vereins für Denkmalpflege und Landschaftsschutz in Oberhausen und Essen genannt (Das Jahr der Industriekultur 2000). Ohne direkt auf die Bedeutung der Angewandten Historischen Geographie als Ideengeber und Mitstreiter einzugehen, wird die Beschäftigung mit den unterschiedlichen Kulturlandschaften mit Recht als eine besondere innovative Leistung des Rheinischen Vereins bezeichnet. Der Vorsitzende Norbert Heinen stellte dabei in aller nötigen Klarheit fest, daß nicht nur die Eifel eine Kulturlandschaft sei, sondern auch das Ruhrgebiet mit seinen Zechen und der Großindustrie.

Um die Behandlung des Themas „Industriekulturlandschaften" nicht durch eine allzu schwankende Terminologie zu gefährden, gehe ich kurz auf die in den Verlautbarungen zum Jahr der Industriekultur verwendeten Termini ein. In der Zeitschrift „Rheinische Heimatpflege" weist Dahm-Zeppenfeld 2000 darauf hin, daß Nordrhein-Westfalen wie kaum eine andere Region Europas über bedeutende Denkmäler der Technik- und Industriegeschichte verfügte, die Denkmallandschaft des Ruhrgebiets die Technikgeschichte des 19. und 20. Jahrhunderts anschaulich werden lasse und es noch weitere Schwerpunkte neben dem Ruhrgebiet wie z.B. das Aachener Revier, den Minden-Ravensberger Raum, das Siegerland, das Märkische Sauerland und das Bergische Land gebe (Abb. 2). Obwohl in den meisten einschlägigen Veröffentlichungen zum Jahr der Industriekultur ausschließlich oder hauptsächlich von den Industriedenkmälern des 19. und 20. Jahrhunderts aus dem Bereich der Eisen- und Stahlindustrie und des Steinkohlenbergbaus gesprochen wird, tauchen

Abb. 2: Ein Beispiel für ein Museum im Aufbau: Das Schleusenwehr an der Dhünn kontrolliert die Wasserzufuhr für die Turbine des Freudenthaler Sensenhammers in Leverkusen-Schlebusch.

gelegentlich andere Industriezweige, andere Zeitbezüge sowie Hinweise auf, dass es neben den Bauten noch andere Werte wie z.B. die städtebaulichen Zusammenhänge gebe. Besonders wichtig für das hier zu behandelnde Problemfeld sind Begriffe wie „traditionsreiche Industrielandschaft", „unverwechselbare Kulturlandschaft mit Denkmälern der Industrie", „montangeprägte Kulturlandschaft", „Ensemble an unter- und obertägigen Anlagen", „landschaftsprägende Abraumhalden, Wege, Stollen, Gewölbe etc."

Aus diesen begrifflichen Differenzen wird deutlich, daß die Erwartungshaltung im Hinblick auf die zu leistenden Beiträge zum Jahr der Industriekultur unterschiedlich ist. Mir liegt sehr daran, daß im Jahr der Industriekultur nicht nur über punktuelle oder linienhafte Einzelelemente, sondern auch über flächenförmige Strukturen und Gesamtlandschaften gesprochen wird. Weiterhin möchte ich darum bitten, unabhängig von der immer noch nicht abgeschlossenen Diskussion zum Begriffsinhalt von „Industrie" und „Industrialisierung" zu akzeptieren, daß der Schwerpunkt der folgenden Ausführungen auf dem 19. und 20. Jahrhundert liegen wird. Ich befinde mich damit in Einklang mit dem Beschluß der Kultusministerkonferenz vom 27. Januar 1995 zum Thema „Industriekultur, Industriedenkmalpflege und Industriemuseen". Dort findet sich folgende Definition: 1. „Industriekultur umfaßt a) die dingliche Hinterlassenschaft der Industrialisierung, also der mit Maschineneinsatz gefertigten Massenproduktion. b) die Lebensverhältnisse der arbeitenden Bevölkerung in den Industrieregionen". 2. „Kaum eine andere Epoche zuvor hat die Verhaltens- und Lebensweisen der Menschen, ihre naturräumliche Umgebung so einschneidend verändert, wie dies durch die großtechnische Industrialisierung mit ihren arbeitstätigen Elementen, ihrem enormen Maschinen- und Kapitaleinsatz verursacht wurde". 3. „Unter Industriedenkmälern versteht man jene technikgeschichtlichen Kulturdenkmäler, die mit der Industrialisierung entstanden sind".

Es gibt zwar sehr viel Literatur über Bergbau- und Industriegebiete, aber nur wenige Veröffentlichungen, die sich intensiver mit den Bergbau- und Industrielandschaften als flächigen Gesamtphänomenen auseinandersetzen (Bergbau- und Industrielandschaften 1999). Im Gegensatz zur Agrarwirtschaft prägen Bergbau und Industrie häufig die Landschaften nur punktuell oder linienhaft. Es verwundert deshalb nicht, daß es verschiedene Definitionen dazu gibt, welcher Grad von Verdichtung und Überprägung erreicht sein müsse, um von Bergbau- oder Industrielandschaften sprechen zu können, und ob es Industrielandschaften nur in der eigentlichen Industriezeit seit dem 18. Jahrhundert oder bereits davor gegeben habe. Während sich diese wissenschaftlichen Auseinandersetzungen durchweg im Bereich der Geographie abspielten, handelt es sich bei den in fachhistorischen Arbeiten beschriebenen sog. Gewerbe- und Industrielandschaften meist um funktionale und nicht um strukturelle Raumeinheiten. Bei den Archäologen hat der Raumbezug kontinuierlich zugenommen. Für einige Verwirrung sorgen aber die Begriffe Industriearchäologie und Montanarchäologie, die unterschiedliche Sachverhalte teilweise weitgehend außerhalb der Archäologie ansprechen. Insgesamt besteht ein großer Bedarf an interdisziplinären siedlungsgenetischen Grundlagenforschungen über Bergbau- und Industrielandschaften, wobei die

Landschaften, die durch Steinkohlenbergbau und Eisen- und Stahlindustrie geprägt wurden, zweifellos die markantesten und geschichtsträchtigsten Vertreter dieser Spezies sind. Es ist sehr eindrucksvoll, das Werden, die Blütephase und das Vergehen dieser Landschaftstypen in Mitteleuropa und vergleichend für andere Teile der Welt zu verfolgen.

Die hochindustrielle Industrie- und Bergbaulandschaft wie das Ruhrgebiet war ein Extremfall. Es gab aber noch viele Gebiete mit Häufungen industrieller Standorte, die im Landschaftsbild nur wenig wahrnehmbar waren und keine wirklich landschaftsgestaltende Kraft ausübten. Ganz allgemein ist zu sagen, daß zur Erfassung der Industrielandschaften nicht die Beschäftigung mit punktuellen Einzelelementen wie Arbeitsstätten und Wohnanlagen ausreicht, sondern auch die linienhaften Elemente wie z.B. die Verkehrswege und die flächenhaften Elemente wie z.B. die Erholungsräume erfaßt werden müssen. Entscheidend ist immer das Verhältnis des Ganzen der Industrie- und Bergbaulandschaft zu seinen Teilen, wozu auch zahlreiche Einsprengsel aus anderen Wirtschaftsformationen vor allem der Land- und Forstwirtschaft gehören.

In den Verlautbarungen zum Jahr der Industriekultur wird mit Recht häufig darauf hingewiesen, daß es nicht nur die durch die Großindustrie charakterisierten Landschaften wie das Ruhrgebiet gebe, sondern auch zahlreiche Regionen mit einer ausgeprägten kleinindustriellen und gewerblichen Geschichte. In der Überblicksdarstellung der 30er Jahre von Geldern-Crispendorf über die deutschen Industriegebiete, ihr Werden und ihre Struktur werden dementsprechend für Nordrhein-Westfalen folgende Gebiete genannt: 1. Das ausgedehnte Ruhrgebiet mit Steinkohlenbergbau und Eisenindustrie. 2. Das kleine Gebiet bei Osnabrück mit Steinkohlenbergbau und Eisenindustrie. 3. Das Siegerland mit Erzbergbau und Eisenindustrie. 4. Das östliche Sauerland mit Eisenindustrie. 5. Das Bergische Land mit Kleineisenindustrie und Textilindustrie. 6. Der Aachener Raum mit Steinkohlenbergbau, Schwerindustrie und Textilindustrie. 7. Die Region Gladbach-Rheydt-Krefeld mit Textilindustrie. 8. Das Münsterland mit Textilindustrie. 9. Das Ravensberger Gebiet mit Textilindustrie. 10. Das Gebiet um Köln mit Braunkohlenbergbau und chemischer Industrie. 11. Das südliche Rheinische Schiefergebirge mit der Industrie der Steine und Erden. Nordrhein-Westfalen hatte also Anteil an fast allen unterschiedlichen Typen von Wirtschaftslandschaften des sekundären Sektors: Bergbaugebiete als Wirtschaftsräume der gewerblichen Urproduktion und Verarbeitung, Gebiete der Grundstoffindustrie, Standorte der Energieerzeugung und der Wassergewinnung sowie Gebiete der verarbeitenden Industrie.

In Darstellungen der Verhältnisse in den 30er Jahren des vergangenen Jahrhunderts wird häufig auf grundlegende Veränderungen in der davorliegenden Zeit hingewiesen. Die Industrialisierung im eigentlichen Sinne begann in Nordrhein-Westfalen mit dem Eisenerzbergbau und der sich darauf gründenden Verhüttungsindustrie. Nach einer Frühphase mit Eisenverhüttung auf den Höhen kam es zu neuen wasserkraftorientierten Standorten in den wasserreichen Tälern. Die frühe Eisenindustrie breitete sich mit zahlreichen Hammerwerken von Süden nach Norden und von Westen nach Osten aus. Für die folgende Entwicklung wurde besonders die Erschließung der dem alten

Eisenindustriegebiet nördlich vorgelagerten Kohlefelder bedeutsam. Die Eisenindustrie folgte zunächst einigermaßen flächenhaft der Nord-Wanderung des Bergbaus; später konzentrierte sie sich an einigen wenigen Standorten. Der früher weit verbreitete Eisenerzbergbau verlor im 19. Jahrhundert an vielen Standorten wegen der Erschöpfung der Bestände an Bedeutung. Die Textilindustrie hatte zunächst ihren Schwerpunkt im rechtsrheinischen Gebiet; im 19. Jahrhundert kam es zu einer Verlagerung in den linksrheinischen Raum. Erhalten blieben die westfälischen Zentren vor allem um Bielefeld.

In der vorindustriellen Zeit entstanden durchaus schon Bergbaulandschaften; meistens handelte es sich um Eisengewinnung. Aus dieser Zeit sind zahlreiche Spuren erhalten, die häufig unter Wald liegen: Stollen, Gewölbe, Teiche, Kanäle, Steinbrüche, Wege, Halden. Hinzu kommen die Elemente der Eisenverarbeitung und des Kleingewerbes wie Hämmer und Mühlen. Die Einführung der Dampfmaschine veränderte die Verhältnisse in der Montanindustrie grundlegend. Vor- und frühindustrielle Anlagen, Kleinzechen und Gewerbebetriebe blieben teilweise aber bis ins frühe 20. Jahrhundert erhalten. An verschiedenen Stellen Nordrhein-Westfalens läßt sich noch sehr eindrucksvoll die frühindustrielle Landschaft mit zahlreichen Relikten der frühen Industrie, des Wohnens und des Verkehrs erkennen. Den häufig malerischen Kulturlandschaften der Frühindustrialisierung folgten die eigentlichen Industriekulturlandschaften mit Zechen und Hüttenwerken, Arbeitersiedlungen und Fabrikantenvillen, Speichern und Wasserstraßen, Parks und Halden sowie zahllosen kleinen Denkmälern der Industrie- und Technikgeschichte. Die Komplexe einer Großschachtanlage des Kohlenbergbaus und eines integrierten Hüttenwerks wurden immer beeindruckender und flächenintensiver.

Auf die Situation im Ruhrgebiet wurde schon kurz eingegangen; hier handelt es sich um die größte schwerindustriell geprägte Region in Mitteleuropa mit ausgedehnten Industrieflächen, Fördertürmen, Hochöfen, Halden, Kanälen und zahlreichen Arbeitersiedlungen (Fehn 1998b). Das hochindustrielle Ruhrgebiet war aber keineswegs einförmig. Vor dem Zweiten Weltkrieg ließen sich neun Kulturlandschaftstypen unterscheiden: 1. Die bäuerlich-kleingewerblich-waldwirtschaftliche Landschaft im Bergland südlich der Ruhr mit zahlreichen traditionellen Kulturlandschaftselementen und beginnender Erholungsnutzung. 2. Die weitgehend fossile frühindustrielle Bergbau- und Industrielandschaft der Ruhrzone mit vielen Altelementen und Altstrukturen und mit Neunutzungen für Wohnen und Erholung sowie nur geringen ökologischen Belastungen. 3. Die intensiv bewirtschaftete Agrarlandschaft vorwiegend in der Hellwegzone mit stark reduzierten traditionellen Kulturlandschaftselementen. 4. Die Großstadtlandschaft der Hellwegzone mit vorindustriellen, mehr oder minder umgeformten kleinstädtischen Zentren, ausgedehnten zentrumsnahen Industriegebieten, dichtbebauten urbanisierten Erweiterungszonen und locker gestellten Außenvierteln. 5. Die Industrie- und Bergbaustädte der Emscherzone ohne vorindustrielle Zentren und mit Defiziten in der Ausbildung der Stadtfunktionen sowie erheblichen Umweltproblemen. 6. Die Bergbau- und Wohnlandschaft in der nördlichen Emscherzone mit dichter Bebauung aber zahlreichen Freiraumelementen. 7. Die spätindustriellen Bergbaustandorte in der Agrar- und Waldlandschaft in der Vestischen und in der Lippezone mit zahlreichen Altelementen und naturnahen Strukturen (Abb. 3). 8. Die größeren Waldgebiete am Nordrand des Ruhrgebietes mit Resten früheren Ödlandes und traditionelle Bewirtschaftungsformen. 9. Die auf die großen Flüsse und Kanäle orientierten dichten Bänder von Werksanlagen, ausgedehnten Hafenanlagen, Verkehrsflächen der Eisenbahn und Wohnsiedlungen.

Der nähere und weitere Aachener Raum war durch Blei-, Zink- und Eisenerzabbau gekennzeichnet. Auch die Eisenverarbeitung hatte eine lange Tradition. Vom frühen Bergbau an den austretenden Flözen im Inde- und Wurmtal bis zu ganz jungen Industriewüstungen haben alle industriellen Entwicklungsphasen ihre Spuren hinterlassen.

Das rechtsrheinische Mittelgebirge ist eine der ältesten deutschen Industrieregionen, die schon vor dem Ruhrgebiet sehr bedeutsam war. Die Leitindustrien waren zunächst die Textilindustrie und die Kleineisenindustrie, die ganz andere Überreste hinterließen als der Kohlenbergbau und die Stahlindustrie des Ruhrgebiets. Ich möchte exemplarisch am Ruhrgebiet, der wichtigsten Industriekulturlandschaft Deutschlands, spezifische Aufgaben der Bodendenkmalpflege in Industriekulturlandschaften ansprechen.

Das Ruhrgebiet wurde im 19. und frühen 20. Jahrhundert durch die Industrialisierung und die Urbanisierung aus einer agrarisch-handwerklich-gewerblich und kleinstädtisch geprägten Landschaft zu einer großstädtischen Industrielandschaft umgeformt. Dieser Prozeß hat zahlreiche historisch gewachsene Elemente, Strukturen und Gefüge der älteren Kulturlandschaft beseitigt; es sind aber an den verschiedensten Stellen noch Überreste erhalten geblieben. Während aber diese Zeugnisse der Vergangenheit, seien es nun Fachwerkhäuser, Burgen, Mühlen, Hammerwerke oder naturnahe Niederwälder in weiten Kreisen der Bevölkerung als wertvoll und erhaltenswürdig angesehen werden, ist dies bei den im Zusammenhang mit der Strukturkrise der Nachkriegszeit funktionslos gewordenen Elementen der Hochindustrialisierungsphase meist anders. Sowohl der Denkmalschutz als auch der Natur- und Landschaftsschutz haben erhebliche Schwierigkeiten beim Umgang mit Industrielandschaften vom Typ Ruhrgebiet, da weder die künstlerische Bedeutung noch der ästhetische Eindruck noch die Naturnähe als Bewertungskriterien ausreichen. Es bedarf vielmehr des landschaftsbezogenen integrativen Gesamtansatzes der interdisziplinären Kulturlandschaftspflege, die auch eine Indu-

Abb. 3:
Unter Naturschutz steht z.B. die ehemalige Dolomitgrube des Kalkwerks Cox in Bergisch-Gladbach.

strielandschaft als eine vom Menschen geschaffene Kulturlandschaft ansieht, deren wertvolle Bestandteile geschützt, gepflegt und substanzerhaltend weiterentwickelt werden sollten. Durch ein unbedachtes Zurückgreifen auf die vorindustrielle Zeit mit ihrer idealisierten Naturnähe und Landschaftsästhetik ohne Berücksichtigung der beiden letzten durch Bergbau und Industrie geprägten Jahrhunderte würde die gerade heute so wünschenswerte Identifizierung der Bevölkerung mit ihrer Region erheblich behindert. Es müssen vielmehr Entwicklungsleitbilder für die einzelnen Teilregionen des Ruhrgebiets auf der Basis einer genauen Kenntnis der Entwicklung der Kulturlandschaft und der heute noch vorhandenen historischen Elemente, Strukturen und Gefüge geschaffen werden. Das Ruhrgebiet ist eine vielschichtige Kulturlandschaft, deren einzelne Schichten genauestens untersucht werden sollten, um zunächst ihre Bedeutung für die Kulturlandschaftsentwicklung der Region zu erkennen. Danach gilt es, ihren Stellenwert in der heutigen Landschaft zu erfassen und Konzepte für die Zukunft zu erarbeiten. So schwierig und unergiebig die Beschäftigung mit dem so chaotisch wirkenden Gewirr von Werksgebäuden, Siedlungen, Verkehrsanlagen, Erholungsflächen und landwirtschaftlichen Nutzflächen zunächst erscheinen mag, sie ist sowohl nötig als auch beim richtigen Ansatz und bei der Verwendung der heute zur Verfügung stehenden modernen Mittel erfolgversprechend. Der große Reichtum des Ruhrgebiets ist seine historisch gewachsene Vielgestaltigkeit, die es zu erhalten gilt. Sie reicht von naturnahen Kulturökotopen über landwirtschaftlich genutzte Freiräume, Wälder und lockere Siedlungsgebiete bis zu dicht bebauten Stadträumen, kompakten und vielgliedrigen Werksanlagen und weitgespannten Verkehrs-, Versorgungs- und Entsorgungslinien. Kulturlandschaftspflege in einem Industriegebiet ist eine schwierige und ungewohnte Aufgabe. Es ist aber höchste Zeit, damit im großen Stil zu beginnen, da sonst bestenfalls völlig isolierte Einzelelemente erhalten bleiben, deren Aussagekraft für die früheren Phasen und vor allem für die Blütezeit des Ruhrgebiets nur relativ gering sein wird.

Durch die sachliche, zeitliche und räumliche Erweiterung des Denkmalbegriffs in den neueren Denkmalschutzgesetzen gerieten auch die Industriekulturlandschaften des 19. und 20. Jahrhunderts in das Blickfeld der Bodendenkmalpflege. Dabei zeigte sich aber rasch, daß hier neue Herausforderungen entstanden, denen bislang erst in Ansätzen begegnet werden konnte. Es steht wohl außer Zweifel, daß hier ein umfassender Ansatz entwickelt und umgesetzt werden muß, der die Fachkompetenz der Bodendenkmalpflege konsequent erweitert und vor allem eine Verbindung zu landschaftsorientierten Aktivitäten anderer Institutionen herstellt (Fehn 1997, Wehdorn 1989). In enger Zusammenarbeit mit der Industriedenkmalpflege, aber ebenso mit der Kulturlandschaftspflege sollte die Bodendenkmalpflege ihren Standort in den auf die Erhaltung der historisch gewachsenen Substanz in den Industriekulturlandschaften gerichteten Aktivitäten bestimmen. Die Spezialbeiträge der Heisterbacher Tagung, die sich mit einer großen Zahl unterschiedlicher Industriekulturlandschaften beschäftigten, sollten exemplarisch aufzeigen, wie dies geschehen könnte.

Untertägige industriegeschichtliche Relikte innerhalb der Kulturlandschaft

KLAUS-DIETER KLEEFELD

Industriekultur

Im Januar 1995 verabschiedete die Kultusministerkonferenz eine Empfehlung „Industriekultur - Industriedenkmalpflege und Industriemuseen", die im November 1995 dem Kulturausschuß des Deutschen Städtetages als Tagesordnungspunkt vorgelegen hat. Demnach umfaßt Industriekultur einerseits die dingliche Hinterlassenschaft der Industrialisierung, somit der mit Maschineneinsatz gefertigten Massenproduktion und andererseits die Lebensverhältnisse der arbeitenden Bevölkerung in den Industrieregionen.

In der Vorbemerkung der Empfehlung wird hervorgehoben:
„Kaum eine andere Epoche zuvor hat die Verhaltens- und Lebensweisen der Menschen, ihre naturräumliche Umgebung so einschneidend verändert, wie dies durch die großtechnische Industrialisierung mit ihren arbeitsteiligen Elementen, ihrem enormen Maschinen- und Kapitaleinsatz verursacht wurde. Die heutigen Veränderungen, der Niedergang ganzer Branchen zwingen zur Auseinandersetzung damit, was an materiellen Relikten erhalten bleiben soll und kann".

Die darin enthaltene Definition von Industriedenkmälern als technikgeschichtliche Kulturdenkmäler der Industrialisierung bezieht Produktions- und Verkehrsanlagen, einschließlich ihres sozialen Umfeldes wie z.B. Fabrikgebäude, Zechen, Eisenhütten, Brennereien, Ölmühlen, Bahnhöfe, Wassertürme, Großspeicher usw., aber auch Arbeitersiedlungen und andere Zeugnisse der Sozialgeschichte mit ein.

Aus Sicht der Angewandten Historischen Geographie ist diese objektorientierte Annäherung an Industriekultur innerhalb der industriellen Kulturlandschaft zu betrachten. Darin haben sich bauliche Relikte der Industrialisierung bzw. heute noch in Funktion befindliche industrielle Kulturlandschaftselemente und großflächige Strukturen erhalten. Darauf aufbauend sind abgestufte Konzepte mit Pflege, Schutz, Inwertsetzung und dokumentiertem Abriß bzw. Überformung möglich.

Zu den Industrieanlagen gehören auch die Halden, die Bergwerke, die Verkehrswege, schließlich die landschaftliche Konstellation in ihrer gestalteten Physiognomie und in ihrer funktionalen Verknüpfung. Das Jahr der Industriekultur 2000 in Nordrhein-Westfalen stellte in den Publikationen und Veranstaltungen die Hochindustrialisierungsphase im 19. und 20. Jahrhundert in den Vordergrund. Somit ist in der Öffentlichkeit eine Assoziation mit diesem Zeitraum gefördert worden. Notwendig ist nun eine weitere Differenzierung.

Untertägige Industrierelikte

Es geht in industriellen Kulturlandschaften nicht nur um das obertägig Sichtbare, auch die untertägigen Kulturgüter müssen Berücksichtigung finden. Notwendig ist die diesbezügliche interdisziplinäre Positionsbestimmung einer Neuzeit-Archäologie, die Differenzierung zwischen gewerblichen und industriellen Kulturlandschaften sowohl zeitlich als auch inhaltlich und damit zu unterscheidenden Objektgruppen. Aufgrund des gesetzlichen Auftrages bezieht die Bodendenkmalpflege in Nordrhein-Westfalen Objekte des 19. und 20. Jahrhunderts mit ein.

Allerdings sind diesbezüglich erhebliche Bestandsverluste aufgetreten, die zukünftig Erhaltungsgrundsätze erfordern, da vollständige Abtragungen industriegeschichtlicher Kulturgüter langfristig drohen. Auch industriegeschichtliche Kulturlandschaften haben ein Recht darauf, wie jede andere Epoche und Region beurteilt zu werden.

Dieses Thema zwingt dazu, gewerbliche Phasen von industriellen zu unterscheiden. Innerhalb der Geschichtsforschung werden chronologisch Früh-, Hoch- und Spätindustrialisierung als Perioden hervorgehoben. Jede dieser Perioden hatte zeitspezifische Ausdrucksformen, die Befunde im Boden hinterlassen haben.

Die Phasen der Industrialisierungsgeschichte innerhalb stark verschachtelter Baukomplexe haben sich in unterschiedlichsten Spuren niedergeschlagen, allerdings besteht hier noch Prospektionsbedarf.

Das Mayener Grubenfeld in der Eifel (s. S. 131 ff) ist ein Beispiel für die interdisziplinäre Zusammenarbeit zwischen Archäologie und Historischer Geographie als Fachdisziplinen sowie zwischen Bodendenkmalpflege und Kulturlandschaftsschutz.

Es war zunächst ausschließlich die Thematisierung und Präsentation der römerzeitlichen und frühmittelalterlichen Befunde vorgesehen, entsprechend waren die Forschungen ausgerichtet. Erst der Initiative vor allem der Stadt Mayen und der zuständigen Denkmalämter ist es zu verdanken, daß über die Zeiten hinweg bis in das 20. Jahrhundert hinein das Mayener Grubenfeld vollständig innerhalb einer historisch-geographischen Landesaufnahme untersucht werden konnte.

Dieses Beispiel verdeutlicht die Ausgangssituation: Montangeschichtliche Befunde sind nach der Definition nicht zwangsläufig als Relikte der Industrialisierung zu bezeichnen und weiterhin sind gerade die späteren Perioden in ihren Abbauspuren sehr landschaftsbildbeherrschend.

Im Mayener Grubenfeld ist nun eine Gesamtbetrachtung und Würdigung aller Epochen möglich, insbesondere sind spektakuläre, mittelalterliche Glockenschächte zu sehen, die im Profil durch neuzeitliche Tagebaue angeschnitten worden sind.

Dort ist sichtbar, welche Techniken das 19. und 20. Jahrhundert, somit die Phasen der Industrialisierung, angewandt hat, die eine mittlerweile abgeschlossene und damit historische, also nicht mehr zeitgenössischen Nutzungen entsprechende, Periode darstellen und grundsätzlich ebenfalls bodendenkmalwürdig sind.

Aufschlußreich für die Fragestellung ist die Sichtung der Beiträge in der Reihe Archäologie im Rheinland, aus der sich Beispiele zusammenstellen lassen, die relevante Objekte des 19. und 20. Jahrhunderts abhandeln, um daraus wiederum die industriegeschichtlichen herauszufiltern. Dies müßte innerhalb einer systematischen Bestandsaufnahme in einem Kulturlandschaftskataster noch flächendeckend erfolgen.

Für eine systematische Durchsicht nach Bodendenkmalen, bodendenkmalwürdigen Bereichen und zur Frage der untertägigen Befundsituation industrieller Objekte besteht noch eindeutig Forschungsbedarf. Da noch nicht einmal alles Obertägige inventarisiert worden ist, ist das untertägige Kulturgut aus industriegeschichtlichen Perioden insgesamt noch eine Unbekannte, darauf weisen auch die Prospektionsergebnisse zu den montangeschichtlichen Regionen in Nordrhein-Westfalen hin.

Ich möchte eine historische Industrieregion im heutigen Kölner Süden hervorheben, das Siebengebirge war bis in das späte 19. Jahrhundert hinein eine Bergbauregion, die Alaungewinnung im Bergischen Land sowie montangeschichtliche Befunde im nördlichen Eifelausläufer, archäologische Untersuchungen an der Bergstraße in Mülheim an der Ruhr mit Mühlen und Betrieben der Leder-und Stoffindustrie des 18./19. Jahrhunderts und Pulvermühlen sind Regionen und Relikte der herausragenden Industriekultur in Nordrhein-Westfalen.

Eine für die Fragestellung wichtige Untersuchung fand im Juli 1995 mit der Malz-Extract-Brauerei in Obrighoven-Lackhausen bei Wesel durch die Außenstelle Xanten des Rheinischen Amtes für Bodendenkmalpflege statt. An diesem Beispiel läßt sich belegen, wie unzureichend oft die archivalische Überlieferung bei Industrieanlagen ist: Im Stadtarchiv Wesel waren sehr wenige Dokumente der ehemaligen Malz-Extract-Brauerei vorhanden, aus dem Gründungsjahr 1865 gar keine. Lediglich indirekte mündliche Hinweise lieferten einige Informationen, aber die einzigen Relikte waren die noch im Boden vorhandenen beiden Kellergewölbe, die für den Produktionsablauf genutzt wurden. Sie sind ein industrielles Bodenarchiv als unmittelbare Quelle der Geschichte dieser Fabrik.

Damit ist der Befund einer diesbezüglich nichtarchivalischen Überlieferung aufgetreten und dies ist auf fast alle Industrieregionen übertragbar, denn für die Frühzeit der Industrialisierung ist die Überlieferung von Karten, Plänen und Schriftquellen entweder nicht ausreichend zugänglich oder vernichtet worden, da man diesen Quellen keinen Aussagewert zugewiesen hatte. Damit ist die Notwendigkeit einer Archäologie innerhalb der Industrialisierungsgeschichte angezeigt. Hierbei sind nicht immer zwangsläufig archäologische Grabungen durchzuführen, aber Befund- und Baudokumentationen, wenn es zu Bodeneingriffen kommt.

Industriekulturelles Erbe in Porz

Im Kölner Süden entwickelte sich Porz mit seinen zahlreichen Einzelortschaften wirtschaftlich im 19. Jahrhundert zu einem Dreiklang von Landwirtschaft, militärischer Nutzung und äußerst intensiver industrieller Nutzung. Zahlreiche Betriebe sind in der Frühphase der Industrialisierung im 19. Jahrhundert entstanden. Nur sehr wenige von ihnen sind bis heute überliefert (Abb. 1).

Das industrielle Gepräge war bis in die 1980er Jahre beherrschend, heute dominieren Wohn- und Gewerbegebiete. In den letzten Jahren wurde sehr viel aus der industriegeschichtlichen Periode abgetragen und neu genutzt und die archivalische Situation ist vergleichbar mit der Fabrik in Wesel. Für viele Betriebe gibt es keine archivalische Überlieferung und ebenso viele Fabrikkomplexe sind sowohl obertägig als auch untertägig abgetragen worden, lediglich in einigen Arealen

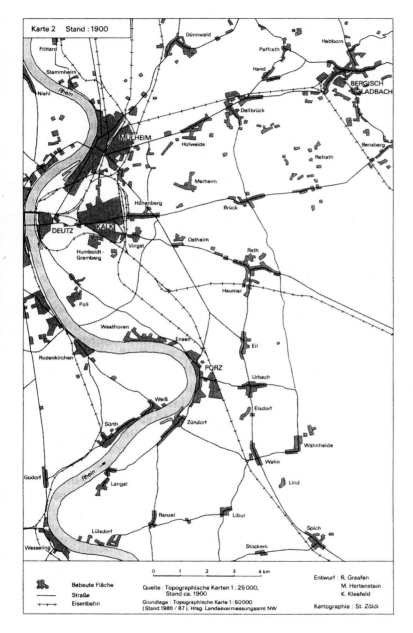

könnten sich untertägig noch Befunde befinden.

Ein Bodendenkmalpfleger des Jahres 2100 wird von dieser Phase nur wenige Spuren dokumentieren und schützen und auch der Historiker wird diesen Prozeß mit Quellen nicht ausreichend belegen können. Dieser Prozeß war dynamisch, ist als abgeschlossene Periode zwischen ca. 1860 bis 1970 chronologisch einzubinden und von industriekulturellen Wert.

Zunächst war Porz in der ersten Hälfte des 19. Jahrhunderts ein unauffälliger Straßenweiler, 1807 mit 175 Einwohnern. Die Häuser waren bis in die zweite Hälfte des 19. Jahrhunderts kleine, eingeschossige Fachwerkhäuser. Porz hatte überwiegend eine kleinbäuerliche Struktur, trotzdem erkannte bereits 1857 der Industrielle Gustav Bleibtreu die Standortvorteile für Werksansiedlungen in der Folge des Eisenbahnbaus und Anschluß mit einem Bahnhof. Zwischen 1894 bis 1914 sind lediglich in dem Ortsteil Porz 41 Betriebe entstanden, von denen nur noch zwei existieren, die restlichen haben nicht nur ihre Produktion aufgegeben oder sind in anderen Werken baulich übergegangen, sondern wurden fast alle abgetragen.

Die archivalische Überlieferung ist sehr dünn und überwiegend nicht mehr vorhanden bzw. nur sehr aufwendig zugänglich, da mehrere Firmen ihren Hauptsitz im Ausland hatten. Das Wissen zur Industriekultur geht somit verloren. Bei einigen Standorten gibt es zumindest noch untertägig bauliche Reste, z.B. in Gewerbebereichen mit Bodenplatten, somit sind dies die einzigen aussagefähigen Befunde in situ. Der

Karte der Siedlungsfläche im rechtsrheinischen Kölner Raum.

Bau von Tiefgaragen führte zur undokumentierten Abtragung zahlreicher Befunde.

Dieser Prozeß bezieht auch die Relikte der Eisenbahngeschichte mit ein, so wurden im Ausbau der ICE-Trasse die historischen Bahnhöfe Porz und Wahn abgetragen. Diese Bestandsverluste bestehen auch bei Krananlagen am Rhein, von dieser Phase wichtiger Umschlagplätze ist kaum noch etwas erkennbar.

Zusammenfassung

Inhaltlich ergeben sich in der Kulturlandschaftsforschung und im Verhältnis speziell zu einer Archäologie der Neuzeit unter Einbeziehung der Hochindustrialisierung interessante Forschungsperspektiven.

Das Forschungsprojekt „Kulturlandschaftsgenese am unteren Niederrhein", das vom Rheinischen Amt für Bodendenkmalpflege gemeinsam mit dem Seminar für Historische Geographie der Universität Bonn 1990-92 durchgeführt wurde, belegt das konzeptionelle Vorgehen, räumlich und zeitlich die industrielle Kulturlandschaftsphase mit den Wechselbezügen zu erforschen und dabei Erkenntnisse zu Einzelobjekten, zu räumlichen Beziehungen und wissenschaftlichen Fragestellungen zu gewinnen.

Dieser Weg muß im Zusammenhang mit dem Erhalt oder zumindest der Dokumentation des industriellen kulturellen Erbes in Nordrhein-Westfalen beschritten werden, denn es droht eine vollständige Ausräumung und ein Informationsverlust einer Periode, die an der Schwelle der Informationsgesellschaft Geschichte, aber auch Bestandteil unserer Kultur-Identität ist grundsätzlich ein Aufgabengebiet für die Bodendenkmalpflege, allerdings in einem Verbund mit anderen Trägern öffentlicher Belange und der interdisziplinären Zusammenarbeit, weitere Forschungen sind notwendig. Diese bestehen zunächst aus einer Inventarisation innerhalb des vom Landschaftsverband Rheinland initiierten Kulturlandschaftskatasters NRW.

Dynamische industrielle Ballungsräume wie z.B. das gesamte Ruhrgebiet können bodendenkmalpflegerisch nur unter bestimmten Voraussetzungen betreut werden. Eine enge Zusammenarbeit des Rheinischen Amtes für Bodendenkmalpflege mit den kommunalen Denkmalbehörden, und falls vorhanden, der kommunalen Bodendenkmalpflege ist geboten.

Auch obertägig dichte Bebauung mit Versiegelung hat ein reiches untertägiges industriegeschichtliches Erbe noch nicht vollständig ausgeräumt und die dauerhafte Einrichtung einer Stadtarchäologie unter frühzeitiger Beteiligung bei anstehenden Planverfahren können dem gesetzlichen Auftrag der Bodendenkmalpflege zur fachlich sinnvollen Umsetzung verhelfen.

Ein wichtiges Anliegen der archäologischen Denkmalpflege ist es, die archäologische Substanz zu erhalten, damit auch zukünftige Generationen die Chance haben, sie zu erforschen. Dies gilt auch für das industriekulturelle Erbe als Träger regionaler Identität.

Bodendenkmalpflege in Industrielandschaften – Bewußtseinsförderung zum Wert der Industriekultur

THOMAS OTTEN

Die Position des Rheinischen Vereins für Denkmalpflege und Landschaftsschutz

Die Tagung behandelt die unterschiedlichen Methoden, Wirkungsbereiche und Problemstellungen der Bodendenkmalpflege in Industrielandschaften behandelt. Die Archäologie trägt durch ihre Forschung und durch die Ausweisung archäologischer Schutzzonen bzw. die Erhaltung von Bodendenkmälern im Bereich von Industrielandschaften erheblich zum Kenntnisstand und zum Verständnis unserer Industriekultur bei; dies betrifft neben der schnellen Abfolge industriegeschichtlicher Wandelprozesse in der Frühen Neuzeit vor allem den Nachweis von Produktionsstätten in römischer und mittelalterlicher Zeit. Damit ist die Bodendenkmalpflege in der Lage, kulturgeschichtliche Zusammenhänge der industriellen Entwicklung bis in die Neuzeit hinein nachzuzeichnen.

Der Rheinische Verein für Denkmalpflege und Landschaftsschutz kann als bürgerschaftlich getragener Verein und unabhängiger Partner der Fachbehörde die Rolle des Vermittlers von bodendenkmalpflegerischen Belangen in der Öffentlichkeit einnehmen. Diese Vermittlerrolle ist umso wichtiger, aber auch umso schwieriger, je größer die Akzeptanzprobleme gegenüber der Denkmalpflege sind. Erfahrungsgemäß stößt die Denkmalpflege in Industrielandschaften auf ganz erhebliche Schwierigkeiten, die oft aus der mangelnden Wertschätzung der Industriedenkmale resultieren. Man muß sich in diesem Zusammenhang die Ausführungen von D. Hoffmann-Axthelm zum Denkmalwert von Industriebauten im speziellen und frühneuzeitlichen Denkmälern im allgemeinen vergegenwärtigen, um diese mangelnde Akzeptanz zu charakterisieren: „Vorindustrielle Denkmäler sind nicht nur älter, sondern sie sind v.a. intensiver". Weiter heißt es: „Abgesehen, daß Kulturgruppen, Designbüros usw. gerne in gut umgenutzte industrielle Bauten gehen, vorausgesetzt, sie kommen noch aus der Backsteinära, gibt es natürlich wesentlich größere Neigung, ein Wohnhaus als Denkmal zu behandeln als eine Fabrik. Vor dem Wohnhaus wird aber zu jeder Zeit das adlige Gebäude – Palais, Schloß, Burg usw. – rangieren, und vor diesem die Kirche" und weiterhin: „Grundsätzlich beanspruchen Denkmäler aber ein desto breiteres Interesse, je älter sie sind, d.h. je mehr kollektive Vergangenheit sie darstellen".

Hier wird zwar in einem medienwirksamen Stil argumentiert; im Bestreben, diesen Populismus zu rezensieren, übersehen viele Denkmalpfleger jedoch einige der Kernaussagen des Gutachtens von Dieter Hoffmann-Axthelm, die ein erhebliches Akzeptanzproblem der Industriedenkmalpflege und damit der Industriekultur in der Öffentlichkeit darlegen.

Es ist eben nicht so, daß man im Verständnis der Öffentlichkeit grundsätzlich voraussetzen kann, daß der Denkmalschutz auch auf die Erhaltung von Industriebauten, also in der Regel reine Zweckbauten, anzuwenden sei, zumal mit diesen Anlagen weniger Vorgänge des Kunstschaffens, sondern vielmehr profane Arbeitsvorgänge, Alltägliches verbunden werden. Der Denkmalbegriff in der Öffentlichkeit hat sich über Jahrhunderte entwickelt und ging bislang von Kategorien wie Einzigartigkeit, Symbolhaftigkeit, Ästhetik, Geschichtsträchtigkeit oder Monumentalität aus. Seit jeher stand hier der künstlerische Aspekt im Vordergrund, während Industriebauten als das verstanden werden, was sie primär auch sind, nämlich funktionale Bauten. Es hilft auch nicht weiter, die Begründung des Denkmalwertes einzig auf die Historizität der Industriedenkmäler zu gründen.

Die Schutzwürdigkeit von Industriebauten und von Bodendenkmalen im Bereich der Industriekultur liegt neben ihrem geschichtlichen Wert vor allem in ihrer ideellen Deutlichkeit begründet, die sich in ihrem siedlungsgeschichtlichen Kontext, einer programmatischen Konventionalität (z.B. planmäßige Anlage von Arbeitersiedlungen) und nicht zuletzt in der bildhaften Dokumentation des technologischen Fortschritts manifestiert.

Durch die Publikationen und die tägliche Arbeit des Rheinischen Vereins wird auch für die Industriedenkmäler versucht, in der Kommunalpolitik wie in der öffentlichen Meinung der jeweiligen Region das Bewußtsein für den Wert der eigenen Industriekultur zu wecken und anzusprechen. Denn die Lösung des ursächlichen Konfliktes zwischen dem Bemühen um Denkmalschutz und der Absicht, eine wirtschaftliche Entwicklung zu gewährleisten, setzt dieses Bewußtsein voraus.

Dabei sind die Voraussetzungen denkbar schwierig. Industrielandschaften sind mehr noch als andere Kulturlandschaftsteile einem schnellen Wechsel unterworfen; sie entstehen aus rein ökonomischen Gründen und sollen aus den gleichen Gründen schnell und unproblematisch überprägt oder beseitigt werden können, um den Strukturwandel zu ermöglichen. Der beschriebene Konflikt verschärft sich ja ohnehin noch bei der aus unterschiedlichen Gründen schwer zu vermittelnden Industriearchäologie. Frühneuzeitliche Archäologie, insbesondere die Industriearchäologie, wird gern mit einer Überdehnung und Ausweitung des Denkmalbegriffs in Verbindung gebracht, auch dies ist bei Hoffmann-Axthelm nachzulesen.

Die archäologischen Belange müssen folglich übersetzt werden, gewissermaßen als öffentlicher Belang nicht nur auf dem Papier bestehen, sondern in das Bewußtsein der Öffentlichkeit transformiert werden.

Dabei ist zunächst ein grundsätzliches gesellschaftliches Manko mit unserer Frage konnotiert, nämlich das mangelnde Geschichtsbewußtsein der Gegenwart bzw. ein starker Schwund an Geschichtsbezogenheit überhaupt. Zwischen dem durch die Fachwissenschaft gewonnenen Geschichtsbild einerseits und dem öffentlichen Geschichtsbewusstsein andererseits besteht eine erhebliche Diskrepanz. Die Archäologie besitzt jedoch auch gute Chancen, um diesen Gegensatz aufzulösen und in der Öffentlichkeit für ihre Interessen zu werben.

Sie sollte sich die Regionalität, die durch die Struktur der Bodendenkmalpflege und durch die Organisation der Fachämter mit ihren Außenstellen bereits gewährleistet ist, zunutze machen und der Bevölkerung die Denkmäler ihres eigenen Lebensraumes so nahebringen, daß sie diese als Relikte ihrer eigenen Geschichte annehmen kann. Die Archäologie erfaßt und dokumentiert gegenständliche Geschichtszeugnisse; damit läßt sich hervorragend verdeutlichen, daß Geschichte nicht komplex, trocken und schwer verständlich sein muß und einem Selbstzweck genügt, sondern im Zusammenhang einer übergeordneten Kulturgeschichte zu verstehen ist. Voraussetzung ist natürlich, daß archäologische Forschungsergebnisse nicht nur wissenschaftlich, sondern auch allgemeinverständlich aufbereitet, interpretiert und veröffentlicht werden.

Die Dokumentation und Rekonstruktion etwa eines römischen Töpferofens trägt zum Verständnis der Alltagskultur, soziologischer Prozesse und Aspekte der Produktivität in römischer Zeit bei. Dies führt zur Bewahrung eines technischen Denkmals, das gleichberechtigt mit der Bewahrung etwa einer Weinkelter aus dem 17. Jahrhundert oder dem Schutz der Sayner Hütte als einer der großen preußischen Eisengießerei-Hütten rangiert.

Gegenüber der Erhaltung größerer Industrieanlagen und Fabrikgebäuden bieten industrielle Bodendenkmäler oft den Vorzug einer überschaubaren Größe und lassen sich des öfteren auch in ein museales Konzept integrieren. Die Möglichkeiten, einen archäologischen Befund ins Allgemeinverständliche zu übersetzen, sind also sehr gut.

Hermann Müller-Karpe hat in diesem Zusammenhang folgenden Satz formuliert: „Das Bewußtsein, historischer Erbe der betreffenden archäologisch bezeugten Kultur zu sein, führt auf der einen Seite dazu, sich für diese Zeugnisse, ihre Erforschung und Erhaltung, verantwortlich zu fühlen, gibt aber auf der anderen Seite die Berechtigung, diese so bezeugte und erhellte Geschichte als Basis der eigenen nationalen Existenz zu bewerten".

Ist dieser Schritt der Bewußtseinsförderung beim potentiellen Besucher eines Industriemuseums oder bei der kommunalen Behörde, die beispielsweise eine Verursachergrabung im Bereich einer Industrielandschaft zu tragen hat oder auch bei dem interessierten und kritischen Leser des Regionalteils der Presse erst einmal vollzogen, besteht auch die Möglichkeit, diese Industrielandschaft als Teil eines Ganzen, nämlich der Kulturlandschaft, anzuerkennen. Damit schließt sich wiederum der Argumentationskreis aus der Sicht des Rheinischen Vereins, der den Denkmalwert und die Erhaltungswürdigkeit von industriellen Bodendenkmälern nicht an ihrem Alter mißt, sondern an ihrer Bedeutung für die Genese einer regionalen Kulturlandschaft.

Ziele und Leitbilder der Kulturlandschaftspflege in industriell geprägten Räumen

JUAN MANUEL WAGNER

Die Instabilität von Kulturlandschaften

Kulturlandschaften haben sich im allgemeinen unter dem Einfluß verschiedenartiger Landesnatur einerseits und verschiedenartiger menschlicher Tätigkeit andererseits im Verlaufe vieler Jahrhunderte entwickelt und räumlich differenziert. Sie unterliegen einem ständigen Wandel. Maßgeblich hierfür ist die Gesellschafts- und Zeitbedingtheit der anthropogenen Einwirkungen auf den Raum. Kulturlandschaften sind somit zu jedem Zeitpunkt ein Resultat raumwirksamer – zumeist sowohl historischer als auch rezenter – gesellschaftlicher Strukturen und deren Veränderungen.

Die der Kulturlandschaft immanente Instabilität kann sicherlich keinen per se beklagenswerten Sachverhalt darstellen. Die im Zusammenhang mit der aktuellen Entwicklung unserer Kulturlandschaften zu beklagenden Phänomene liegen vielmehr in der wachsenden Intensität und Geschwindigkeit des Kulturlandschaftswandels begründet, mit denen nicht nur ein rasant zunehmender Verlust spezifischer regionaler Merkmale der Kulturlandschaften und ihrer materiell nachvollziehbaren historischen Zusammenhänge einhergeht, sondern – zumindest tendenziell – auch der Verlust ihrer gewachsenen Unverwechselbarkeit und damit ihrer jeweiligen Identität (Wagner 1999).

In Europa vollziehen sich in zahlreichen industriell geprägten Räumen gegenwärtig besonders tiefgreifende Transformationsprozesse. Aber auch in früheren Zeiten waren viele industriell geprägte Räume durch einen im Vergleich zu anders ausgestatteten Räumen deutlich stärkeren permanenten Kulturlandschaftswandel gekennzeichnet. Die Ursachen dafür liegen vor allem in einigen speziellen Charakteristika der industriellen Fertigung. Hierzu gehören z.B. die fortschreitende Diversifizierung von Produktionsprozessen, in deren Zuge sich den jeweiligen Schlüsselindustrien eine Vielzahl von Zuliefer- und Weiterverarbeitungsindustrien im selben Raum zugesellt haben sowie die Tatsache, daß in relativ kurzen Zeitintervallen maschinelle Einrichtungen, Produktionsabläufe, innerbetriebliche Transportsysteme u.a. durch leistungsfähigere, rationellere, in jüngerer Zeit auch umweltverträglichere Einrichtungen und Verfahren ersetzt werden. Daran gekoppelt sind häufig der Abriß bzw. Abbau veralteter Einrichtungen, räumliche Ausdehnung von Betriebsgeländen oder betriebliche Standortverlagerungen.

Seit den 1960er Jahren hat sich der Wandel industriell geprägter Räume unübersehbar intensiviert, nicht zuletzt aufgrund des Übergangs von der Industriegesellschaft zu einer Dienstleistungs- und Informationsgesellschaft, der fortschreitenden Substitution von Erzeugnissen der traditionellen Industrie durch neue Materialien und Energieträger sowie aufgrund des zunehmend liberalisierten Welthandels und anderer Phänomene der sogenannten Globalisierung. Dies findet in Europa seinen Niederschlag u.a. in der Reduzierung der industriellen Gesamtproduktion, in der Aufgabe vieler Produktionsanlagen – vor allem in den traditionellen Basisindustrien – und im kompletten Brachfallen zahlreicher Industrieflächen.

Insbesondere das Auftreten von Industriebrachen führt – wie entsprechende Erfahrungen belegen – zu massiven Auswirkungen auf die Industrielandschaft, d.h. die sinnlich wahrnehmbare Ausstattung eines durch industrielle Nutzungen intensiv überformten Landschaftsraumes und deren Beschaffenheit, im allgemeinen und das industriekulturelle Erbe im speziellen: So wurde z.B. auf nicht wenigen ehemaligen Industriearealen im Hinblick auf deren Neunutzung ein Flächenrecycling durchgeführt, das mit der völligen Entfernung aller Zeugnisse der vorausgegangenen industriellen Produktion verbunden war. Zahlreiche andere Industrieanlagen und -gebäude wurden – z.B. aus finanziellen Gründen oder wegen hochgradiger Kontamination – dem Verfall preisgegeben. Und wiederum andere Objekte wurden auf verschiedenste Art umgenutzt, wobei die damit verbundenen Umgestaltungen erst in jüngerer Zeit verstärkt auch unter dem Gesichtspunkt einer möglichst weitgehenden Schonung der jeweiligen historischen Substanz erfolgen (Quasten u. Wagner 2000).

Ziele der Kulturlandschaftspflege im Spannungsfeld zwischen Persistenz und Transformation

Die Kulturlandschaftspflege zielt primär darauf ab, das in einem historischen Prozeß herausgebildete, räumlich differenzierte Muster unterschiedlicher Kulturlandschaften zu erhalten. Daraus ergibt sich das Erfordernis, die jeweilige Identität einer jeden Kulturlandschaft zu bewahren.

Die Identität einer Kulturlandschaft ist wesentlich durch ihre historische Entwicklung bestimmt. Diese findet ihren materiellen Niederschlag in kulturhistorischen Relikten, d.h. in kulturhistorischen Nutzungsformen und Objekten einschließlich deren räumlicher und formaler Merkmale sowie deren Beziehungsgefüge untereinander (Quasten 1997; Quasten u. Wagner 1997). Eine wirksame Identitätserhaltung ist somit ohne Bewahrung des historischen Erbes grundsätzlich nicht zu verwirklichen. Allerdings kann es dabei sicherlich nicht um die Konservierung des gesamten historischen Bestandes und somit um eine großflächige Musealisierung kompletter Kulturlandschaften gehen – dies würde nicht nur über längere Zeit hinweg Stagnation bedeuten, sondern in letzter Konsequenz zum Verfall und schließlich zum Verlust führen. In industriell geprägten Räumen kommt hinzu, daß eine entsprechende Totalkonservierung auch angesichts der Notwendigkeit von Altlastensanierung, des sparsamen Umgangs mit Fläche und des verantwortbaren Einsatzes begrenzt verfügbarer finanzieller Mittel weder realisierbar noch gesellschaftlich erwünscht sein kann.

Die Kulturlandschaftspflege muß stets im Spannungsfeld zwischen Persistenz und Transformation agieren. Dies bedeutet einerseits, daß die angestrebte Identitätserhaltung nicht zu einer wesentlichen Behinderung oder gar völligen Verhinderung eines soziökonomisch notwendigen Strukturwandels und einer ökologisch verträglichen Weiterentwicklung der betreffenden Räume führen darf. Andererseits ist es unstritig erforderlich, solche Konservierungs- und Pflegemaßnahmen zu ergreifen, die für eine Bewahrung der historisch gewachsenen individuellen Grundstrukturen der einzelnen Kulturlandschaften unverzichtbar sind. Es gilt zu beachten, daß die maßgeblichen Grundstrukturen stets auch prägende kulturlandschaftliche Merkmale vergangener Zeitphasen einschließen. Für einen ehemals industriell geprägten Raum, dessen Kulturlandschaft heute nicht mehr als Industrielandschaft zu bezeichnen ist, hat dies z.B. zur Konsequenz, dafür Sorge zu tragen, daß die Bedeutung der industriellen Nutzungen für die betreffende Landschaftsgenese durch die Erhaltung wichtiger industriekultureller Zeugnisse auch weiterhin materiell erlebbar bleibt. Die besondere Relevanz der Bewahrung derartiger Relikte liegt dabei nicht nur in den kulturhistorischen Dokumentationswerten der zu sichernden Objekte begründet, sondern auch in deren potentiellem Beitrag zu einer reflexiven – im skizzierten Beispiel auf die ehemalige Industrielandschaft ausgerichteten – Identifikation der jeweiligen autochthonen Bevölkerung mit ihrem Lebensraum (Tenfelde 1998).

Über reine Konservierungs- und Pflegemaßnahmen hinaus erfordert eine effiziente Kulturlandschaftspflege auch eine Lenkungswirkung auf rezente und zukünftige raumbezogene Veränderungsprozesse. Das Ziel muß es sein, die betreffenden Transformationsprozesse, die sich häufig in vielen Räumen desselben Typs nahezu gleichartig vollziehen, an die jeweiligen individuellen Raumstrukturen anzupassen und mithin als kulturlandschaftlich akkordante Prozesse zu gestalten (Quasten u. Wagner 2000). Ein geeignetes Instrument zur Erreichung dieses Ziels können auf die Bewahrung der kulturlandschaftlichen Identität ausgerichtete, zugleich allerdings auch möglichst umfassende – d.h. querschnittsorientierte – Regionalentwicklungskonzeptionen sein (Quasten u. Wagner 2000).

Leitbilder für zielgerechte Objektselektionen in industriell geprägten Räumen

Ein Charakteristikum zahlreicher industriell geprägter Räume ist neben deren Dynamik auch die Komplexität ihrer industriekulturellen Objekte. Dies äußert sich nicht nur in einem vielzeitschichtigen und zugleich meist branchenvielfältigen Objektbestand, sondern zudem häufig in der Tatsache, daß Objekte unterschiedlicher Branchen und unterschiedlicher zeitlicher Entstehung in – zum Teil nur mit hohem Aufwand zu analysierende – Vernetzungssysteme eingebunden sind (Quasten u. Wagner 2000).

Da Komplexität und Dynamik die Grundstrukturen vieler Industrielandschaften entscheidend mitprägen, wird es im Kontext der genannten Ziele der Kulturlandschaftspflege zweifelsohne nur in Ausnahmefällen ausreichen, die Erhaltungsbemühungen auf nur wenige, besonders hochwertige Industriedenkmale zu konzentrieren. Insbesondere von der Bau- und Bodendenkmalpflege werden bisher vor allem solche industriekulturellen Zeugnisse bevorzugt gesichert, die repräsentativ für bestimmte Perioden der industriellen Entwicklung – z.B. Perioden der industriellen Technik, der Industriearchitektur oder der individuellen Industriegeschichte eines Raumes – stehen. Damit wird vorrangig das Ziel verfolgt, aus einer Mehrzahl von Objekten eines jeweils signifikanten Objekttyps wenigstens eines auszuwählen und zu erhalten (Slotta 1982).

Eine ausschließlich am Leitbild „Erhaltung repräsentativer Einzelobjekte" ausgerichtete Vorgehensweise bei der Objektselektion ist im Hinblick auf die von der Kulturlandschaftspflege angestrebte kulturlandschaftliche Identitätserhaltung zu restriktiv. Es stellt sich daher im Zusammenhang mit den aus verschiedenen Gründen grundsätzlich unvermeidbaren Objektauswahlen die Frage nach alternativen bzw. ergänzenden Leitbildern.

Einen Übergang von der punktuellen Sicherung von Einzelrelikten zu einer flächenhaften Erhaltung kulturlandschaftlicher Grundstrukturen markiert das Leitbild „Erhaltung räumlicher Beziehungsgefüge". Dieses zweite Leitbild zielt darauf ab, genetisch kausale Abfolgen und Zusammenhänge, räumliche Beziehungen, historische funktionale Verflechtungen und gegebenenfalls andere assoziative Relationen zwischen kulturhistorischen Objekten unterschiedlichen oder gleichen Typs materiell identifizierbar zu erhalten (Alfrey u. Putnam 1992; Roseneck 1992). Die Auswahl der zu bewahrenden Objekte ist folglich in deutlich höherem Maße von deren kulturlandschaftlichem Kontext abhängig als dies beim Leitbild „Erhaltung repräsentativer Einzelobjekte" der Fall ist.

Für industriell geprägte Räume bedeutet das Leitbild „Erhaltung räumlicher Beziehungsgefüge", daß es neben der Erhaltung von technischen Anlagen und Betriebsgebäuden unabdingbar ist, andere mit der betreffenden industriellen Produktion ehemals oder noch heute vergesellschaftete Objekte in den notwendigen Schutz einzubeziehen. Je nach Typ und Komplexität der Beziehungsgefüge können dies z.B. sein: Verkehrswege, Bahnhöfe, Rohstoffgewinnungsstellen, Materialumschlagplätze, Halden, Wasserbehälter, Einfriedungen von Industriearealen, eindeutig einem Industriebetrieb zuzuordnende Wohngebäude und -siedlungen oder bestimmte Bauwerke, bei denen in einem Betrieb der jeweiligen Schlüsselindustrie gefertigte Baustoffe verwendet wurden. Des weiteren können – infolge einer expliziten Berücksichtigung genetisch kausaler Abfolgen und Zusammenhänge – durchaus auch gewerbliche Relikte aus vorindustrieller Zeit zu integralen Bestandteilen der zu erhaltenden räumlichen Beziehungsgefüge werden. In Montanindustrieregionen z.B. können hierfür etwa mittelalterliche Eisenerzgruben, Eisenschmelzen und -hämmer, Meilerplätze, Kohlepingenfelder oder frühe Stollenanlagen des Steinkohlenbergbaus in Betracht kommen.

Noch stärker als das Leitbild „Erhaltung räumlicher Beziehungsgefüge" strahlt ein drittes mögliches Leitbild auf die Gesamtfläche eines Raumes aus: Die „Erhaltung emotional positiv wirkender Objekte" (Quasten u. Wagner 2000), bei dem die zu bewahrenden Gegenstände in der Regel ein vergleichsweise dichtes Muster aus Punkten, Flächen und Beziehungsfäden bilden. Ansatzpunkt für dieses Leitbild sind verschiedene raumbezogene emotionale Bedürfnisse (Wagner 1997; Wagner 1999), unter denen dem Bedürfnis der jeweils autochthonen Bevölkerung nach Identifikation mit ihrem eigenen Lebensraum ein herausragender Stellenwert zukommt.

Von besonderer Bedeutung für die raumbezogene Identifikation ist u.a. das Vorhandensein von sogenannten kollektiven Raumsymbolen, d.h. von solchen sinnlich wahrnehmbaren

Raummerkmalen, die einen kollektiven symbolischen Bedeutungsinhalt aufweisen. Derartige Raumsymbole stehen z.B. für spezifische Eigenschaften des betreffenden Raumes oder für dessen kulturhistorische Entwicklung (Reuber 1995) und betten die jeweilige Gemeinschaft und ihre einzelnen Mitglieder in einen kulturlandschaftlichen Kontext ein.

Eine hohe Wertigkeit für die Befriedigung des Bedürfnisses nach Identifikation besitzen generell solche Einzelobjekte und Beziehungsgefüge, die wesentlich zur Eigenart der Kulturlandschaften und – damit verbunden – zu deren Unterscheidbarkeit beitragen. Und da die Eigenart einer Kulturlandschaft zumeist in erheblichem Maße durch historische Merkmale mitbestimmt ist, sind authentische kulturhistorische Relikte auch im vorliegenden Zusammenhang häufig von großer Relevanz. Im Falle industriell geprägter Räume sind die industriekulturellen Einzelobjekte respektive Beziehungsgefüge im Hinblick auf eine Objektselektion nach dem Leitbild „Erhaltung emotional positiv wirkender Objekte" vor allem dahingehend zu beurteilen, inwieweit diese die spezifischen sinnlich wahrnehmbaren Grundstrukturen des rezenten oder vormaligen Industriebesatzes mitprägen bzw. mitgeprägt haben. Der Gesichtspunkt der Repräsentativität, der das erstgenannte Leitbild bestimmt, spielt hier im Grunde genommen keine Rolle. Nicht selten ist es gerade das mehrfache Auftreten von typgleichen Objekten, das ein spezifisches Kennzeichen eines Raumes und damit ein erhaltenswertes identifikationsstiftendes Merkmal darstellt.

Die vorstehenden Erläuterungen mögen verdeutlicht haben, daß zwischen den erwähnten Leitbildern durchaus wichtige komplementäre Beziehungen bestehen. Daraus ergibt sich naheliegenderweise die Forderung, bei den erforderlichen Objektselektionen zukünftig - unabhängig von den die Auswahl treffenden Personen bzw. Institutionen – allen drei Leitbildern in sich ergänzender und zielorientiert ausgewogener Weise Rechnung zu tragen.

Geoarchäologie – Paläogeographie – „Archäogeographie"

LUDWIG ZÖLLER

In der vorliegenden Ausarbeitung eines Diskussionsbeitrages behandele ich die Geoarchäologie als Teilgebiet der Archäometrie. Letztere wird verstanden als der Einsatz naturwissenschaftlicher Methoden zur Klärung kulturgeschichtlicher Fragestellungen. Die Geoarchäologie stellt das geowissenschaftliche Methodenspektrum zur Rekonstruktion der Landschaftsgeschichte und der vorzeitlichen Mensch-Umweltbeziehungen bereit. Obwohl die Geoarchäologie im Grunde einem humanökologischen Ansatz folgt, ist sie bisher fast ausschließlich naturwissenschaftlich verankert. Die Erprobung und Anwendung des gesamten methodischen Inventars der Geographie einschließlich human- und sozialgeographischer Ansätze auf die Erforschung vorzeitlicher Mensch-Umweltbeziehungen wäre die Aufgabe einer vom modernen humanökologischen Geographieverständnis geprägten Paläo-Geographie. Da der Begriff Paläogeographie aber bereits von der historischen Geologie besetzt ist, wird hier der Begriff „Archäogeographie" vorgeschlagen für eine ganzheitliche, natürliche wie anthropogene Faktoren gleichermaßen berücksichtigende historische Raumwissenschaft, die sich – im Unterschied zur rein naturwissenschaftlichen „Paläogeographie" – mit dem Zeitraum seit dem Auftreten des Menschen befaßt. Die Adaption aktueller wirtschafts- und sozialwissenschaftlicher Methoden auf die Vorzeit wird dabei ein um so größeres Problem, je weniger die dazu erforderliche Datengrundlage direkt vorhanden ist und nur indirekt aus anderen Indizien (z.B. schriftliche Quellen und archäologische Funde) annähernd erschlossen werden kann. Die Historische Geographie kann hier methodisch entscheidende Brücken schlagen.

Geographie und Paläogeographie

Der umweltwissenschaftliche Ansatz der modernen Geographie bietet die Chance, die auseinandergedrifteten Teilbereiche Physische und Humangeographie wieder unter einer gemeinsamen wissenschaftlichen Fragestellung zu vereinen (Ehlers 2000). Die Beschäftigung mit den Wechselwirkungen und Rückkoppelungen von physischen und anthropogenen (sozialen) Faktoren bleibt unvollständig und damit anfällig für falsche Schlußfolgerungen, solange nicht konzeptionell Ansätze der Natur- und der Humanwissenschaften zusammengeführt werden; eine bloße Aneinanderreihung naturwissenschaftlicher und humanwissenschaftlicher Einzelergebnisse wird den Anforderungen nicht gerecht. Der humanökologische Ansatz kann als vorwärtsweisendes Beipiel für die Untersuchung der zahlreichen Rückkoppelungen zwischen natürlichen Sphären und den verschiedenen Bereichen der Anthroposphäre genannt werden. Auf die allerdings noch bestehenden Probleme in der Entwicklung humanökologischer Forschungsansätze, die schon mit der Definition des Begriffes „Humanökologie" anfangen, hat Ehlers (2000) jüngst hingewiesen.

Die Bedeutung nichtlinearer Entwicklungen auf der Zeitachse dieses humanökologischen Systems haben Bork und andere (1998) mit der „Mensch-Umwelt-Spirale" herausgestellt. Zunehmende Degradierung der Naturressourcen, wie dem Boden, durch menschliche Nutzung, erhöht danach deren Verwundbarkeit so weit, daß schließlich durch (ein) Extrem-Ereignis(se) die Landschaftsstabilität kippt und sich eine neue Stabilität auf einem niedrigeren Niveau des Naturraumpotentials einstellt. Dieses Modell zeigt, daß bei der Ausrichtung der Geographie auf aktuelle und – wie wir glauben – gesellschaftlich relevante Probleme eben der historisch-genetische Aspekt nicht vernachlässigt werden darf.

Angesichts dieser modernen Zielsetzung der Geographie müßte der Begriff „Paläogeographie" neu definiert werden. Er ist von anderen Geowissenschaften, insbesondere der Historischen Geologie, besetzt worden und besagt in deren Verständnis eigentlich nichts anderes als Paläotopographie, Paläoorographie und Paläohydrographie. Im Sinne einer Geographie, wie wir sie heute zu etablieren versuchen, müßte zumindest für den Zeitraum seit dem Auftreten des Menschen in der Erdgeschichte eine Paläogeographie, die diesen Namen verdient, die Wechselwirkungen zwischen Mensch und natürlicher Umwelt in der Vergangenheit zum Gegenstand haben.

Geoarchäologie und Archäometrie

Rapp und Hill (1998) verstehen Geoarchäologie als „the use of geological concepts, methods, and knowledge base in the direct solution of archaeological problems. Geoarchaeologists do archaeology."

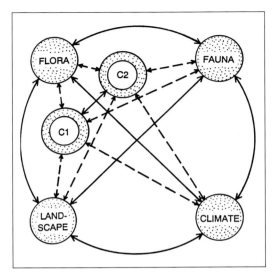

Abb. 1: Modell der Mensch-Umwelt-Spirale nach Bork et al. (1998, bearb.), als Beispiel nichtlinearer Entwicklung der Landschaftsgeschichte.

Nach Hertz und Garrison (1998) ist Geoarchäologie hauptsächlich mit sedimentologischen und geomorphologischen Methoden beschäftigt, während Archäometrie die Messung physikalischer und chemischer Eigenschaften archäologischer Materialien bedeute, vornehmlich a) zur Datierung und b) für Herkunftsbestimmungen.

Waters (1992) legt eine Sichtweise zugrunde, die ich als typisch geographisch bezeichnen möchte, da sie auch anthropogene Faktoren betont: „Geoarchaeology is the field of study that applies the concepts and methods of the geosciences to archaeological research". Er legt den Schwerpunkt seines Buches auf die Geländeaspekte der Geoarchäologie - Stratigraphie, Fundstättenbildungsprozesse („site formation") und Landschaftsrekonstruktion (Abb. 2).

Ich möchte zunächst Ziele der *Archäometrie* im allgemeinen und der *Geoarchäologie* im besonderen unterscheiden:

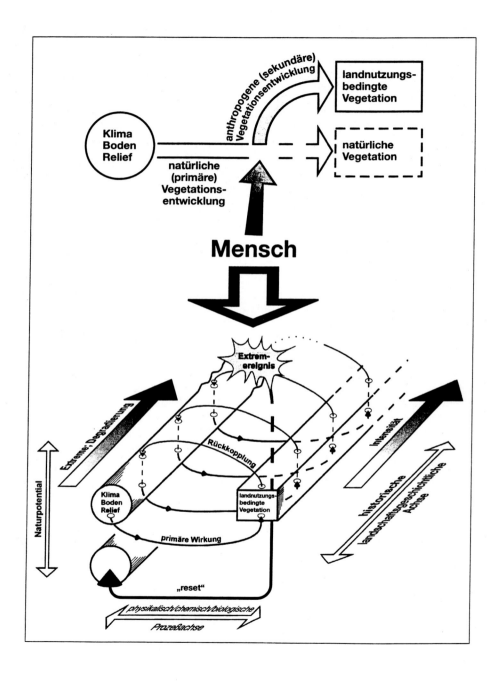

Abb. 2: Generalisiertes Modell eines humanen Ökosystems nach Waters (1992) mit den Wechselbeziehungen zwischen einer gegebenen Kultur (C1), einer benachbarten Kultur (C2) und der nichtkulturellen Umgebung aus den Subsystemen Landschaft, Klima, Flora und Fauna.

Archäometrie kann als ein Überbegriff angesehen werden. Sie beschreibt allgemein den Einsatz naturwissenschaftlicher Methoden zur Klärung kulturgeschichtlicher (archäologischer) Fragestellungen. Darunter möchte ich auch die geowissenschaftlichen Methoden verstehen, d.h. Geoarchäologie könnte als ein *Teilgebiet* der Archäometrie verstanden werden. Einige Autoren (s.o.) haben Archäometrie enger definiert (s. Hertz u Garrison 1998), indem sie Archäometrie auf physikalische und chemische Methoden begrenzen. M. E. beschreibt Archäometrie heute ein so weites Feld, dass diese Einengung nicht mehr gerechtfertigt ist. Z.B. zählen Methoden der Restaurierung von Kunstwerken (Malerei, Plastiken, Gebäude...) nebst erforderlichen Voruntersuchungen über verwendete Materialien (Farbstoffe, Rohmaterialien, Bausteine) heute ebenso zur archäometrischen Forschung und auch zur Praxis in Forschungs- und Restaurierungsabteilungen von Museen, wie fortgeschrittene genbiologische Methoden für paläoanthropologische und paläomedizinische Fragestellungen oder solche nach der Paläodiät. Untersuchungen zur Paläodiät wiederum sind hilfreich für die Rekonstruktion und das Verständnis der Subsistenz in vergangenen Kulturen – sei es durch Untersuchungen von Bearbeitungsspuren an Werkzeugen, Untersuchungen fossiler Exkremente oder erhaltener Informationen über den Stoffwechsel in der fossilen Knochen- und Zahnsubstanz. Mit dem Verständnis der Subsistenz vergangener Kulturen wiederum schließt sich der Kreis zur Geoarchäologie, die die Mensch-Umwelt-Beziehungen erforscht. Angesichts der heute sinnvollen und vielfach geforderten Vernetzung verschiedenartigster naturwissenschaftlicher Methoden und ihrer Ergebnisse halte ich eine Einschränkung des Begriffes Archäometrie auf physikalische und chemische Methoden für nicht mehr aktuell und möchte Archäometrie eher als Dachbegriff verstehen. Dies kommt m.E. auch in der lange diskutierten Namensgebung des „Deutschen Arbeitskreises für naturwissenschaftliche Archäologie – Archäometrie" (1999) zum Ausdruck.

Rapp und Hill (1998) bevorzugen eine recht breit angelegte Auffassung von Geoarchäologie, die Aspekte wie Datierung, Herkunftsbestimmung und Lokalisierung des Siedlungsplatzes einschließt, Aspekte, die Waters (1992) der Archäometrie zuschreibt. Er sieht Geoarchäologie wesentlich enger begrenzt auf Geomorphologie, Sedimentologie, Pedologie, Stratigraphie und Geochronologie (Studium der Zeit in einer stratigraphischen Sequenz, nicht die physikalischen Datierungsmethoden selbst), zur Interpretation der Sedimente, Böden und Landformen an archäologischen Stätten. Hertz und Garrison (1998) schließen Datierungsmethoden, geophysikalische und geochemische Prospektionsmethoden sowie die Methoden der Artefaktanalyse in das methodische Inventar der Geoarchäologie ein. Bei derartiger Sichtweise verringert sich der Unterschied zwischen Geoarchäologie und Archäometrie erheblich. Geoarchäologie, unabhängig von breiterer oder engerer Auslegung, trägt mit dem Methodenspektrum der Geowissenschaften einschließlich der Geographie zur Archäometrie bei, wenn diese letztlich das Ziel verfolgt, das Verhalten von Menschen der Vorzeit in ihren jeweiligen Kulturen und in Wechselwirkung mit ihrer jeweiligen Umwelt zu verstehen. An dieser Stelle müßte zwangsläufig die Frage aufgeworfen werden, ob und wieweit sozialwissenschaftliche Ansätze zu integrieren sind (Rapp u. Hill 1998). In dem Maße, wie geographische Ansätze einfließen, wird sich diese Frage aufdrängen.

Geoarchäologie ist nach Waters ein Bestandteil des von Butzer aufgestellten Paradigmas der „contextual archaeology". Darunter wird ein Systemansatz verstanden, in dem die zusammengehörigen Komponenten des menschlichen Ökosystems (Flora, Fauna, Klima, Landschaft und menschliche Kultur) rekonstruiert werden und die Interaktionen zwischen diesen Komponenten zur Erklärung von kultureller Stabilität oder kulturellem Wandel zugrunde gelegt werden (vgl. Abb. 2). Solange das System internen Stress oder externe Veränderungen eines der Kompartimente auffangen und sich wieder justieren kann, bleibt das dynamische Gleichgewicht erhalten. Kann das System sich nicht mehr an solche Veränderungen anpassen, gerät es ins Ungleichgewicht und löst damit Änderungen menschlichen Verhaltens aus. Weil die Faktoren Teil eines umfassenderen Ökosystems sind (Abb. 2), können sie entweder für sich alleine wirksam werden oder in Kombination („Rückkoppelung") Reaktionen menschlichen Verhaltens auslösen. Waters folgert, daß für einen humanökologischen oder „contextual approach" eine Fundstätte nicht nur von einem Archäologen, sondern von einem Team aus Spezialisten (Geoarchäologen, Archäobotaniker und Zooarchäologen) untersucht werden müsse.

Unabhängig von terminologischen Differenzierungen ist es das interdisziplinäre Ziel, derartige geologische und physisch-geographische Daten zu sammeln und zu interpretieren und damit zur archäologischen Interpretation beizutragen. Der Gebrauch des Terms „Archäologie" mit dem Präfix „Geo" impliziert den humanökologischen Systemansatz für archäologische Forschungen.

Forschungsziele der Geoarchäologie sind nach Waters (1992):

(1) Zuallererst die *Plazierung von Fundstellen und ihres Inhaltes in einen relativen und absoluten zeitlichen Kontext* durch die Anwendung stratigraphischer Prinzipien und „absoluter" (besser: numerischer) Datierungen. Auch seitdem numerische Datierungsmethoden zur Verfügung stehen, ist die stratigraphische Datierung unerläßlich, um den *Kontext* des datierten Ereignisses und der Fundschicht oder der Herstellung des Artefaktes sicherzustellen.

(2) Verständnis der *natürlichen Prozesse der „site formation"*. Dies ist besonders bedeutend geworden, seit die Archäologie sich bemüht, das *Verhalten* prähistorischer Hominiden zu verstehen. Bevor irgendwelche menschlichen Verhaltensmuster oder Intentionen interpretiert werden können, müssen die Prozesse bekannt sein, die den vorgefundenen Kontext geschaffen haben (krasses Beispiel: Kryoturbation). Nach Schiffer sind kulturelle und natürliche Transformationen zu berücksichtigen; kulturelle Transformationen gehen auf menschliche Prozesse zurück und haben ein *bewußtes (intentionales)* Muster von Artefaktverteilung und Erscheinungsformen (z.B. funktionale Aktivitätsbereiche: „Werkstatt", d.h. Artefaktherstellung, Schlachten und Zerlegen, Wohnen, Vorratshaltung...) geschaffen. Darüber hinaus wird versucht, regionale Raummuster des menschlichen Verhaltens zu rekonstruieren, indem die räumliche Konfiguration einer Gruppe von Fundstellen mit gegenseitiger Beziehung nachgestellt wird. Dieses Muster als Ausdruck

menschlichen Verhaltens heißt „systemischer Kontext". Er ist die Domäne der Archäologie. Bevor dieser rekonstruiert werden kann, müssen aber die *natürlichen Transformationen* bekannt sein, die den systemischen Kontext beeinträchtigt haben. D.h. man muß die physikalischen, chemischen und biologischen Faktoren verstehen, die während der Sedimentbedeckung, Verwitterung und Zerstörung des systemischen Kontextes an einer Fundstelle wirksam waren (z.B. durch Erosion, Rutschung usw.). Das ist das Arbeitsfeld der Geoarchäologie, und hier sind besonders geomorphologische Methoden gefragt.

(3) *Landschaftsrekonstruktion* für die Zeit der Besiedlung, aus der die Fundstelle oder eine Gruppe von Fundstellen stammen. Die Rekonstruktion vorzeitlichen menschlichen Verhaltens wird erst vollständig vor dem Hintergrund des nicht-kulturellen (natürlichen) Umwelt-Kontextes.

Geoarchäologie wird vor diesem Hintergrund am besten aufgefaßt als eine Plattform, auf der die volle Breite der Erdwissenschaften auf die Artefakt-Überlieferung angewandt wird, um auf vergangene Prozesse und Ereignisse zu schließen.

Geoarchäologie als Paläogeographie oder Archäogeographie?

Die Ähnlichkeiten mit Konzepten der modernen Geographie sind unübersehbar: „Ein fundamentaler Aspekt der Geoarchäologie ist die Interpretation der prähistorischen Überlieferung unter dem Gesichtspunkt vorzeitlicher Muster von Interaktionen und Beziehungen zwischen Menschen, anderen Organismen und ihrer physischen Umgebung. Dieses Gebiet der Geoarchäologie ist ein Teilgebiet der Paläogeoökologie, das Studium von Interaktionen zwischen prähistorischem Leben und umgebenden Landschaften." (Rapp u. Hill 1998: 86, übersetzt). Änderungen der physischen und biotischen Umwelt werden im landschaftlichen Kontext widergespiegelt und sind oft direkt von klimatischen Faktoren beeinflußt. Verknüpfungen zwischen sich ändernder sedimentärer Umwelt, geomorphologischem Kontext und klimatischen Prozessen sind wertvolle Werkzeuge, um sowohl die räumlichen als auch die zeitlichen Muster menschlichen Verhaltens zu verstehen. Diese wiederum entwickelten einen zunehmenden Einfluß auf die umgebende Landschaft, der sich in *Sediment-Boden-Archiven* der Erosion und Ablagerung und in der Landschaftsstabilität ebenso widerspiegelt wie in paläoökologischen Indikatoren in quartären Sedimenten. Man muß also die Faktoren, die mit dem Sediment-Boden-System verbunden sind sowie die biologischen Hinweise in den Sedimenten untersuchen, um die Entwicklung der prähistorischen Landschaft zu analysieren und in den geologischen Kontext einzuordnen (ebd.). Sich ändernde Muster im ökologischen Material eines archäologischen Kontextes können sowohl Umweltveränderungen als auch sich entwickelnde menschliche Adaptionen reflektieren. Das Studium der vorzeitlichen Wechselwirkungen zwischen Organismen und ihrer Umwelt stützt sich auf unsere Kenntnis heutiger Ökosysteme. Hier kommt das „aktualistische Prinzip" zum Tragen: Die Aussagen zur Interpretation biologischer Zeugen vorzeitlicher Ökosysteme hängen von einer Vielzahl von Annahmen ab, einschließlich unserer Kenntnis heutiger Umweltansprüche vergleichbarer Arten. In der Geomorphologie ist das aktualistische Prinzip mit ähnlichen Problemen verbunden (Semmel 1993).

Nach dem zuvor gesagten und in Konsequenz des humanökologischen Ansatzes der Geoarchäologie nach Waters, könnte man die These aufstellen:

„Geoarchäologie ist Paläogeographie".

Die Umkehrung dieses Satzes (Paläogeographie ist Geoarchäologie) ist nicht unbedingt schlüssig, da die Paläogeographie natürlich auch für Zeiten vor dem Auftreten des Menschen ihre Berechtigung hat. Die nicht gerechtfertigte Umkehrbarkeit des Satzes sowie die angesprochene Besetzung des Begriffes Paläogeographie durch die Historische Geologie läßt es geraten erscheinen, in Analogie zu anderen Begriffen mit dem Präfix „Archäo", die Bezeichnung „Archäogeographie" einzuführen. Darunter möchte ich eine *ganzheitliche, natürliche wie anthropogene Faktoren gleichermaßen berücksichtigende historische Raumwissenschaft, die sich – im Unterschied zur rein naturwissenschaftlichen „Paläogeographie" – mit dem Zeitraum seit dem Auftreten des Menschen befaßt*, verstehen. Daraus könnte die – nunmehr umkehrbare – These formuliert werden:

„Geoarchäologie ist Archäogeographie".

Folgt man dieser These, wird offensichtlich, daß in das methodische Instrumentarium der Geoarchäologie nicht nur das Methodenspektrum der Physischen Geographie (insbesondere der Geomorphologie), sondern, soweit umsetzbar, auch dasjenige der Anthropogeographie sowie neuer geographischer Methoden wie Geographische Informationssysteme (GIS) einfließen sollte. Neue Ansätze der Wirtschafts- und Sozialgeographie (z.B. in Zentralitätsforschung, Innovationsmodelle und Diffusionstheorie; Ritter 1993) könnten m.E. zu einem tieferen Verständnis des archäologischen Fundgutes in Bezug auf Mensch-Raum-Beziehungen führen. Das methodische und konzeptionelle Inventar der Gesamtgeographie fände hier seinen Platz in einer „archäogeographisch" verstandenen Geoarchäologie, und die Geographie würde umgekehrt für ihre eigenen Fragestellungen in Bezug auf das genetische Verständnis der heutigen Landschaft und ihr Potential profitieren.

An dieser Stelle scheint mir Kritik an aktuellen Konzeptionen der Geoarchäologie angebracht: Geoarchäologie – trotz neuerer weitergehender Konzeptionen, z.B. Rapp und Hill (1998), „Systemic context" – bleibt methodisch noch zu sehr naturwissenschaftlich verhaftet. Auf dem Wege zur Beantwortung von Fragen der Innovation, Migration und ihrer Ursachen in der Ur- und Frühgeschichte liefern die Naturwissenschaften einschließlich der Physischen Geographie entscheidende Bausteine. Ohne Einbeziehung sozialwissenschaftlicher Erklärungsansätze wird sie aber nicht zufriedenstellend gelingen. Ich möchte deshalb an die Geographie und insbesondere die Geomorphologie und Landschaftsökologie appellieren, nicht bei den eigenen Methoden und Ergebnissen stehenzubleiben, sondern den Blick auch auf eine echte „Archäogeographie" zu lenken und entsprechende Initiativen an die Kolleginnen und Kollegen der Anthropogeographie zu richten. Inhaltliche und methodische Brücken zu diesem Ziel könnte die Historische Geographie (insbesondere die Historische Kulturlandschaftsforschung) bauen.

Konzeption der Dokumentation, Erhaltung, Pflege und Vermittlung einer montanen Kulturlandschaft im Harz

DIETRICH DENECKE

Die Bergbaulandschaft des Harzes

Der Harz gehört mit seinem historischen Bergbau, der in prähistorischer Zeit begann und seit dem frühen Mittelalter über tausend Jahre kontinuierlich betrieben worden ist, zu den bedeutenden frühen und geschlossenen Industrielandschaften im deutschen Raum. In vielen Teilen war die Landschaft bis ins 20. Jahrhundert hinein vor allem im Oberharz und im nördlichen Harzvorland vom Bergbau und den Verhüttungsanlagen geprägt, der Wald war stark übernutzt, die Gewässer waren beeinträchtigt und in eine Nutzung einbezogen. Nach einem ersten Höhepunkt im 13./14. Jahrhundert (bis um 1350) begann die bedeutendste Phase im 16. Jahrhundert, im 18. Jahrhundert wurden mit der größten Ausdehnung bereits Grenzen der Ressourcen erreicht. Im 19. Jahrhundert vollzog sich der Abstieg, zwischen 1910 und 1930 lagen entscheidende Enstillegung. Die frühen Spuren des Abbaus im Bereich der einstigen Ausbisse sind kaum noch zu fassen, die kleinen Verhüttungsstellen in der Form der Rennfeueröfen sind weitläufig auf den Höhen und Hängen des Oberharzes verstreut und werden durch systematische Begehungen in noch immer wachsender Zahl erfasst (Denecke 1978 u. 1992; 1980 Anlage eines neuen Inventars der Schlackenplätze im Harz durch die Bodendenkmalpflege: „Umwelt-Kataster").

Das neuzeitliche Montanwesen hat Baulichkeiten und Anlagen hinterlassen, von denen viele unter Schutz gestellt worden sind. Weit verbreitet als Flächendenkmale sind aber vor allem Pingen und Abraumhalden sowie Relikte größerer Schlackenhalden, Wegespuren sowie Teichanlagen und Hanggräben der ehemaligen bergbaulichen Wasserwirtschaft. Diese anthropogenen Kleinformen sind im Rahmen kulturlandschaftsgenetischer Geländeforschungen der Geographie grundlegend beschrieben, typisiert und auf ihre Genese hin analysiert worden (vgl. u.a. Rathjens 1979). Zu modernen Großanlagen ist es – außer den Tagesanlagen des Rammelsberges – kaum mehr gekommen, die Industriearbeiterschaft war ansässig und blieb bescheiden, die Hinterlassenschaften sind in die beherrschenden Fichtenwälder eingebettet, die Bergbaulandschaft der vorindustriellen Zeit nimmt sich im Vergleich zu den großen Revieren des Industriezeitalters bescheiden aus. Aber die über tausend Jahre anhaltenden Eingriffe in die Ressourcen haben bleibende und heute noch sichtbare und wirkende Spuren hinterlassen, sie sind flächenhaft dauerhafter als die Flora und Fauna der Natur und damit im Umgang mit der Landschaft von zukunftsträchtiger Bedeutung.

Entwicklung und Stand der Forschung

Eine systematische Geländeforschung begann schon in den 20er Jahren, ausgerichtet auf die großen neuzeitlichen Schlackenhalden für eine nochmalige Verhüttung (Bode 1928), kleinräumigere Detailbegehungen erfolgten durch die Regional- und Heimatforschung seit den 60er Jahren (Denecke 1978, 1992 a) b). Sie werden intensiv und gezielt weiter betrieben. Markant und meist linear ausgeprägt sind die zahlreichen Pingen und Halden, deren zeitliche Zuordnung allerdings meist nur relativ aus dem räumlichen Zusammenhang möglich ist. Sie machen mit den über tausend erfaßten Schlackenplätzen den größten Teil der Relikte der Harzer Bergbaulandschaft aus. Bemerkenswert ist der reiche Bestand an erhaltenen Baulichkeiten über und unter Tage, die zum Teil einmalig im deutschen Raum sind (Bergkirchen, Gebäude der Bergverwaltung, Münzstätten, Kornmagazin, Zechenhäuser, Wohnhäuser der Bergbeamten und Bergleute u.a.).

Eine institutionalisierte archäologische Forschung zum Bergbau des Harzes begann nach einigen Vorläufern 1981/85 mit den Ausgrabungen auf der Wüstung Düna bei Osterode, bei denen einschlägige Methoden der Geländeprospektion sowie die notwendigen naturwissenschaftlichen Techniken erarbeitet wurden. Ein besonderes Ergebnis war die Feststellung einer Verhüttung Harzer Erze bereits in der Zeit um 400 n. Chr. Die Harzarchäologie ist mit verschiedenen gezielten Grabungen fortgesetzt worden, seit 1992 in dem etablierten Rahmen eines Stützpunktes Harzarchäologie in Goslar, heute Arbeitsstelle Montanarchäologie des Niedersächsischen Landesamtes für Denkmalpflege. Bei dem Aufwand der vorgenommenen Arbeiten, den angewandten Untersuchungsmethoden und den bemerkenswerten neuen Ergebnissen erhält die Forschung einen weit größeren Stellenwert als die Denkmalpflege. Deutlich ist auch der Schwerpunkt auf die Frühphasen des Bergbaus und der Verhüttung gelegt, Berührungen mit der Neuzeit ergeben sich weitgehend nur durch das Miteinander im Geländebefund.

Einen besonderen Bereich machen die in jüngerer Zeit aufgegriffenen Sediment- und Bodenuntersuchungen im Rahmen einer Altlasten- und Umweltforschung aus. Sind diese zum Teil auf die Standorte der Rüstungsindustrien des Zweiten Weltkrieges ausgerichtet, so erschließen sie in Auesedimenten auch sehr frühe Phasen einer Verhüttungstätigkeit und tragen damit unmittelbar zum Nachweis und zur Chronologie bergbaulicher Aktivitäten bei (Niehoff 1992; Matschullat u.a.1997). Die Methoden und Ergebnisse fügen sich eng in die archäologische Forschung mit den eingegliederten naturwissenschaftlichen Untersuchungen ein.

Bedeutsam sind weiterhin die jüngeren quellenbezogenen Arbeiten der historischen Forschung zum Bergbau im Harz. Sie sind wirtschafts- und sozialgeschichtlich ausgerichtet, in einigen Fällen auch umweltgeschichtlich und betreffen die Neuzeit bis an die Gegenwart heran (Bartels 1996; Kaufhold 1992; Westermann 1984). Neben grundlegenden Einzelarbeiten steht das aus einem Schwerpunktthema (1988/89) des „Arbeitskreises für niedersächsische Wirtschafts- und Sozialgeschichte" der historischen Kommission für Niedersachsen und Bremen hervorgegangene und geförderte Forschungsprojekt „Bergbau und Hüttenwesen im und am Harz" (Kaufhold 1992). Nach einer systematischen Sichtung und EDV-Erfassung der schriftlichen und kartographischen Quellen in den einschlägigen Archiven sind einzelne Themenkreise für eine individuelle Bearbeitung ausgewählt worden. Die meisten Themen beziehen sich auf den Bergbau und die Industrie des gesamten Oberharzes, ein Landschaftsbezug steht allerdings nicht im Vordergrund.

Ein dritter Schwerpunkt der jüngeren Bergbauforschung im Harz liegt im Bereich der Denkmalpflege und der musealen Arbeit mit dem Ziel einer Vermittlung der Kulturgeschichte des Bergbaus, in einem engen Bezug zur Bergbaulandschaft Harz. Bedeutende Sammlungen und Museen sind bereits in unmittelbarem Zusammenhang mit originalen Standorten in der Zeit der Stilllegung des Bergbaus angelegt worden (Oberharzer Bergwerksmuseum Clausthal-Zellerfeld, 1892, mit Schaubergwerk, Außenstationen und Harzbibliothek; Bergbaumuseum Grube Samson in St. Andreasberg). Wesentlich bis heute ausgebaut wurde das Harzer Museumswesen jedoch seit den 60er Jahren. Heute bestehen im gesamten Harz 19 Bergbaumuseen und Besucherbergwerke und 9 Heimatmuseen mit Schausammlungen zur Bergbaugeschichte. Mit dem „Oberharzer Geschichts- und Museumsverein" (1924), dem „Verbund der Oberharzer Bergbau- und Heimatmuseen" sowie der „Arbeitsgemeinschaft der Harzer Bergbau- und Hüttenmuseen" bestehen Institutionen, die übergeordnete Planungen und Koordinationen ermöglichen.

Aus dem Geschichts- und Museumsverein heraus ist 1949 die Initiative entstanden, flächendeckend die besonders markanten Bergbaudenkmale zu erfassen und an einer Auswahl von ihnen Erinnerungstafeln in der Form einer Tanne mit einem historisch erläuternden Text aufzustellen. Über 200 dieser Tafeln werden heute vom Verein betreut. Sie tragen wesentlich dazu bei, auf die Geländedenkmale vor Ort hinzuweisen und diese in die Geschichte der Bergbauregion Harz und einen Landschaftsbezug einzuordnen.

Durchgreifend ist letztlich ein ganzheitliches und raumerschließendes „denkmalpflegerisch-museales Rahmenkonzept" des Niedersächsischen Ministeriums für Wissenschaft und Kultur, das 1993 unter dem Titel „Historische Bergbauregion Harz" vorgestellt worden ist (Roseneck 1992, 1993 u. 1994). Dieser konzeptionelle Ansatz bezieht sich keineswegs nur auf die Organisation, Entwicklungsstrategien und touristische Werbung im Verbund der Museen, sondern sehr wesentlich auf eine regionale Geschlossenheit und Bedeutung des gesamten kulturellen Erbes der Bergbau- und Industrielandschaft Harz, auch in der objekt- und landschaftsbezogenen Forschung. Entscheidend dabei ist, daß über die Standorte, originalen Einrichtungen und Schausammlungen der Museen hinaus die große Fülle in situ erhaltener Relikte im Gelände mit erfaßt, geschützt, untersucht und in Auswahl touristisch erschlossen werden soll, um damit den räumlich funktionalen Zusammenhang der Wirtschaftslandschaft Harz als Ganzheit präsentieren zu können.

Konzeptionell bedeutsam ist, daß von dem komplexen technischen Denkmal der Bergwerksanlage Rammelsberg ausgehend der räumlich-funktionale Verbund mit der Bergstadt Goslar und der umgebenden Bergbaulandschaft herzustellen versucht wird und nicht das technische Einzeldenkmal im Rahmen der sogenannten Industriearchäologie im Vordergrund steht (Slotta 1982; Föhl 1983). Dieser im Deutschen irreführende Begriff und die von der allgemeinen weiträumigen funktionalen Bedeutung isolierende Objektperspektive können der Vermittlung einer wirtschaftsräumlichen Bedeutung nicht gerecht werden. Es bleibt allerdings bei einem landschaftsräumlichen Konzept die nicht leichte Aufgabe, die wirtschaftsräumlichen Zusammenhänge und Auswirkungen zu dokumentieren und herauszustellen, in der Konzeption, im Arbeitsansatz wie auch der Vermittlung.

„Kultur Landschaft Harz" – so ist ein weit verbreitetes Werbeposter überschrieben, das eine Serie historischer Baulichkeiten des einstigen Bergbaus zeigt. In diesem Zusammenhang steht der Begriff der Kulturlandschaft sehr gezielt für ein Programm, das in dem Natur- und Erholungsraum Harz mit seinem Nationalpark die bis heute erfahrbare und wirksame Geschichtlichkeit der einstigen Wirtschaftslandschaft herausstellt, als historisch bedeutende und zu schützende Kulturregion und thematisch zusammenhängendes Gebiet für einen Kulturtourismus, für den sehr gezielte Programme erarbeitet werden (Hein 1998; vgl. Naturfreunde Saarland 1994).

Die bedeutendste museale Einrichtung ist heute die 1988 stillgelegte Bergwerksanlage Rammelsberg in Goslar geworden, mit den vornehmlich aus den 30er Jahren stammenden Aufbereitungsanlagen und den Stollen, Schächten und Radstuben, deren Anlage in Teilen bis ins Mittelalter zurückreicht (Bartels 1988). Diese Bergwerksanlage hat in ihrem betonten und gezielt begründeten Zusammenhang mit der Bergstadt Goslar und der historischen Bergbauregion Harz 1990/91 den Rang eines UNESCO-Weltkulturerbes erreicht, und es besteht nun die Aufgabe, die Bedeutung der räumlich-funktionalen Zusammenhänge und der in situ erhaltenen Relikte und Spuren des Bergbaus im Gelände immer wieder auf verschiedenen Wegen nachzuweisen und öffentlich wie bildungstouristisch zu vertreten, unter dem Gesichtspunkt: wieviel „Kultur" (industrielle Tätigkeit) steht hinter der „Natur" der heutigen Erholungsregion Harz.

Die Geländeaufnahme der Bergbaurelikte in einem kulturlandschaftlichen Betrachtungsansatz

Die Inventarisation historischer Kulturlandschaftsrelikte, ihre archäologische Untersuchung und naturwissenschaftliche Analyse erbringen Teilergebnisse der Entwicklungsgeschichte einer Wirtschaftslandschaft, einer Kulturlandschaft im geographischen Sinne. Die räumlichen Zusammenhänge einer Wirtschaftslandschaft ergeben sich nicht aus einem zunehmend verdichteten Nachweis von Objekten und Spuren einer wirtschaftlichen Tätigkeit oder Nutzung der Ressourcen, sondern gerade bei einer Gewerbe- und Industrielandschaft aus den betrieblichen und funktionalen Zusammenhängen im Sinne einer Industriewirtschaftsformation. Hierzu bedarf es nach verschiedensten analytischen Untersuchungen eines synthetischen Betrachtungsansatzes, einer kulturlandschaftsgenetischen, historisch-geographischen Gesamtdarstellung, bei der das räumliche wie auch das zeitliche Wirkungsgefüge Leitlinien der Betrachtung sind. Abbau, Aufbereitung und Verhüttung, die Schaffung von Wasserenergie wie auch die Gewinnung von Holzkohle sind in sich geschlossene Betriebsbereiche, die räumlich nebeneinander und funktional miteinander verknüpft bestanden haben. Mit ihnen werden die Ressourcen der Landschaft genutzt, die Aktivitäten vor Ort haben ihre Spuren hinterlassen, die heute in einem umfassenden Sinne als kulturelles Erbe anzusehen sind, das zwangsläufig ständig im Schwinden begriffen ist. Dieser Prozess kann durch eine Denkmal- und Landschaftspflege nur abgemildert werden, die zu sichern, zu dokumentieren und zu vermitteln hat, im Zusammenhang mit den Forschungen zugehöriger Wissenschaften. Die jüngsten Projekte im Harz können in mancher Hinsicht Modellcharakter haben, vor allem in der Richtung einer eng vereinten Bau- und Bodendenkmalpflege, die sich auf eine Kulturlandschaftspflege und kulturlandschaftsgenetische Vermittlung hin bewegt und damit auf einen regionalgeographischen Betrachtungsansatz der Historischen Geographie.

Bodendenkmalpflege und archäologische Geländeuntersuchungen neuzeitlicher Befunde

Eine flächendeckende Aufnahme wirtschaftlicher Geländerelikte und ihre laufende weiträumige Zerstörung, eine denkmalpflegerische Betreuung und ergänzende Rekonstruktion teilweise erhaltener Wirtschaftsanlagen der Neuzeit, der Nachweis und die Dokumentation bereits abgetragener Einrichtungen sowie vor allem eine begleitende Dokumentation im Zuge einer Beseitigung neuzeitlicher Wirtschaftseinrichtungen fordern von der Bodendenkmalpflege eine intensive Dokumentationsarbeit (Wegener 1995). Die Bedeutung dieser Aufgabe für die Denkmalpflege selbst wie für die Wirtschafts-, Technik- und Kulturgeschichte ist bisher noch viel zu wenig erkannt in der Meinung, daß die Objekte der Neuzeit ausreichend bekannt und dokumentiert wären, was nur in Teilen zutrifft. Die Gartenarchäologie im Rahmen der Rekonstruktion von Parkanlagen, eine sich entwickelnde „Archäologie des Hauses" oder die in den USA gut entwickelte kolonialzeitliche Archäologie sind bereits Beispiele einer Neuzeit-Archäologie, wie sie gerade in Industrielandschaften im Rahmen einer „Montandenkmalpflege" zur Anwendung kommen muß.

Das typische dichte Nebeneinander und Übereinander der Pingen- und Haldenrelikte, die zunächst allgemein nicht mögliche Datierbarkeit wie auch ihr meist fehlender Geländenachweis erfordern die verstärkte Entwicklung einer „Archäologie der Pingen und Halden", in die auch naturwissenschaftliche Untersuchungen mit eingeschlossen sind. Allgemein beginnend mit den letzten neuzeitlichen Eingriffen und Relikten lassen sich sehr häufig mehrere Phasen einer bergbaulichen Aktivität erschließen, die gerade charakteristisch für eine Montanwirtschaft und auch Natursteingewinnung sind. Große Bergbauhalden sind letztlich auch oft ein markantes Landschaftselement (Wagenbreth 1973; Slotta 1988).

Eine dokumentierende Geländeaufnahme ist auch bei dem laufenden drastischen Schwund der flächenhaften Geländerelikte notwendig, gerade auch dann, wenn Zerstörungen anstehen. Bei bereits geschützten Denkmalobjekten der Wirtschaft sind oft zur Veranschaulichung und Dokumentation genauere Geländenachweise von bereits beseitigten Anlagen notwendig, die archäologisch zu erbringen sind. Die Einbeziehung großräumiger Geländedenkmäler – hier der Montanwirtschaft – in den Aufgabenbereich der Denkmalpflege erfordern von hier aus Pflege- und Baumaßnahmen sowie Sanierungskonzepte sehr spezifischer Art. Dies zeigt anschaulich das Beispiel des Systems der bergbaubedingten Anlage der Oberharzer Wasserwirtschaft, das 1978 als Kulturdenkmal ausgewiesen worden und heute im Besitz der Harzwasserwerke des Landes Niedersachsen ist. Das System besteht aus 70 Speicherteichen (fast alle erhalten) sowie aus 250 km wasserführenden und 350 km in Spuren erhaltenen Sammel- und Aufschlaggräben. Hinzu kommen Aquädukte, Tunnel, Brückenbauten und Wasserlösungsstollen. Die denkmalpflegerischen Sanierungskonzepte dieses Flächendenkmals im Oberharz erfordern Graben- und Dammbautechniken sowie bergmännische Bautechniken, die den historischen Maßnahmen entsprechen, in Verbindung mit manchen archäologischen Untersuchungen.

Weitere Relikte der Industrielandschaft

Die Geländedokumentation im Harz hat sich bisher vornehmlich auf die Relikte des Abbaus und der Verhüttung gerichtet sowie auf das System der zugehörigen Wasserenergieanlagen (Schmidt 1992). Kaum von einer Geländeforschung her systematisch untersucht ist die Natursteingewinnung, wozu vor allem der Schieferabbau und die Gipsgewinnung am westlichen und südlichen Harzrand gehören. Verschwunden und kaum untersucht sind die einst zahlreichen Sägewerke (Laub 1982). Erst in kleineren Teilgebieten sind die Meilerplätze der einstigen Holzkohlewirtschaft kartographisch dokumentiert, und eine waldgeschichtliche Analyse steht noch in den Anfängen (Hillebrecht 1982; vgl. Gleitsmann 1984). Die weit verbreiteten Platzmeiler gehören zum größten Teil in die neuzeitliche Periode des Bergbaus, die Holzkohlegewinnung des Mittelalters, meist kleine Grubenmeiler, ist bisher kaum erfasst. Diese Fragestellung ist nicht nur eine wesentliche Ergänzung zur Geschichte der Verhüttung, sondern auch ein entscheidender Schlüssel zur Waldgeschichte des Harzes, wozu für die Neuzeit bereits auf der Auswertung von Archivalien beruhende Untersuchungen vorliegen (Schubart 1978).

Weit verbreitet sind im Waldgebiet des Harzes die Hohlwegspuren der einstigen Erz- und Kohlenwege. Wenn auch zahlreiche kleinere Studien und Geländeaufnahmen hierzu bereits vorliegen, steht doch eine systematische Dokumentation und vor allem auch historisch-geographische und archäologische Untersuchung noch aus. Eine Rekonstruktion der Wegeverbindungen auf der Grundlage der Hohlwegrelikte trägt letztlich sehr wesentlich zur Vernetzung der einstigen Werkplätze der Industrielandschaft bei.

Die Ganzheit im Spiegel der Objekte und Spuren in situ und in der Industrie- und Kulturlandschaft

Es sind verschiedene Wege und Ansätze, die in jüngerer Zeit von unterschiedlichen Seiten her letztlich gemeinsam zur Betrachtung und Vermittlung landschaftsräumlicher Zusammenhänge führen. Die Bodendenkmalpflege und die Forschungsmethoden und Fragestellungen der archäologischen Forschung sind von der Erschließung und Interpretation von Kulturobjekten (Artefakte) zur Gewinnung von Erkenntnissen und Datierungen aus naturwissenschaftlichen Analysen zu landschaftsgeschichtlichen Aussagen vorangeschritten, die die Sachkultur mit kulturlandschaftlichen und umweltgeschichtlichen Zusammenhängen verknüpfen (Schönfeld/ Schäfer 1991). Diese Tendenz zu einer Landschaftsarchäologie in einer Industrielandschaft führt mit weiterführenden Arbeitsmethoden zum kulturlandschaftgenetischen Betrachtungsansatz der Geographie, zu komplexen landschaftsräumlichen Zusammenhängen (Wehdorn 1989). Deutlich ausgeprägt ist dieser Forschungsansatz in den im Oberharz gezielt betriebenen montanarchäologischen Forschungen, die jüngst unter dem bezeichnenden Titel „Auf den Spuren einer frühen Industrielandschaft: Naturraum – Mensch – Umwelt im Harz" in einschlägigen Beiträgen zusammengestellt worden sind (Niedersächsisches Landesamt 2000). Eindeutiger Schwerpunkt dieser Forschungen sind der mittelalterliche Bergbau wie auch die Verhüttung im Oberharz. So spezialisiert die einzelnen Untersuchungen auch sind, sie erschließen doch immer allgemeinere und räumliche Zusammenhänge, die als solche gezielt verfolgt und thematisiert werden. Zudem werden die archäologischen Einzeluntersuchungen laufend begleitet von räumlich begrenzten flächendeckenden Detailkartierungen von Abbau- und Hüttenrelikten.

Diese detaillierten Erfassungen aller Spuren einer montanwirtschaftlichen Tätigkeit bis hin zu den Anlagen einer Wasserkraftgewinnung und zu der Verbreitung von Meilerplätzen zur Holzkohlegewinnung haben das Bild der Aktivitäten im Gelände in einzelnen Regionen so sehr verdichtet, daß sich die Vorstellung einer Wirtschafts- oder Bergbaulandschaft einstellt, von einer einst durch die gewerbliche Tätigkeit des Menschen geprägten Kulturlandschaft oder auch einer sogenannten Denkmallandschaft. Schon für das Mittelalter trifft dies für einige Gebiete im Harz zu, wo der Abbau auf die erreichbaren Erzgänge konzentriert war und die Verhüttung seit der Nutzung der Wasserkraft in den Talzonen angeordnet war. Weitaus verbreiteter war die bergbauliche Tätigkeit im Harz in der frühen Neuzeit, in der durch die zahlreichen Gruben, Stollen und Pingen mit ihren Abraumhalden, die Erzaufbereitungsanlagen, das Netz der Teiche und Gräben für die Wasserenergie, die in den Tälern dicht aufgereihten Pochwerke und Hüttenwerke, die Kontaminierung der Gewässer und die Rauchschäden wie auch die Verwüstung der Waldbestände in der Tat eine Industrielandschaft entstanden war, von deren Ausmaß heute vornehmlich nur noch die Spuren im Gelände zeugen, mit denen die Geschichte der Landschaft noch sichtbar und greifbar ist. Die Fragestellungen werden auch auf räumliche Zusammenhänge gelenkt durch die räumlich-funktionalen Beziehungsgefüge, die in der einstigen Bergbau- und Hüttenformation gegeben waren. Zu ihnen gehören die Bestimmung der Herkunft der Erze durch Erz- und Schlackenanalysen (Heimbruch 1990; Hegerhorst 1998), die Rekonstruktion des Waldbestandes auf der Grundlage von Holzkohlenanalysen (Hillebrecht 1982) oder die Rekonstruktion von Anlagen der Wasserkraftgewinnung (Schmidt 1992). Für die Rekonstruktion der neuzeitlichen Bergbau- und Industrielandschaft sind die Zusammenhänge der Industrieformation noch wesentlich bedeutsamer, wozu vor allem geographische Betrachtungen der Wirtschaftslandschaft grundlegende Ansätze beigetragen haben (Hottes 1971). Zur räumlich-geographischen Betrachtung gehört letztlich auch die Beziehung des Industrieraumes zum Umland in ihrer historischen Entwicklung (vgl. Achilles 1992; Beddies 1996).

Der geographische Ansatz der gewerblich-industriellen Kulturlandschaftsentwicklung

Wenn sich auch die Denkmalpflege und Landschaftspflege, die Regionalplanung (Landschaftsrahmenplan), die touristischen Entwicklungsstrategien wie auch die musealen Vermittlungskonzepte (Landschaftsmuseum) mit ihren Fragestellungen, Betrachtungsansätzen und Konzeptionen über die Erfassung, Untersuchung und Präsentation der reichen Geländespuren historischer Wirtschaftstätigkeit (anthropogene Kleinformen) auf eine Kulturlandschaftsbetrachtung beziehen, so ist dies vornehmlich im Sinne einer Erweiterung des Arbeits- und Betrachtungsfeldes auf die anthropogenen Kleinformen der Wirtschaftslandschaft zu verstehen. Für die historisch-geographische Kulturlandschaftsforschung waren diese unter Wald sichtbar erhaltenen Relikte wirtschaftlicher Tätigkeit zunächst in der Zeit geographischer Landeskunde topographische und funktionale Elemente zur Rekonstruktion historischer Kulturlandschaften, weitgehend ohne die Bewertung einer Bedeutung als Kulturdenkmal und ohne die Bemühung einer Erschließung für einen Kulturtourismus. Beiden Aspekten hat sich die angewandte historische Geographie in jüngerer Zeit gezielt zugewandt, damit zugehend auf die anwendungsorientierten Ansätze der Denkmal- und der Landschaftspflege (Hildebrandt 1994). Dagegen ist jedoch – und dies läßt sich auch am Beispiel des Harzes zeigen – der komplexe geographische Forschungs- und Darstellungsansatz der Kulturlandschaftsenwicklung seit den 70er Jahren nicht mehr weiter verfolgt worden. Eine erste materialreiche Regionalstudie zur neuzeitlichen Bergbaulandschaft im Harz hat Kurt Brüning (1926) vorgelegt. Grundsätzlich und modellhaft hat Uhlig am Beispiel einer Bergbaulandschaft in Nordost-England 1956 die retrospektive Analyse einer Wirtschafts- und Kulturlandschaft dargestellt (vgl. Trinder 1987). Diesem Ansatz sind viele weitere Regionalstudien besonders in den 60er Jahren gefolgt. Beispielhaft für eine Bergbaulandschaft ist die vor allem auf Geländeaufnahmen beruhende Arbeit von Düsterloh (1968) über das Niederbergische Hügelland. Für den nordwestlichen Harzrand hat Rippel (1958) eine auch methodisch breit angelegte Arbeit vorgelegt, und für den Raum Blankenburg hat Klages (1968) den fruchtbaren Versuch gemacht, die Raumwirksamkeit einer personenbezogenen Staatstätigkeit im 18. Jahrhundert zu verfolgen (vgl. Dennert 1986). Eine landeskundliche Gesamtdarstellung des Harzraumes liegt bis heute nicht vor.

Eine jüngste Regionalstudie, die Arbeit von Eva Kistemann (2000) über die gewerblich-industrielle Kulturlandschaft Bergisch-Gladbach, zeigt beispielhaft, zu welchem Ergebnis eine anwendungsorientierte und praxisbezogene historisch-geographische Analyse einer industriell geprägten Kulturlandschaft kommen kann, wobei hier vor allem auch die Möglichkeiten einer Weiterentwicklung der Arbeitsansätze einer anwendungsorientierten Landeskunde diskutiert werden, auf der Grundlage einer gründlichen Auswertung des geographischen Forschungsstandes. Es ist deutlich, daß sich die angewandte geographische Landeskunde in jüngster Zeit auf unterschiedliche funktionale Landschaftstypen konzentriert, wozu besonders auch die industrielle Kulturlandschaft gehört (Denecke 2000).

Die Darstellung bezieht sich auf die Bergbauregion des Oberharzes mit dem Rammelsberg (Westharz). Auch der Mansfeldische Kupferschieferbergbau im Unterharz hat eine deutlich ausgeprägte industrielle Kulturlandschaft hinterlassen, um deren Erbe man sich mit verschiedenen Initiativen bemüht. Grundlagen für einen kulturlandschaftlichen Ansatz der Denkmalpflege, der entsprechenden Forschung und touristischen Erschließung sind auch für die Bergbauregionen im Schwarzwald (Steuer/ Zimmermann 1993), im Erzgebirge (Wagenbreth/ Wächtler 1986 u. 1990) und in den rheinischen Mittelgebirgen belegt (Vulkanpark Eifel u.a.), wobei die Konzeptionen weitgehend vergleichbar, die Voraussetzungen jedoch individuell sehr unterschiedlich sind. Konzeption und Initiativen im Oberharz können durchaus als anregendes und vorbildhaftes Modell gelten.

Bodendenkmäler und „Geländedenkmale": Pingen, Halden und Stollen als randliche Landschaftsphänomene

GEORG RÖMHILD

Es gilt hier, Zusammenhänge und Unterschiede zwischen der Angewandten Historischen Geographie und der Archäologie bzw. Bodendenkmalpflege auf dem Felde erloschenen Bergbau zu erkennen. Der Fund und der Grabungsbefund sind archäologische Gegenstände. Fundort und Geländebefunde bilden einen Überschneidungsbereich von Archäologie und Historischer Geographie. Grabungs- und Geländebefunde als Bestandteile früherer und heutiger Umgebung können kulturgeographisch bearbeitet werden, – „Kultur" hier auch als Kultur des Umgangs mit Dingen an bestimmten Orten und „Erdstellen" zu verstehen! Daraus leitet sich der Ansatz der „Angewandten" Historischen Geographie (im folg.: A.G.H.) ab:
Der Landschaftsbegriff als etwas Komplexes – und im Spannungsfeld zwischen früher und heute – spiegelt sich in kleinräumigen Situationen des Geländes gleichsam verdichtet wider; m.a.W.: mikrogeographisch gesehen, stehen wir an dieser oder jenen abgelegenen „Erdstelle" früherer Bergbautätigkeit vor einem Phänomenkomplex, der über das archäologische oder bodendenkmalpflegerische Moment hinausgeht; „abgelegen" bedeutet hier, daß der Geländebefund von Wald umschlossen ist oder in waldnaher Lage an der Peripherie einer Siedlung (o. ä..) liegt.

Folgende Gesichtspunkte und Erkenntniskategorien seien aus der Sicht der Angewandten Historischen Geographie genannt: – (1) Es geht hier zunächst und allgemein um Lokalisationsphänomene solcher scheinbar im Verborgenen entstandenen Reliktsituationen früheren Bergbaus an bestimmten „Erdstellen": Wo, wie und wodurch stehen punktuelle, linien- und flächenhafte und dabei aspektbildende „Kulturlandschaftselemente" beisammen? Welche „Innensicht" ergibt sich „vor Ort" und wie steht das Ensemble zur Außenwelt? Gibt es Lokalisationsbedingungen „von außen nach innen"? – Desweiteren sind selektiv und zugleich verbindend zu erkennen: – (2) besondere oder fokussierte Objekte, z. B. ein Stollenmundloch, die sich auf ein nahes Umfeld und Blickfeld beziehen; – (3) objekt- und detailbezogene Persistenz in Bezug auf vollpersistente, reduziert-vollpersistente, semi- oder teilpersistente sowie auf schwach- oder restpersistente Erhaltungszustände; – (4) Nutzungsspuren als Kennzeichen eines nachfolgenden Agierens oder als Zeichen sukzessiver Veränderungen durch bestimmte Akteure; – (5) Handlungsstrukturen von Personen und Stellen und diesbezügliche Konstellationen innerhalb eines geschehnishaften Ablaufs vom Zeitpunkt der Stilllegung bis heute. – (6) Innerhalb der weiteren und modernen Umgebung, die das Kleinareal oder die Erdstelle umgibt, erhält letztere/s den Status einer insularen bzw. montanistischen Kulturlandschaftszelle. – (7) Aus der Extra-Stellung und Abgelegenheit ergibt sich „von außen" die Frage der Wahrnehmung, der Beachtung, Nicht-Beachtung und im Fragenkontext „Denkmalpflege" generell die Akzeptanzfrage. – (8) Der „abgelegene" Ort oder die insulare Lokalisation ist mehr oder weniger Teil des Verfügungsraumes, in dem Raumordnung und Raumplanung waltet. – (9) Das So-Sein in exemplarischer Auswahl und die Zusammenstellung der Bergbauorte und Erdstellen – im folgenden fünf Exempel – entspricht geographischer Differenzierung und Zusammenfassung auf einer Problemebene.

So anzusehende „Fundorte" sind also geographische Orte, die aus dem Raumkontinuum zwar herausgelöst sind, die aber dennoch einen repräsentativen Charakter für eine „Gegend" insgesamt besitzen; diese „Orte" spiegeln kennzeichnende Strukturen des lokal-regionalen Landschaftskomplexes „Natur/Mensch/Technik/Zivilisation" wider. Die Fundorte und Geländedenkmale – als Denk-Male oder als „Denkmäler" – repräsentierten insbesondere „Zeitläufte", Zeiterscheinungen („Zeitgeist"!) und Verkettungen von Handlungsweisen durch Eigentümer, „Einwohner", Experten, „Akteure" u.a.m. – In all diesem unterscheidet sich der Ansatz der Kulturgeographie und der der sog. Angewandten Historischen Geographie deutlich von der auch und speziell an den Fundorten interessierten Bodendenkmalpflege und Archäologie.

Bergbau an der Peripherie: Hinterlassenschaften

Bevor ausführlich auf fünf Geländesituationen eingegangen wird, seien folgende geographisch-räumlichen und situativen Beobachtungen und Mrkmale, die „typisch" für die angesprochene Region zwischen Ibbenbüren und Osterwald sind, kurz und akzentuiert skizziert. „Gegend" meint die montanistische Provinz oder Peripherie des (früheren) nordwestdeutschen Steinkohlengürtels. Der wenig bekannte Steinkohlenbergbau an der nordwestdeutschen Peripherie gründet sich auf eine sehr differente Verbreitung von Gruben- und Baufeldern innerhalb des norddeutschen Wealden (Unterkreide/Berrias) sowie auf solche des Osnabrücker Karbon. Beide bilden den Nordwestdeutschen Steinkohlengürtel; seine Verbreitung reicht von Ibbenbüren über Osnabrück, Minden, Obernkirchen/Stadthagen, Barsinghausen sowie Münchehagen/Bad Münder bis nach Osterwald sowie Coppengrave (Hilsgebirge/Leinebergland). In Ibbenbüren als einzig verbliebenem Kohlestandort wird heute Tiefbergbau im „Ostfeld" des dortigen Karbongebirges (Schafberg) betrieben. In der Wahrnehmung von außen und im (boden-)denkmalpflegerischen Handeln tritt die montanistische Provinz Nordwestdeutschlands gegenüber den großen und „berühmten" Montanregionen deutlich zurück. Aus unserer Sicht sind die kleinen, 1963 endgültig stillgelegten Bergbaureviere und -stätten des Wealden und des Piesbergs (Karbon) eine Herausforderung; sie sind es, zumindest theoretisch, auch für die (Boden-)Denkmalpflege. Es sollte nicht vorrangig um die „klassischen" Reviere und großen Highlights gehen, was das (boden-)denkmalpflegerische Interesse betrifft. Mit der Neustrukturierung im Bergbau – beginnend schon gegen Ende der 1950er Jahre und dann von allem seit Anfang der 70 Jahre sind viele Abbaustellen und kleine Bergwerke in ihrem landschaftlichen Umfeld sozusagen versunken. Als im Ruhrgebiet in den (ebenfalls) frühen 1970er Jahren die „Industriedenkmalpflege" hinsichtlich historischer Bergbaustätten aufkam. Wurde im hier betrachteten Nordwesten „nicht eine Spur daran gedacht". Ausnahmsweise wurde zu Beginn der 80er Jahre auf private Initiative hin das erste Industriedenkmal der Wealdenkohle, nämlich das Mundloch oder Stollenportal des Brünnighäuser Steinbrinkstollens am Waldrand des Nesselberg-Osterwald-Höhenzuges geschaffen; von örtlicher Seite entstand fast gleichzeitig die Initiative „Hüttenstollen" im benachbarten „Bergort" Ostenwald. Weitere Geländedenkmale seinen unter den Aspekten Handlungsdefizit und Handlungspotential kurz genannt: Pingen im „Buchholz" bei Recke, – das beeindruckende Areal von Schachthalden des v.a. 19. Jahrhunderts im Kleinen Süntel (südlich von Bad Münder) oder verschieden stark überformte Schachthalden in Gelldorf (b. Obernkirchen, links und rechts der B 65), – Stollenmundlöcher an der Südflanke des Deisters (z.B. Feggendorfer Stollen oder Alte-Taufe-Stollen) oder im Kleinen Süntel der gut erhaltene Georgstollen mit langer übertägiger Grabenrösche davor, – dann Bergwerkswüstungen, wie die der ehemaligen Schachtanlage Notthorn in Meißen (b. Minden) oder die des ehemaligen Stollenbetriebs Düdinghausen am Rehburger Höhenzug; letztgenannte Bergwerke dokumentieren besonders eindrucksvoll die Abkehr vom Bergbau während der 1950er Jahre!

Die Beispiele besagen jedoch nicht, daß den Bergbauunternehmen keine Nachsorge der Tagesoberfläche mit ihren Tagesöffnungen oblag oder obliegt. Gleichwohl heißt es in der Sprache der Bergleute, daß stillgelegte Grubenabteilungen und Baufelder „abgeworfen" werden. Der Bergbau hat prinzipiell kein Interesse an einer Denkmalschutzausweisung bezüglich der „alten Schächte und Stollen" im Tagesbereich seiner Grubenfelder. Im Gegenteil, das Bergrecht und die aufsichtsführenden Bergbehörden sehen eine Eliminierung solcher Geländespuren aus „sicherheitlichen" Gründen vor. Sie werden verfüllt und planiert; das berührt v.a. solche Tagesbereiche des Altbergbaus, in deren Nachbarschaft Bergbau noch umgeht. Nach Veröffentlichungen des Verf. über das Buchholz-Revier Anfang der 1980er Jahre wurden einige historische Tagesöffnungen, namentlich einige Schachtpingen – das sind solche, bei denen durch Nachsackung früherer Verfüllungen die Schachtmünder bis auf ca. 2 m Teufe sichtbar waren – neu verfüllt und einplaniert. Das Verzeichnis der verlassenen Schächte und Stollen (bei den Bergämtern) führt zu fortwährenden und kontrollierenden Befahrungen der Tagesoberfläche. Hierin liegt mit ein Grund, warum die Bodendenkmalpflege nicht vorrangig an solchen Geländesituationen interessiert ist. Vorrang in diesen Dingen hat vielmehr die Bergbehörde, nicht die Denkmalschutzbehörde. Ein interessantes Beispiel gibt es dazu aus dem Raum Osnabrück: Eine zum Piesberg und in den Interessenbereich des dortigen „Museums Industriekultur Osnabrück" gehörende Geländesituation von Schachtpingen des frühen Kohlenbergbaus wird nicht publik gemacht, um die industriearchäologisch interessante Gegebenheit zu bewahren (– was nicht heißt, den sicherheitlichen Aspekt zu ignorieren, – eben gerade auch deshalb!).

In der Angewandten Historischen Geographie geht es also um ein projektive Betrachtungsweise; d.h. das Historische wird auf die Gegenwartsebene projiziert. Der Gegenstandbereich der A.H.G. ist gegenwartsrelevant, anwendungsorientiert, mithin auch zeitkritisch und setzt sich mit dem Handeln und Nicht-Handeln im Raum auseinander. Wesentlich ist bei solcher umfassenden, kritisch-distanzierten und doch objektnahen Beobachtung die aus der Landschaft geschöpfte Bildwirkung der Objekte (s. vorne: die Kategorien 2 u. 7), auch wenn diese (boden-)denkmalpflegerisch unerheblich oder marginal erscheinen. Der Unterschied zur Bodendenkmalpflege ist evident. Freilich kommen anthropogene Formungen des Bodenreliefs auch in den Blick der Bodendenkmalpflege, wenngleich sie diese anders würdigt und im Prinzip geringer ansetzt als es der Geograph tut. So wird nach den Unterlagen der Gemeinde Recke (Denkmalliste, Teil B) und den sie begleitenden Vermerken des Westfälischen Amts für Denkmalpflege der markante Umringungswall des alten Forstortes Buchholz als lediglich abschnittsweise, nämlich in dessen östlichem Verlauf (etwa parallel zur Ibbenbürener Straße), erheblich, d.h. für „jedermann erkennbar" (sinngemäß wörtlich!) kommentiert. Im Inventarisationsblatt des Denkmalamts wird im Blick auf den Wall bzw. die Trockenmauer eine „Höhe bis ca. 1,0 m" angegeben; doch im westlichen und nördlichen Verlauf des Einhegungssystems weist dessen Morphographie deutlich höhere Beträge auf, – zumal von der Außenseite des Hauptwalls aus betrachtet. Die Pingen des Altbergbaus innerhalb der Waldeinfriedung werden nicht erwähnt (Römhild 1984) – wohl „größere Innenflächen". Das Einfriedigungssystem steht seit 1995 als „Wallanlage Buchholz" in der Recker Denkmalliste. Die übrigen drei Eintragungen der Liste B betreffen vorgeschichtliche Grabhügel. Markante Pingentypen des Buchholzer Altbergbaus konnten trotz vielerlei schriftlicher und mündlicher Hinweise, die über Jahre gingen, bisher nicht Eingang in die Recker Denkmalliste finden.

Stollenmundlöcher, sog. Pingen, Schachthalden (des Altbergbaus) und Bergehalden des (modernen) Bergbaus sind in ihrer obertägigen Erscheinung nicht per se und eher selten Objekte der Bodendenkmalpflege, – die als Baugestalt geschaffenen Eingangssituationen von Bergbaustollen in der Regel nicht! Die „Technische Denkmalpflege" arbeitet auf einem Terrain, auf dem sich nicht selten boden-, bau- und industriedenkmalpflegerische Interessen überschneiden. Das kann bei Denkmalschutzabsichten hinderlich sein. Die mit dem (Erd-)Boden und mit dem Gelände verbundenen Befunde sind aus der Sicht der Bodendenkmalpflege eher dann interessant, wenn es um den vor- und frühgeschichtlichen Ansatz geht und Grabungsbefunde zu erwarten sind. Durch vordringlich gebotene Not- und Rettungsgrabungen ist der Handlungsspielraum der Bodendenkmalpflege freilich begrenzt; andererseits: Führt die Feststellung, daß „der Begriff Bodendenkmal im nordrhein-westfälischen Denkmalschutzgesetz (weit) gefaßt wird" (Horn 1993) auch zu der Konsequenz, unterschiedliche Objekte dieser Gattung und „Geländedenkmale" an einem Ort – etwa in einem Forstort (s. o.!) – sozusagen nebeneinander unter Schutz zu stellen?

Stollenmundlöcher sind in ihrer bergtechnischen, geländemäßigen bzw. anthropogen-geomorphologischen Einbindung und in ihrem vorgefundenen Zustand – z.B. eingewachsen oder eingesenkt in heutiges Terrain oder von Waldvegetation eingehüllt – als Geländedenkmale anzusprechen. Auf der Hachenburger Tagung der Arbeitsgruppe für A.H.G. im Frühjahr 1993 sprach sich Verf. für den Begriff „Ge-

*Abb 1:
Topographische Orientierung über die genannten Orte bzw. Fall-beispiele.*

ländedenkmal" aus. Die Geographen H. Hildebrandt und B. Hildebrandt-Heuser (1998) sprechen auch von „Geländedenkmälern" (ebd., S. 24/25). Im konkreten Fall eines Ensembles baulicher Relikte, z.B. (zwei) Stollenmundlöcher, Fundamente einer obertägigen Bremsbergstation, ältere Trassenpflasterung neben der (obertägigen) Bremsbergtrasse, Stützmauern, Podium eines verschwundenen Zechenhauses (das Ganze mit einer am Hang angesetzten Haldenplattform verbunden) – so bei der ehemaligen Anlage „Feggendorfer Stollen", oben an der Südwestflanke des Deistergebirges (b. Rodenberg a.D., Landkreis Schaumburg) – offenbart sich das industriearchäologische Ensemble in dessen visuellem Rahmen als Blickfeld und als ein zusammenhängendes „Geländedenkmal". Seit etwa zehn Jahren läßt sich übrigens beobachten, daß die Unberührtheit und auch das Faszinierende des *historischen* Bergbauortes dort (– zusammen mit der auch geomorphologisch interessanten Situation) – so, wie er verlassen wurde – vom Geist des Zurschaustellens aufgebrochen worden ist: Das Mundloch (Stollenportal) des Feggendorfer Stollens ist mit ausschmückenden „Accessoires" versehen worden und eine „Umfeldbereinigung" weist dem Gelände die Funktion als Freilichtmuseum und Festplatz für örtliche Vereine zu.

An fünf Fallbeispielen nun soll deren Hinterlassenschaftscharakter, deren Erhaltungs- oder Persistenzsituation und deren Wert als Geländedenkmal – unter Berücksichtigung der anfangs genannten neun Erkenntnisebenen – gekennzeichnet werden (Abb. 1).

Im Buchholz bei Recke: Umformungen

Ein einzeln gelegenes Anwesen an der L 603 bei Recke am östlichen Waldrand des alten

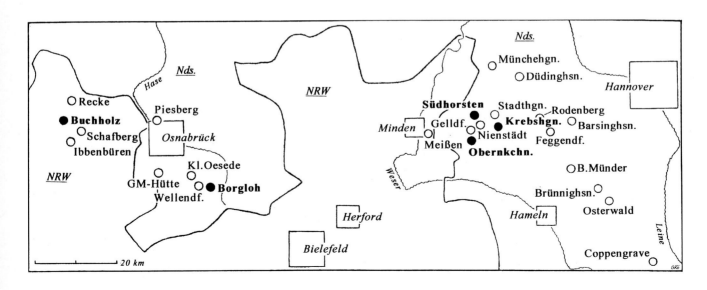

Forstortes ist aus einer Reihe von Entwicklungsetappen (Kohlenmesserhaus, Gastwirtschaft und Wohnplatz, Fuhrunternehmen und Wohnhaus sowie modernes Transportunternehmen mit Fuhrpark) hervorgegangen. Es hat sich seit dem 19. Jahrhundert mit einer westlich in den Forst vorgeschobenen Eigentums- und Umgebungszone in den Bereich eines Pingenfeldes, das seinen Ursprung in der niederländisch-oranischen Erschließung eines oberflächennahen Kohlenflözes gegen Ende des 17. Jahrhunderts mittels etlicher Doppelschächte hat (Römhild 1984), bewegt. Der Waldanschluß oder anschließende Holzbodenbereich im Bereich einiger jener industriearchäologisch bedeutsamen Doppelpingen wurde sozusagen geschleift.

Vor allem seit etwa 1990 wuchs das Anwesen in seiner den anschließenden Wald quasi kontaminierenden Einflußnahme über das Grundstück hinaus zu einem Gesamtterrain von gut einem halben Hektar Ausdehnung. Die modernen Kulturspuren hinter den Hausstellen stellen sich in folgender Form dar: Wegeaufweitung (Richtung Wald), Betriebsgebäude, Platzgewinn für den Fahrzeugverkehr, Überstreuung des historisch geformten und übernutzten Waldterrains mit unspezifischen Materialien von Kulturschutt, restpersistente Doppelpingen und quasi Aufhebung des einst unbeeinträchtigt wegsamen Zugangs in den Forst – in Richtung einer reduziert- vollpersistenten Doppelpinge. Diese ist trotz ihrer viel späteren Aufwältigung immer noch „hervorragend" und einmalig. Im Zuge der raumausgreifenden Entwicklung ist sie jedoch in eine Gefahrenzone geraten. In besonderer Weise ist das Ganze ein mikrogeographischer Kosmos (– von der Wortbedeutung und der Sache her

Abb. 2: Buchholz: Schachtmundpinge (18. Jh.), später aufgewältigt; – 2,40 m tiefe Schachtsäule im Fels); Aufn. 9/1980.

auch mit der Chaostheorie in Verbindung zu bringen!). Entstanden ist ein exzeptionelles Nutzungsareal und -umfeld in der ansonsten agrarbäuerlich und waldbaulich geformten Umgebung und Landschaft auf dem Westteil der „Ibbenbürener Bergplatte" (Dickenberg) (Abb. 2).

Die Haldenschar bei Krebshagen

Eine Vielzahl von Schachthalden des schaumburgischen Wealdenkohlenbergbaus befindet sich zwischen Krebshagen, Langenbruch und Hörkamp (südlich von Stadthagen) auf der durch das (einstige) Hagenhufendorf Krebshagen ostwärtig geformten Feldflur. Das Haldenareal umfaßt annähernd 1,5 km˝ und erstreckt sich auf den Stadthäger Teil der Bergfußfläche des Bückebergs. 21 Schachthalden aus der vor- und frühindustriellen Phase der

„Schaumburger Kohlenwerke" (nebst einer langgestreckten Halde des Hör-Stollens an der Straße „Am Bückeberg" und einer größeren Halde eines frühen Maschinenschachts am auslaufenden Bergfuß oder Nordrand des Areals) repräsentieren die im 19. Jahrhundert erfolgte Felderweiterung des „Obernkircher (Gesamt) Reviers" gegen Osten (Römhild 1998). Das Bild, das sich v.a. von den noch unbebauten Stellen entlang der oberen Krebshäger Straße („Kreisstraße") und der hang- und waldrandparallelen Straße „Am Bückeberg" (der sog. Bergkettenstraße) bietet, ist für Westdeutschland fast einmalig. Die Halden präsentieren sich visuell auffällig in der offenen Landschaft und durch die hangabwärts sich darbietende Abfolge der Relikte! Die in die Feldflur eingestreuten Halden wirken zu verschiedenen Jahreszeiten pittoresk und durch ihre Bestockung mit Bäumen auf den Haldenkuppen wie eine geformte Landschaftsarchitektur.

Die Kreisbeschreibung von Schaumburg-Lippe, die 1955 erschien, beschreibt mit den Bildtafeln die Halden am Bückeberghang als Merkmale eines „früher hier umgehenden primitiven Kohlebergbaues". Ein Bildausschnitt derselben Situation, im Bildkalender für 1998 „De Schaumbörger" (Winterbild für Dezember), stellt hingegen die „Kummerhaufen", wie die Schachthalden traditionell im Schaumburger Land genannt werden, als schützenswerte Landschaftsmerkmale positiv heraus. Die Auffassungen haben sich gewandelt! Bei Wahrnehmungsbefragungen der 1990er Jahre ziehen die Halden unter den Bergbaudenkmalen einen relativ hohen Identifikationswert auf sich: den höchsten Erkennungswert unter allen Schaumburger Bergbaureliktsen!
Indessen ist der Schwund über die Jahrzehnte nicht unbeträchtlich. Die Preußische Landesaufnahme von 1896 weist für das gleiche Gebiet noch 31 dieser markanten Geländedenkmale aus (nebst den beiden gen. extra Objekten im Süden und Norden). Das heißt, daß ein Drittel der Relikte durch die Landwirtschaft – v.a. nach 1945 – einplaniert wurde. Manche Haldenkörper sind durch Beackerung ihres unmittelbaren Umfeldes ein Stück zurückgeschnitten worden und haben somit einen kleineren Umriß erhalten; auch war das Haldenmaterial für Füllzwecke beim Bauen geschätzt. Der heutige Bestand im Vergleich zu dem vor hundert Jahren zeigt aber auch, daß die Situation, wenn sie das bleiben will, was sie ist, keinen weiteren Schwund mehr verträgt.

Das phänomenale Haldenensemble wurde schon relativ früh, ausgehend von einer 1976 eingebrachten Verwaltungsvorlage an den Kreisausschuß, unter Schutz gestellt – und zwar auf der Rechtsbasis des Reichsnaturschutzgesetzes und nachfolgenden Verordnungen: 1978 kamen die Halden unter den Schutz des „Landschaftsteiles Stadthagen-Süd/Berghalden." Man sah die „Gefahr, daß Berghalden ganz oder teilweise beseitigt werden." – Allerdings erst vor kurzem, 1999/2000, wurde eine Auswahl von 26 Schachthalden im Raum zwischen Krebshagen und Obernkirchen als „geschützte Landschaftsbestandteile" ausgewiesen.

Ein untergegangenes Stollenmundloch in Südhorsten

In Südhorsten, einem kleinen Bauerndorf im Vorland des Bückebergs, befindet sich das Stollenmundloch des einst längsten Wasserlösungsstollen des frühen, damals noch in einzelne

Werke räumlich geteilten schaumburgischen „Gesamtkohlenbergbaus". Der Geländepunkt, der an gleicher Stelle einen übertägigen und einen untertägigen Befund aufweist, befindet sich unmittelbar an der Landstraße Gelldorf-Kirchhorsten (neben der vom „Oberdorf" her einmündenden „Birkenallee"). Gemeint ist der sog. Südhorster Stollen oder „Graf-Wilhelm-Stollen", – auch „Wilhelm-Wilhelm-Stollen" volkstümlich benannt nach den damals gemeinschaftlich über den Bergbau herrschenden Landesherren Graf Wilhelm zu Schaumburg-Lippe und Landgraf Wilhelm von Hessen-Kassel. Die Stollenplatte weist das Jahr 1757 aus. Der Stollen entwässert ca. 3 m unter heutigem Terrain ockerhaltiges Gebirgswasser über einen Düker und einen tief angelegten und baulich eingefaßten Stollenbach – letzterer unmittelbar hinter der heutigen Straßentrasse bzw. unter dessen nördlicher Böschung angesetzt – in die Gehle, einen jener Bäche, die, vom Bückeberg kommend, auch siedlungsgeographische Leitlinien waren.

Das Objekt des Interesses befindet sich mit einer von der Straße aus sichtnahen Bauwerkskante unmittelbar hinter dem befestigten Straßengehweg auf einem anschließenden bäuerlichen Grundstück, das bis vor etwa zehn Jahren mit einem Kotten besetzt war. Das Bergbaurelikt und der baumumstandene Kotten ergaben ein zusammenhängendes Bild, das auf die in Schaumburg spezifische Verbindung von Bauern- und Arbeitertum verweist. Für das Expertenauge ist das Bergbaurelikt nach wie vor ein Fokus im Straßenraum und innerhalb des Straßenumfelds. Das kleine aber repräsentative Objekt stellt eine viereckige ca. halbmeterhohe Mauereinfassung mit zinnenartiger Eckenbetonung dar und ist, funktionell gesehen, die Abmauerung des erwähnten gut 3 m tiefen Zugangsschachtes hinab zur Stollensohle. Steht man so untertägig auf der Stollenrösche, befindet man sich unmittelbar vor dem Stollenmund, der in seinem horizontalen Abschluß und mit einer halbrunden Stollenplatte darüber (auf der Stirnmauer des Mundlochs) original erhalten ist; die Inschrift, auf die gen. Herrscher und auf das Erbauungsjahr verweisend, ist nurmehr schwer zu entziffern. Jedenfalls geht der Blick in die mit Hausteinen aus Sandstein ausgebaute Anfangsstrecke des Stollens. Die ursprüngliche Situation blieb unter dem Straßen- und Grundstücksterrain erhalten.

Das Ensemble zwischen Übertage und Untertage ist beziehungsreich, – auch in der Weise daß die Kulturmorphologie des Bauobjektes und seines Umfeldes in einem Spannungsverhältnis zum eigentlichen Befund unter der anthropomorphen Bodenüberdeckung steht. Wir haben hier alles in einem: Bau-, Boden-, Industrie- und Geländedenkmal. Das Umfeld des Mauergeviertes am Straßenrand war während der vergangenen Jahrzehnte einigen Veränderungen unterworfen: Auf dem Grundstück hinter der Abmauerung verschwand der typisch schaumburgische Kotten mit Rundwalm, der Straßenausbau tangiert das sandsteingefügte Bergbaurelikt; eine breite Informationstafel und ein Haltestellenschild (für den Busverkehr) rechts und links des Objekts reduzieren dessen ehedem ungestörte Bildwirkung im Umfeld. Überdies wurden hohe Bäume beim Kotten gefällt, und zwischen der früheren Hausstätte und der Abmauerung des Stollenschachts ist Strauchwerk wild herangewachsen. Moderne Veränderungen und Umfeldaccessoires haben das

Abb. 3: Nienstädt-Südhorsten: Am „Südhorster Stolln": Veränderungen des Raummilieus; Aufn. 8/2000.

Denkmal selbst indirekt verändert, und der Geländesituation ist sozusagen die örtliche und schaumburgische Spezifik und das alte Raummilieu entzogen. Die Situation ist ein Stück weit entzaubert. – Das für die Schaumburger Kohlenära bedeutende „Relikt über dem Relikt" scheint vergessen, wie es auch eine (Vor-)Erhebung zur „Wahrnehmung historischer Bergbaustätten Schaumburgs" ergab, die Verfasser 1986/87 im 8 km entfernten Stadthagen unternahm. Auch die von Hannover aus im Landkreis Schaumburg durchgeführte Inventarisation der „Bau- und Kunstdenkmäler" hat das Objekt „Südhorster Stollen" nicht erfaßt (Abb. 3).

Der verborgene Gersbergstollen bei Borgloh

Ein besonderes Relikt des früheren "Borgloher Bergbaus" ist eines der wenigen – fast (!) – original erhalten gebliebenen Stollenmundlöcher. Das hier gemeinte Objekt besitzt eine reduzierte Vollpersistenz und befindet sich verborgen am Südhang des Gersbergs, knapp 1,5 km südwestlich des alten Kirchdorfs Borgloh im südlichen Osnabrücker Land. Der Bergbau am Gersberg war eines der Abbaureviere des Wealdenkohlenbergbaus auf der Oesede-Wellendorf-Borgloher Unterkreidestruktur oder -mulde, der 1963 in Wellendorf auf der Zeche Kronprinz endgültig zum Erliegen kam. Das 1986 während einer Übertagebefahrung mit einem Bergbeamten aufgespürte Stollenmundloch war von der Art einer „originalen Begegnung" (Abb. 4).

Das aus Hausteinen des Unterkreidesandsteins rundbogig gefügte, relativ kleine, einfache Stollenmundloch befindet sich am Ausgang einer talwannenartig ins Gelände eingesenkten Waldinsel inmitten hügeliger Ackerflur, 150 m östlich eines alten bäuerlichen Anwesens oder Einzelhofs. Der Stollen wurde 1831 aufgefahren. Es war dies die Zeit, in der über dem langen „Sudmeier-Stolln", angesetzt östlich von Kloster Oesede als Wasserlösungsstollen Abbaureviere bei Wellendorf (Sacksland), bis hin zum Kronprinzenschacht eingerichtet wurden. Der Gersbergstollen verbindet auf einer Länge von über 600 m die einstigen Förder- und Fahrungsschächte „Aurora" und „Geier" (auf dem Gersberg, – letzterer auch „Göbelschacht" genannt!) und löste die Grubenwässer in dem älteren und daran direkt anschließenden neueren Abbaufeld von zusammengenommen etwa drei Hektar Ausdehnung. Während der Jahre 1831 bis 1852 und nach Aufwältigung des Stollens Anfang der 1950er Jahre fand bis 1955 Kohlenabbau statt. Das Stollenmundloch zeugt von kurzen Betriebsperioden, wie sie kennzeichnend waren auf etlichen Grubenfeldern und peripheren Feldesteilen des Wealdenkohlenbergbaus.

Das kaum bekannte Relikt – anders als das 1999 restaurierte Mundloch des Malberger

Stollens im nahegelegenen Stadtgebiet von Georgsmarienhütte – steht nicht unter Denkmalschutz. Als authentisches Bergbau- und Geländedenkmal, das nicht denkmalgeschützt ist, erscheint der Gersbergstollen nach Auffassung des Verf. beeindruckender als das hergerichtete Bergbaudenkmal „Malberger Stollen" in Georgsmarienhütte (– am Hang zum Dütetal, zehn Meter links der Ausfallstraße nach Osnabrück – Sutthausen), so ausnehmend gelungen diese Rekonstruktion auch ist! Der eigentlich namenlose Stollen am Gersberg ist wegen seiner Ursprünglichkeit beeindruckender, auch wegen des unmittelbar erkennbaren, kräftigen Abflusses von ockerhaltigem Gebirgswasser, und weil in der transparenten Laubwaldsituation eine mikrogeographische Gesamtsituation wahrnehmbar ist: Am nordnordöstlichen Waldrand, etwa 100 m vom Stollenmundloch entfernt, erscheint die Kontur einer Schachthalde von einem Luftschacht, der auf der Stollensohle steht (die Bergbausituation am Gersberg n. Unterl. des Bergamts Meppen). Sonstige Geländespuren aus den Betriebszeiten, wie künstliche Hangverflachungen direkt oberhalb des Stollenmundlochs und Hohlformen direkt unterhalb desselben, die auf Klärbekken zur Klärung des stark ockerhaltigen Wassers deuten, ergänzen das Bild. Das anthropogene wie das natürliche (Fein-)Relief wird durch eine ziemlich mächtige Hanglehmauflage betont.

Gegen Ende der 1990er Jahre traten die Fledermausschützer auf den Plan und möchten nun den ockerreichen Stollen für ihre Zwekke aufwältigen. Nach jahrzehntelanger Ruhe am und um den Stollen herum – auch ohne jeden Eingriff in das Ökosystem Wald – ist zu wünschen, daß der Naturschutz den Schutz des Bergbaudenkmals mit in Betracht zieht. Das eigentlich vollpersistente Stollenmundloch war, als es Verf. erstmals im Sommer 1986 vorfand – teils von Efeu umrankt und mit hohem Wasserstand der Stollenrösche –, bereits von reduzierter Persistenz (s.o.!): Die Stollenabmauerung zu Tage, ursprünglich aufgeführt in steinmetzmäßig bearbeiteten Werksteinen (also das eigentliche Stollenmundloch) muß lange vor diesem Datum aufgebrochen und einige Dezimeter zurückverlegt worden sein (in Zusammenhang mit der erw. Aufwältigung und Entschlammung des Stollens zu Anfang der 1950er Jahre?). Die Stollenfirste aus Hausteinen ist somit sichtbar geworden; die Partie rechts zeigt, nunmehr vom Efeu befreit, noch resthaft die ursprüngliche Abmauerung und Position des Stollenmundlochs. Vielleicht wird es nun in Zusammenarbeit mit dem Naturschutz au-

Abb. 4: Borgloh-Wellendorf/Gersberg: der 'Gersbergstollen' (1831) im Waldtal nahe dem Hof Wentrup; Stollenmundloch vor längerem in seinem ursprünglichen Zustand reduziert, im Hintergrund Luftschachthalde; Aufn. 4/2000.

Abb. 5: Obernkirchen/ Liethtal: der Lietstolln (1902 – Lietstollenportal), das Gelände im Zwischenstadium: nach Abräumen des Stollenvorfelds von Einrichtungen der Tagesanlage – Vorbereitung des Geländes für die Anlage eines Golfplatzes; Aufn. 2/1988.

Das Lietstollnportal in Obernkirchen

Von den bergbaulichen Relikten des Schaumburger Steinkohlenbergbaus ist der „Lietstolln", der um 1900 als langer Wasserlösungs- und Förderstollen in den Bückeberg bzw. in sein älteres Stollen-Revier aufgefahren wurde, eines der bedeutendsten. Der Stollenbetrieb – versehen mit allen bergbaulichen Funktionen – sowie die anschließenden Anlagen der Aufbereitung, Brikettfabrik, Kohlenabsatzstelle und Ziegelei, war eine der vier bzw. fünf Hauptanlagen des 1960/61 eingestellten Schaumburger Steinkohlenbergbaus. Das Stollenportal repräsentiert baulich akzentuiert und phänomenal den Beginn der modernen Bergbauphase im jahrhundertealten „Obernkirchener Bergbau". Nach Stilllegung wurde das Wasser der Stollenrösche zu Tage hin verrohrt und dient der Wassergewinnung. Das Stollenportal war bis in die späten 1980er Jahre von allerlei Betriebsrelikten umgeben, zuletzt von der seitlich rechts gelegenen Ruine eines kleinen Lokdepots. Verschiedene Versuche einer nachfolgenden Inbesitznahme und Nutzung blieben ergebnislos. Das auf dem Stollenplatz etwa 90 m vor dem Stollen liegende Zechenhaus wurde erst 1998 abgebrochen; dessen Kellergeschoß – am Rand einer neu entstandenen Rasenfläche – nutzt nunmehr der Golfclub Obernkirchen. Im weiteren Vorfeld des sog. Liethtals, an dessen zur Stadtseite sich öffnenden Nordhang, der weitgehend waldfrei, doch teils unterbrochen wird von inzwischen bewachsenen Halden aus der Zeit des Stollenbetriebs, begann Ende der 1980er Jahre die Planung und Einrichtung eines damals in

thentisch rekonstruiert!? Es ist im Handlungszusammenhang Gersberg interessant anzumerken, daß auf dem Gersberg selbst, am erwähnten Schacht „Geier(-Glückauf)" die fast vierzig Jahre persistente ovale und mannshohe Abmauerung 1994 auf Veranlassung des Bergamts beseitigt wurde, weil sie als Mülldeponie genutzt worden war. Das beschriebene Beispiel Gersbergsstollen steht für einen physio- und anthropogeographischen Phänomen- und Prozeßkomplex ist von daher ein besonders bemerkenswertes Geländedenkmal.

Abb. 6: Obernkirchen: – das Lietstollenportal hinter dem Golfplatz; abgetrennt durch einen Erdwall; Aufn. 6/1989.

Obernkirchen recht umstrittenen Golfplatzes. 1989 wurde die Rasenfläche im Bereich des Zechen- oder Stollenplatzes gegen das Lietstollnportal durch einen etwa 1,5 m hohen Erdwall abgegrenzt. Eine Einbeziehung des Stollendenkmals als Obernkirchner Bergbaudenkmal kam nicht in Frage (Abb. 5, 6).

Der interessante Handlungskomplex kann hier nicht weiter ausgeführt werden; nur soviel: Die „Bergstadt" selbst hat keine Meinung und kein eigenes Bild von der Denkmalwertigkeit des Lietstollnportals (Römhild 1991a, Krumsiek 1981). Dessen Vergang hinter dem inzwischen wild bewachsenen Erdwall ist geradezu ein Phänomen! Noch 1994 unter Schutz gestellt, verkommt das Obernkirchener Bergbauwahrzeichen unter dem Zugriff des Golfclubs auf weiteres Gelände; kürzlich geschobene Wegerampen sind das Verderbnis für den Denkmalstandort. Denkmalstatus bekam der Lietstolln eigentlich vorrangig wegen des Fledermausschutzes. Die verfahrene Lage zeugt von Ignoranz. Keiner hat Interesse an dem Bergbauobjekt und dessen Umfeld! Das Wort von „postindustriellen Zeitalter" manifestiert sich hier in gespaltener Weise: einerseits Reste des Industriezeitalters als „Denkmale" sehend und wertend, anderseits „Hinterlassenschaften" schaffend oder zurücklassend.

Anwendungsorientierung und Anstöße

Bis heute hat sich Verf. aus verschiedenen Anlässen (auch nach Publikationen) und in Kontakt mit Interessierten und Funktionsträgern der genannten Orte und Regionen für Bewußtmachungen sowie für Erhaltungswege und Nutzungskonzepte eingesetzt: – in den frühen 1980er Jahren bezüglich der Bergbaurelikte im Forst Buchholz (b. Recke), – 1980/81 hinsichtlich des Relikteensembles am Feggendorfer Stollen; dieser Vorstoß bei der Samtgemeinde Rodenberg a. D. hat den Eintrag als „Kulturdenkmal" beim Landkreis Schaumburg zur Folge gehabt (1984). Noch 1982/83 war vom damaligen Institut für Denkmalpflege in Hannover mitgeteilt worden, daß das „Baudenkmal" Feggendorfer Stollen bzw. der Rest der Bremsbergstation (dessen bodennahes Podest) keinen Anlaß zur Unterschutzstellung gäbe. Mitte bis Ende der 1980er Jahre erfolgten Anstrengungen zwecks Erhaltung, Neubewertung und Umnutzung von Relikten des Schaumburger Steinkohlenbergbaus, namentlich hinsichtlich der Anlagen Georgschacht (b. Stadthagen) und Lietstolln (b. Obernkirchen) (ab 1988 zusammen mit M. Mende, Hochschule für Bildende Künste, Braunschweig; s. Römhild 1987 u. Mende/Römhild 1989). In den gleichen Jahren wurde durch Translozierung das Fördergerüst der 1963 stillgelegten Zeche Kronprinz (Fa. Helling) in Wellendorf (b. Borgloh) gerettet. – Jüngst (2001) verbanden sich in Kontakt mit der (zuständigen) Gemeinde Hilter a.T.W. Erhaltungsgedanken im Blick auf das Ensemble Gersbergstollen (b. Borgloh).

Der Erfolg solcher Einlassungen schwankt zwischen Ergebnislosigkeit und Impulsvermittlung. Letzteres zeitigt nachhaltige Kontaktpflege in der Sache und mit Leuten „vor Ort". Manches, was man gesagt, geschrieben und publiziert hat – oder was die Presse aufgegriffen hat, wirkt nach; manches trifft auf den geeigneten Moment: Die Publikationen hinsichtlich des Buchholzes inspirierten Ende der

80er Jahre den damaligen Recker Gemeindedirektor nachhaltig; heute lenkt er den „Bergbauhistorischen Verein Buchholzer Forst 1650" und sieht Möglichkeiten der geländebezogenen Bergbaudokumentation im Rahmen der „Regionale 2004" („links und rechts der Ems"). 1987 schon war die Restaurierung bzw. Die Nachbildung des Zugangs zum Buchholzer Stollen erfolgt (Römhild 1991). Nach Forschungen zum Thema „Gersbergstollen" **(s. S. 58)** wurde Verf. im Juli 2001 vom Naturpark Nördlicher Teutoburger Wald – Wiehengebirge / Landkreis Osnabrück deswegen kontaktiert.

Zusammenfassung und Ausblick

Die gegebenen Deutungen, Erklärungen und Hinweise sowie die Geländebefunde und geschilderten Fälle zeigen, daß der mikrogeographische Ansatz einer Angewandten Historischen Geographie umfassend ist: Er ist landschafts-, umgebungs-, umfeld – und wahrnehmungsbezogen – durchaus im Sinne der ursprünglich englischen Begriffbedeutung *environment*. Zwar kennen die Denkmalschutzgesetze die Begriffe Ensemble und Umgebung; doch anders als bei der Baudenkmalpflege ist der Blick der Bodendenkmalpflege auf die eigentlichen Objekte und Objektbereiche im Sinne von Bodenfund und Fundsituation gerichtet – als da sind Grabhügel, Gräberfeld, Wallanlage u. Ä.. Es wirkt sich freilich auch Personalknappheit aus: In ganz Niedersachsen sind für die archäologische Denkmalpflege (nach Auskunft des Niedersächsischen Landesamtes für Denkmalpflege) z. Zt. lediglich fünf Personen inventarisierend tätig, davon zwei in der Praxis, also draußen im Gelände. Die Angewandte Historische Geographie könnte mithelfen, ein Stück weit Abhilfe zu schaffen. Für das Handlungsfeld kommt allerdings erschwerend hinzu, daß die industrie- und bergbaulichen Objekte im Überschneidungsbereich von Boden-, Bau- und Industriedenkmalpflege liegen, ja sogar unter Naturschutz- und Landschaftsschutzbestimmungen behandelt werden. Der hier vorgeschlagene Begriff „Geländedenkmal" verklammert alles – unter Einbezug der jeweiligen Umgebung. Der besprochene Raum, der als Nordwestdeutscher Steinkohlengürtel eine Gesamtschau verdiente, gehört zu zwei Geltungsbereichen von Denkmalschutzgesetzen, dem nordrhein-westfälischen und dem niedersächsischen, in dieser Zone verspringt die Grenze zwischen beiden Ländern dreimal. Die erkundeten Fallbeispiele spiegeln einerseits örtliche Spezifik und andererseits damit verbundene, unterschiedliche Handlungsstrukturen und -hemmnisse wider. Es gibt eine große Spannweite zwischen Objektivationen des Wahrgenommen-Habens und des Vergessen-Seins. Während in der Mitte Nordrhein-Westfalens, z.B. im Ruhrgebiet, die aktive Industriedenkmalpflege schon in den frühen 1970er Jahren einsetzte, begann sie an der grenznahen und grenzüberschreitenden nördlichen Peripherie erst ab Mitte der 1980er Jahre in den Kommunen Ibbenbüren, Recke und Osnabrück. Hinsichtlich einiger weniger Relikte des Wealdenkohlenbergbaus findet Industriedenkmalschutz in dessen Umschreibung als Kulturdenkmal-, Baudenkmal- und Landschaftsschutz erst seit Anfang bis Mitte der 1990er Jahre statt, verortet in den Deisterkommunen Barsinghausen (Klosterstollen) und Rodenberg.

Am schwächsten manifestiert sich der *industriearchäologisch* und explizit *industriedenkmalpflegerisch* gedachte und gelenkte Konservierungsimpuls. Auch die erwähnten frühen Stollenrestaurierungen von Brünnighausen und Osterwald folgen ganz anderen Motiven: - Ideen einzelner, - Heimatpflege am Ort, - Denken und Handeln ehemaliger Bergleute, namentlich deren Berufsstolz! Wo und wie könnte sich da eine „Bodendenkmalpflege" selbst erkennen und mitteilen? Daß im Bereich des einst regional bedeutenden und jahrhundertealten Schaumburger Kohlenbergbaus erst Mitte und Ende der 1990er Jahre Unterschutzstellung da erfolgen, wo sie sich unverfänglich mit städtischer Baupflege und mit Landschafts- und Naturschutz verbinden, ist vor allem dem neuen Trend, Regional- und Stadtmarketing auszurufen, zuzuschreiben. Der Klosterstollen in Barsinghausen – das Zechengelände lag über drei Jahrzehnte brach – ist als größtes Inwertsetzungsobjekt unter den Hinterlassenschaften der nordwestdeutschen Wealdenkohle ein Produkt der 90er Jahre und aus der geographischen Bindung von Hannover zu „seinem" Deistergebirge – und im Umfeld der EXPO 2000 – zu verstehen. Doch welches Interesse sollte eine Bodendenkmalpflege an einer Herrichtung des Klosterstollens des 19. Jahrhunderts für den Tourismus unserer Jahrtausendwende haben? Die Situation im „künstlichen" Gelände von heute ist nicht mehr authentisch; der Einlaß in den „Boden" und in den Berg dient einem Event-Tourismus. Drei Jahrzehnte nach dem Ruhrgebietspfad „Bergbau im Muttental" denkt man nun im Osnabrücker Land (und im „Naturpark Nördlicher Teutoburger Wald – Wiehengebirge") an Bergbaupfade für Radler, – eventuell eine Aufgabe für die Bodendenkmalpflege *und* die Angewandte Historische Geographie?

Das Thema Kulturlandschaft hat während der letzten zehn Jahre an Aufmerksamkeit deutlich gewonnen. So wichtig die aktuelle Thematisierung unter der Überschrift „Kulturlandschaften in Europa" auch sein mag – entsprechend einer Tagungsankündigung für März 2001 in Hannover (!) –, so sehr wäre auch zu fragen nach den „Kulturlandschaften in den Regionen". Wenn Kulturlandschaftspflege das sein soll, was die Angewandte Historische Geographie darunter versteht, muß sie sich, wie die Fallbeispiele veranschaulichten, positionieren und danach trachten, das Beziehungsviereck – Schwund und Schleifung – folkloristische Verformungen – *Highlight*-Fixierung – Kompetenz-Dickicht – von Fall zu Fall zu durchbrechen. Die Angewandte Historische Geographie ist aufgrund ihrer „akademischen Freiheit" vielleicht die einzige Institution, die den Blick auf die anscheinend weniger auffälligen Relikte und Geländedenkmale zu richten in der Lage ist; sie kann zumindest mittels ihres kulturgeographischen und projektiven Ansatzes Situationsanalysen und Mangelerscheinungen aufzeigen, – kann in Kontakt mit örtlichen Initiatoren anwendungsorientiertes Engagement einbringen und zumindest daran arbeiten, daß die „bodennahen" Relikte und Geländedenkmale des früheren Bergbaus an der „Peripherie" einen Stellenwert innerhalb einer Industriedenkmalpflege erhalten und nicht ungesehen zu Marginalien werden.

II. Industriekultur-Landschaft Nordrhein-Westfalen: Fallstudien

Erfassung und Kartierung von industriegeschichtlichen Objekten im Ruhrgebiet

ROLF PLÖGER

Von kleinmaßstäbiger zu großmaßstäbiger Betrachtungsweise

Ein erster möglicher Ansatz, das Ruhrgebiet in seiner Gesamtheit zu erfassen, ist in historisch-geographischer Sicht eine Betrachtung auf der Ebene von Kulturlandschaftsbereichen, das sind abgegrenzte Ausschnitte eines Landschaftsraumes, die zusammenhängende, nach Nutzung und Funktionsbereichen miteinander räumlich verbundene und kleinregional Strukturen bildende Kulturlandschaftselemente und -bestandteile umfassen (Burggraaff 2000). Abbildung 1 stellt für eine Kernzone des Ruhrgebietes (Abgrenzung nach Kürten 1973) die kulturlandschaftliche Struktur um 1967/68 dar auf der Basis erfaßter Kulturlandschaftsbereiche. Die Kulturlandschaftsbereiche sind hier in kleinmaßstäbiger Betrachtungsweise nach den Merkmalen dichte und lockere Bebauung, Industriegebiet, Wald, Fluß-

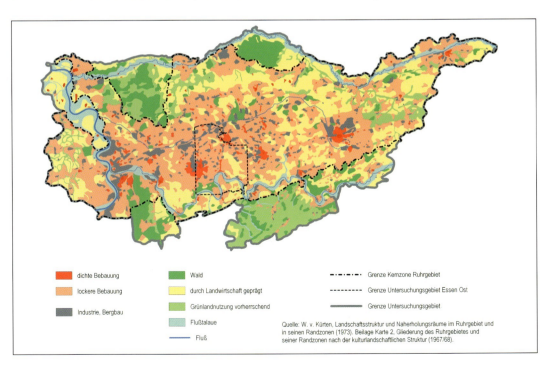

Abb. 1: Kulturlandschaftliche Struktur des Ruhrgebietes um 1967/68.

*Abb. 2:
Flächennutzungen und Eisenbahnlinien um 1950 im Untersuchungsgebiet Essen Ost.*

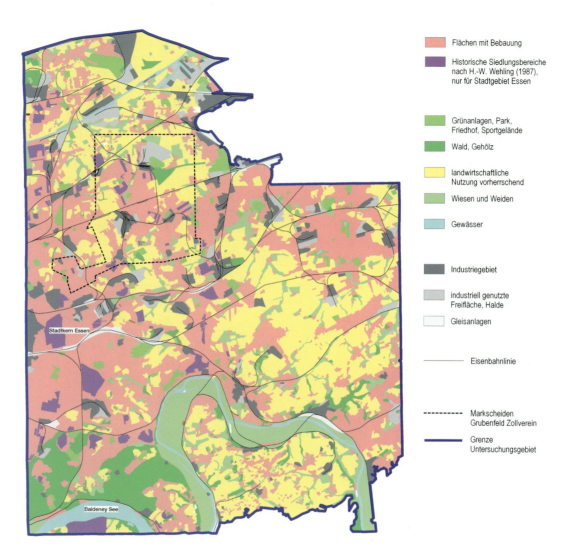

talaue, Grünlandnutzung und „durch Landwirtschaft geprägt" gruppiert und durch entsprechende Farbgebung optisch zusammengefaßt wiedergegeben. Das Kartenbild veranschaulicht die Verbreitung der durch entsprechende Kulturlandschaftsbereiche geprägten Gebiete. Im Rahmen des Tagungsthemas ist die Großstadtlandschaft der Hellwegzone mit ihren zahlreichen Industriegebieten von besonderem Interesse. Im Kartenbild (Abb. 1) sind in diesem Ballungsraum die durch eine dichte Bebauung gekennzeichneten städtischen Zentren, die lockerer bebauten urbanisierten Erweiterungszonen und Siedlungsbereiche sowie die verstreuten, teils ausgedehnteren zentrumsnahen Industriegebiete deutlich von den noch agrarisch geprägten Außenzonen und den größeren Wald- und Grünlandflächen am nördlichen und südlichen Rand des Ruhrgebietes zu unterscheiden (vgl. Fehn S. 15).

Der Verfasser hat seine Untersuchungen mit Hilfe eines geographischen Informationssystems (GIS) durchgeführt (Plöger 1998 u. 1999), weshalb im vorliegenden Beitrag Möglichkeiten zur Inventarisation von industriegeschichtlichen Objekten auf der Basis dieser Untersuchungen und anhand von bisher erfaßten Datenbeständen gezeigt werden sollen. GIS-Funktionalitäten ermöglichen es, aus dem Datenbestand thematische Sachverhalte unterschiedlichster Fragestellungen im Kartenbild zu veranschaulichen. Die in der Arbeit von Kürten als „Komplexe" erfaßten Raumeinheiten (Kürten 1973, Beilage Karte 2) sind vom Verfasser im GIS digital erfaßt und hier nach den zuvor genannten Merkmalen gruppiert dargestellt (Abb. 1).

Die Abbildung 2 zeigt in einer großmaßstäbigeren Betrachtungsweise und räumlich stärker differenzierend einen Raumausschnitt im östlichen Bereich des Stadtgebietes von Essen und mit Anteilen des Stadtgebietes von Gelsenkirchen (s. Ausschnitt in Abb. 1), in dem um 1950 in unterschiedlicher Dichte verteilt zahlreiche Industriegebiete liegen. Bei einem unmittelbaren Vergleich mit Abbildung 1 (Zeitstellung 1967/68) sind neben der dort gegebenen stärkeren Generalisierung im einzelnen auch mögliche zwischenzeitliche Veränderungen zu berücksichtigen. Das Augenmerk soll daher in mehr grundsätzlicher Betrachtung auf die Industriegebiete gelenkt werden, für die in Abbildung 2 nach bebauten und freien Flächenanteilen unterschieden wird. Aus ihrer jeweiligen Lage zu erfaßten Eisenbahnlinien und Werksbahnen sowie zu benachbarten, nach H.-W. Wehling (1987) im Bereich der Stadt Essen inventarisierten historischen Siedlungsbereichen – das sind neben dem Stadtkern von Essen vor allem Arbeitersiedlungen – ergeben sich Hinweise auf strukturelle Zusammenhänge. Insgesamt veranschaulicht das Kartenbild, dass sich in diesem Raum um 1950 keine einförmige geschlossene Industrielandschaft ausdehnt, sondern dass sich durch Bebauung geprägte verstädterte Bereiche und lockerer bebaute Siedlungsbereiche, größere Freiflächen wie Grünanlagen und Sportgelände, größere und kleinere Industriegebiete, Wald- bzw. Gehölzflächen und in erheblichem Umfang landwirtschaftliche Nutzflächen abwechseln. Eine Flächenbilanz im GIS wirft für dieses Untersuchungsgebiet (Abb. 2) von etwas über 150 qkm Größe für die Flächen mit Bebauung einschließlich der historischen Siedlungsbereiche etwa 59 qkm, für die Flächen mit vorherrschender landwirtschaftlicher Nutzung sowie Wiesen und Weiden zusammen etwa 60 qkm Flächenanteil, für Wald- und Gehölzflächen fast 8 qkm und für die Industriegebiete einschließlich Freiflächen und Halden nur etwa 14 qkm aus.

Die Abbildung 3 umfasst als Untersuchungsgebiet das fast 1400 ha große Grubenfeld des seit 1986 bzw. 1993 aufgelassenen Bergwerks Zollverein im Nordosten von Essen (vgl. Aus-

*Abb. 3:
Flächennutzungen
im Bereich
Grubenfeld
Zollverein um
1995.*

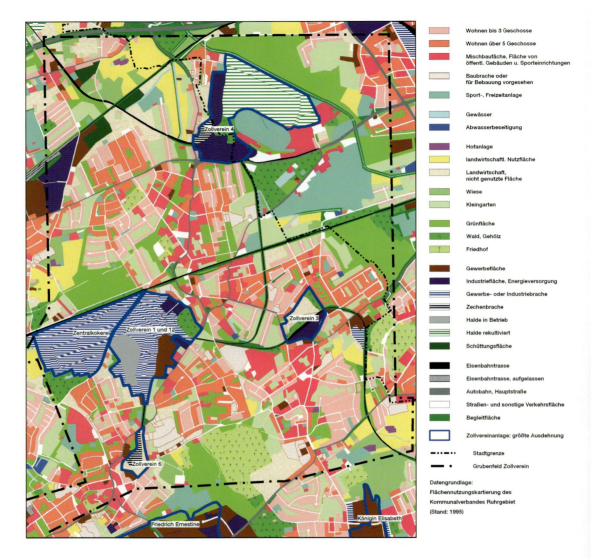

schnitt in Abb. 2). Dieser GIS-Karte liegt ein Datenbestand aus der Flächennutzungskartierung des Kommunalverbandes Ruhrgebiet (KVR) mit Stand 1995 zugrunde, der mit einer Lagegenauigkeit vergleichbar der Deutschen Grundkarte 1:5000 erfasst ist. Aufgenommen sind in dieser Flächennutzungskartierung des KVR nur nach insgesamt ca. 180

Nutzungsarten eingestufte und abgegrenzte Flächenelemente, die hier für den Bereich Grubenfeld Zollverein nach in der Legende ausgewiesenen Nutzungskategorien zusammengefasst sind. Im Zusammenhang mit dem Tagungsthema sind die in dieser Flächennutzungskartierung ausgewiesenen industriellen Flächennutzungen von Interesse. Nach den KVR-Daten (Abb. 3) werden im Bereich des Grubenfeldes Zollverein Gewerbe- und Industrieflächen aktiver Betriebe, aber auch Brachflächen dieser Nutzungskategorien und Zechenbrachen sowie in Betrieb befindliche und rekultivierte Halden unterschieden. Weiterhin sind die betriebenen und aufgelassenen Eisenbahntrassen hervorzuheben. Für die Bodendenkmalpflege dürften die Brachflächen und aufgelassenen Kulturlandschaftsbestandteile von besonderem Interesse sein, könnten hier doch im Boden verbliebene Bestandteile einen historischen Quellenwert darstellen.

Aus dem verfügbaren Datenbestand der Flächennutzungskartierung des KVR sind keine Aussagen über strukturelle Zusammenhänge und das Raumgefüge ableitbar. In historisch-geographischer Sicht besteht daher die weitere Aufgabe darin, im Rahmen quer- und längsschnittlicher Untersuchungen – wobei für GIS-Bearbeitungen die Auswertung von Kartenquellen von besonderer Bedeutung ist – diese historisch gewachsene Kulturlandschaft in ihrem genetischen Gewordensein zu erklären, und dazu die insgesamt vorhandenen Kulturlandschaftsbereiche, Kulturlandschaftsbestandteile und Kulturlandschaftselemente in ihren strukturellen und funktionalen Zusammenhängen zu erfassen und Zeitschichten ihrer Entstehung zuzuordnen (vgl. Kistemann S. 91). Die im Rahmen dieser Untersuchungen durchgeführten Inventarisierungen wurden in geeigneter Weise in den GIS-Datenbestand aufgenommen. Im Vorgriff auf nachfolgende Ausführungen und als Ergebnis weiterer Erfassungen und Untersuchungen sind zum besseren Verständnis der Abbildung 3 die von den Schachtanlagen einschließlich ihrer Halden und der Zentralkokerei des ehemaligen Bergwerks Zollverein eingenommenen Betriebsflächen zur Zeit ihrer größten Ausdehnung in der Abbildung durch Umrandung hervorgehoben. Südlich des Grubenfeldes Zollverein ragen die ebenso dokumentierten Grenzen benachbarter ehemaliger Zechenkomplexe (Friedrich Ernestine und Königin Elisabeth) in das Kartenbild hinein.

Der Kulturlandschaftswandel

Der Wandel der Kulturlandschaft kann methodisch durch die von P. Burggraaff entwickelte Kulturlandschaftswandelkarte visualisiert werden (Burggraaff 2000), in welcher die heutigen Kulturlandschaftsbereiche, Kulturlandschaftselemente und -bestandteile aufgrund prägender struktureller und funktionaler Zusammenhänge Zeitperioden ihrer Entstehung zugeordnet werden. Die Abbildung 4 zeigt eine solche aus dem GIS-Datenbestand für den Bereich des Grubenfeldes Zollverein abgeleitete Kulturlandschaftswandelkarte über fünf Perioden (s. Legende Abb. 4); hinterlegt ist eine moderne Topographische Karte vom Originalmaßstab 1 : 25000. Zum besseren Verständnis sind zusätzlich wieder die Betriebsflächen der Zollvereinanlagen zur Zeit ihrer größten Ausdehnung

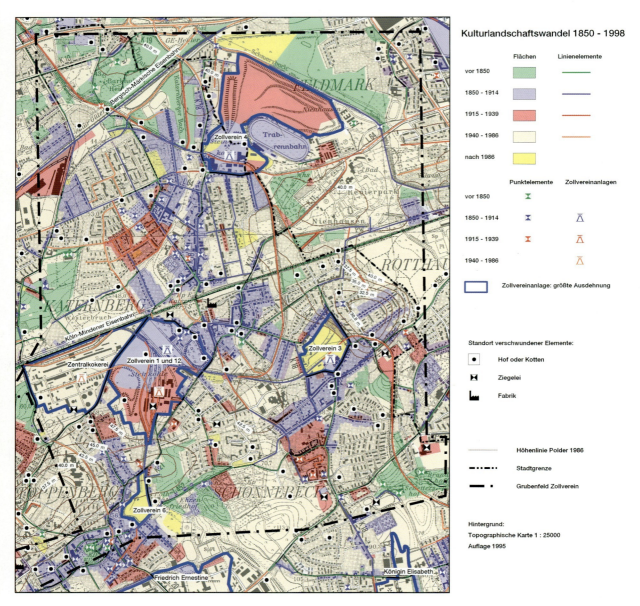

Abb. 4: Kulturlandschaftswandelkarte Grubenfeld Zollverein.

durch Umrandung hervorgehoben und zudem durch eine etwa zentral angeordnete Punktsignatur bezeichnet. Das Bergwerk Zollverein wurde im Jahr 1847 mit der Schachtanlage Zollverein 1 in einer bis dahin agrarisch geprägten Kulturlandschaft begründet. Nach 140 Jahren Bergbau wurde 1986 der Betrieb der Schachtanlagen eingestellt und im Jahre 1993 als letzter Betriebskomplex die Zentralkokerei stillgelegt. Mit der vorliegenden Kulturlandschaftswandelkarte wird ein Ausschnitt der Kulturlandschaft erfaßt, der seit Mitte des 19. Jahrhunderts durch den Bergbau geprägt wurde und nach Auflassung des Bergwerks Zollverein von einem neuerlichen Strukturwandel betroffen ist.

Die Kulturlandschaftswandelkarte (Abb. 4) erfaßt für die Zeit vor 1850 landwirtschaftliche Nutz- und Brachflächen sowie Wald- bzw. Gehölzflächen, die bisher keiner anderen Nutzung unterlegen gewesen und wegen dieser Kontinuität bezüglich der Nutzung dieser Periode zugeordnet sind. Diese Flächen liegen mehr im Randbereich des Grubenfeldes. Hervorzuheben ist in der Südwestecke des Feldes der kleine engere Bereich um die mittelalterliche Stiftskirche (als Punktelement eingezeichnet) auf dem Kapitelberg in Stoppenberg, der generalisierend insgesamt ebenfalls dem Zeitschnitt um 1850 zugeordnet ist, um die Standortkontinuität dieses vorindustriellen siedlungsgeographischen Schwerpunkts im Untersuchungsgebiet zu visualisieren. Hervorzuheben sind die Trassen von Straßen, deren Verlauf auf vorindustrielle Perioden zurückgeht, sowie die quer durch das Grubenfeld verlaufende Trasse der 1847 in Betrieb genommenen Köln-Mindener Eisenbahn.

Der Periode 1850 bis 1914 sind in der Kulturlandschaftswandelkarte (Abb. 4) die durch die Schachtanlage Zollverein 1 und die drei weiteren bis zur Jahrhundertwende in Betrieb genommenen Schachtanlagen Zollverein 3, 4 und 6 geprägten Flächen zugeordnet (die Zechenkomplexe werden in diesem Beitrag im folgenden nur mit der Nummer des dort zuerst abgeteuften Schachtes benannt, vgl. Plöger 1998). Desweiteren sind flächenhaft die Ortskernbereiche der heutigen Essener Stadtteile Katernberg, Stoppenberg und Schonnebeck und die noch vorhandenen Anteile der bis zum Ersten Weltkrieg errichteten Bergarbeitersiedlungen, charakterisiert durch regelmäßige, parallele Reihen gleichartiger Bergarbeiterhäuser entlang der Siedlungsstraßen und durch große Nutzgärten zur Selbstversorgung, hervorzuheben. Die in größerer Anzahl dieser Periode zugeordneten eingezeichneten Punktsignaturen beziehen sich zumeist auf öffentliche Gebäude wie Amtsgebäude, Kirchen und Schulen. Neben den im Ortskern gelegenen bzw. ortskernnahen kleineren Friedhöfen finden sich im Außenbereich angelegte Friedhofsflächen, die in nachfolgenden Perioden phasenweise zu den heute bestehenden größeren Friedhofsarealen erweitert werden. Als Linienelemente sind neben dem weiter ausgebauten Straßennetz Eisenbahntrassen und Entwässerungskanäle herauszustellen.

In die Periode 1915 bis 1939 fällt die 1932 erfolgte Inbetriebnahme der zentralen Verbundanlage Zollverein 12 als letzte Schachtanlage Zollvereins, eine Anlage von bis dahin nicht bekannter Dimension und architektonisch herausragender Bauweise, die den Höchststand der Bergbautechnik jener Zeit repräsentierte (vgl. Buschmann 1998). Zu einem in der Landschaft auffälligen Merkmal des Bergbaus wurde die gegen Ende dieser Periode begonnene und im Verlaufe der Zeit aufgeschüttete große Bergehalde bei Zollverein 4. Im Siedlungsbereich sind vergleichend zur vorhergehenden Periode nur geringe Erweiterungen festzustellen. Neben einer größeren, abschnittsweise mit Wohnbauten unterschiedlicher Architektur errichteten Siedlung für Bergarbeiter sind einzelne kleinere Bergarbeitersiedlungen dieser Periode zuzuordnen. Vom abschließenden Ausbau des Werksbahnnetzes Zollverein zeugen die Verbindungsbahnen zum Anschluß an das von benachbarten Zechen ausgehende Bahnnetz und zum Umschlagshafen am Rhein-Herne-Kanal. Als weitere industriegeschichtlich bedeutende Linienelemente dieser Periode sind wiederum Entwässerungskanäle als Zeugnisse des weiter ausgebauten Entwässerungssystems zu nennen. Die von Bergbau, Industrie und Kommunen beschickten Entwässerungskanäle sind im Bereich des Grubenfeldes Zollverein aufgrund der durch die naturräumlichen Gegebenheiten nach Norden zur Emscher erfolgenden natürlichen Entwässerung vermehrt im flacheren nördlichen Teil als im hügeligen südlichen Teil anzutreffen. Seit vorindustrieller Zeit vorhandene und genutzte natürliche Wasserläufe wurden im Laufe der Zeit kanalartig ausgebaut und in ihrem natürlichen Gefälle zunehmend durch Einsenkungen des Geländeniveaus aufgrund des Kohlenabbaus untertage unterbrochen, so daß immer wieder Regulierungen der Vorflut durch Vertiefungen und Verlegungen und durch zusätzliche Entwässerungskanäle erforderlich wurden.

Für die Periode 1939 bis 1986 ist als letzter neu geschaffener Betriebskomplex Zollvereins der Bereich der in den Jahren 1959/61 in Betrieb genommenen und parallel zur Strecke der früheren Köln-Mindener Eisenbahn ausgerichteten Zentralkokerei hervorzuheben. Die älteren Zechenanlagen haben bis auf geringe Veränderungen im Randbereich von Haldenflächen keine Erweiterung ihrer Flächen erfahren. Veränderungen hat es aber – wie auch bereits in der vorhergehenden Phase – durch Modernisierungs- und Rationalisierungsmaßnahmen veranlaßte einzelne Um- und Ausbauten und auch Abbrüche baulicher Anlagen gegeben, welche die vorliegende Kulturlandschaftswandelkarte jedoch nicht wiedergibt. Der Karte ist vielmehr zu entnehmen, daß die größten kulturlandschaftlich prägenden Veränderungen im weiteren Siedlungsausbau und im Bereich von Flächen für Freizeitgestaltung und Naherholung liegen. Von baulichen und strukturellen Veränderungen sind auch älteste Bergarbeitersiedlungen betroffen, was im nachfolgenden Abschnitt nochmals anzusprechen sein wird. Im Zuge des Straßenausbaus und Autobahnbaus sind teilweise neue Verkehrsführungen geschaffen worden (erfaßt sind als Linienelemente nur Straßen von Bedeutung).

Seit der Auflassung Zollvereins sind die Bereiche der ehemaligen Schachtanlagen 3 und 6 stark von Veränderungen betroffen: Zollverein 3 ist unter Erhaltung bzw. Umnutzung weniger verbliebener baulicher Einrichtungen zum „Handwerkerpark" umgestaltet worden; auf dem vollständig abgeräumten Gelände von Zollverein 6 wird eine Wohnsiedlung errichtet. Auf Zollverein 4 sind in Randbereichen erste Veränderungen durch gewerbliche Neuansiedlungen erfolgt.

Insgesamt gesehen ist aus der „buntscheckigen" Kulturlandschaftswandelkarte ablesbar, daß die Kulturlandschaft im Bereich Grubenfeld Zollverein seit Mitte des 19. Jahrhunderts ein Aktivraum ist. Aus der durch eine starke Dynamik geprägten Periode des industriellen Ausbaus von 1850 bis 1914 stammende Bestandteile und Strukturen sind in der heutigen Kulturlandschaft vor allem in den älteren Zechenbereichen Zollvereins, den Ortskernbereichen und überkommenen älteren Siedlungen nachweisbar und ablesbar. Als linienhafte Elemente sind überkommene Eisenbahntrassen und Entwässerungskanäle hervorzuheben. Intensive Erweiterungen und Veränderungen der Siedlungsbereiche erfolgten seit 1940 bzw. seit Ende des Zweiten Weltkrieges. Für die Bodendenkmalpflege dürfte die Bedeutung einer solchen Kulturlandschaftswandelkarte insbesondere darin liegen, daß Gebiete nach Zeitschichten prägender Ausgestaltung eingestuft und bewertet werden können. So wird man beispielsweise innerhalb von Flächen, die der Zeit vor 1850 zugeordnet werden, weitgehend von durch größere Bodeneingriffe ungestörten Verhältnissen ausgehen können und die ältesten industriegeschichtlichen Objekte insbesondere in den für die Periode 1850 bis 1914 ausgewiesenen Flächen suchen müssen.

Ein Kennzeichen der dynamischen Kulturlandschaftsentwicklung im Bereich Grubenfeld Zollverein ist auch das Verschwinden von Kulturlandschaftselementen, die ihre funktionale Bedeutung verloren haben und nicht umgenutzt werden konnten. Von solchen Objekten lassen sich ggf. durch die Bodendenkmalpflege noch Bestandteile oder Spuren im Boden nachweisen. Zu ihnen zählen aus der vorindustriellen Zeit zahlreiche Höfe und Kotten, die mit ihren Ländereien seit der Mitte des 19. Jahrhunderts zunehmend dem Bedarf an Flächen für das Bergwerk Zollverein und für den Siedlungsbau weichen mußten. Lediglich einzelne landwirtschaftliche Betriebe haben bis heute eine Existenz auf angestammten Standorten bewahren können, werden in der Nachfolge auch als Reiterhof, als Gärtnerei oder im Nebenerwerb betrieben oder haben den Wirtschaftsbetrieb erst in jüngster Zeit eingestellt (Abb. 4: vgl. Punktsignaturen der Zeitstellung vor 1850). Die Standorte verschwundener Höfe oder Kotten sind in der Kulturlandschaftswandelkarte zusätzlich eingetragen; einzelne Standorte befinden sich innerhalb von der Periode vor 1850 zugeordneten Flächen und müßten daher im Boden nachweisbar sein. Als zweite Kategorie sind verschwundene Ziegeleien zu nennen, die über Jahrzehnte hinweg den immensen Bedarf an Baumaterial für das Bergwerk Zollverein und den Siedlungsbau geliefert haben. Die Standorte der verschwundenen Ziegeleien, die im Bereich Grubenfeld Zollverein alle südlich der ehemaligen Köln-Mindener Eisenbahn liegen und stellenweise bis heute im Gelände sichtbare Spuren hinterlassen haben, sind in der Kulturlandschaftswandelkarte eingetragen. Schließlich ist noch eine verschwundene kleinere Fabrik an einem ehemaligen, zum kleinen Güterbahnhof ausgebauten Gleisabschnitt der früheren Köln-Mindener Eisenbahn im Ortsteil Katernberg zu erwähnen.

Industriegeschichtliche Objekte in der gegenwärtigen Kulturlandschaft

Die gegenwärtige Kulturlandschaft im Bereich Grubenfeld Zollverein ist in ihren prägenden Strukturen ein Ergebnis der Bergbauphase. Die Abbildung 5 stellt mit Stand 1998 die bedeutenden industriegeschichtlichen Objekte heraus, die im vorliegenden Abschnitt skizziert werden.

Zollvereineinrichtungen sind in größerem Umfang als industriegeschichtliche Zeugnisse erhalten geblieben, jedoch sind wegen bereits in der letzten Betriebsphase erfolgter Abgänge im Zuge von Rationalisierungsmaßnahmen oder schrittweiser Stillegung und auch inzwischen nach der Auflassung des Bergwerks erfolgter Abrisse und Neunutzungen von Flächen erhebliche Unterschiede im jeweils erhaltenen Bestand der Schachtanlagen und der Zentralkokerei sowie des Werksbahnnetzes festzuhalten. Unter den überkommenen Tagesanlagen befinden sich keine aufrechten Bauwerke aus den Gründungsjahren der Schachtanlagen des 19. Jahrhunderts, für die ebenso wie für verschwundene Einrichtungen späterer Zeitstellungen ggf. im Boden nach noch vorhandenen Bestandteilen oder Nachweisen gesucht werden müßte. Für die überkommenen Bestandteile liegen Inventare vor, zu verweisen ist z.B. auf die zuletzt von W. Buschmann (1998) in der Reihe „Die Bau- und Kunstdenkmäler von Nordrhein-Westfalen" vorgelegte umfassende Bestandsaufnahme.

Im Mittelpunkt denkmalpflegerischen Erhaltungsinteresses stehen die in Technik und Architektur herausragende Schachtanlage 12 (Inbetriebnahme 1932), die angrenzende Gründungsschachtanlage Zollverein 1 (1848 Teufbeginn Schacht 1) und die benachbarte, als letzte Betriebskomponente 1959/61 in Betrieb gegangene große Zentralkokerei. Der Gesamtkomplex dieser drei auch funktional miteinander verbundenen und weitgehend im letzten Betriebsausbau erhaltenen Anlagen dokumentiert und veranschaulicht wesentliche Entwicklungsstufen und Strukturen des Verbundbergwerkes Zollverein. Die Anlagen wurden und werden als herausragendes Denkmal der Industriekultur in Wert gesetzt und umgenutzt.

Im Bereich der ehemaligen Zechen Zollverein 3 und 4 stehen einzelne erhalten gebliebene und größtenteils bereits umgenutzte bauliche Bestandteile unter Denkmalschutz, ursprüngliche Strukturen sind noch im Gelände ablesbar. Im Übrigen werden die ehemaligen Zechenflächen neu gestaltet und schwerpunktmäßig für gewerbliche Einrichtungen neu genutzt, womit eine Standortkontinuität in der Nachfolge der erfolgreichen Zollvereinzechen gewahrt wird. Dagegen ist das Gelände Zollverein 6 vollständig abgeräumt worden, auf dem früheren Zechengelände entsteht eine Wohnsiedlung.

Als größte Halde Zollvereins ist die große Berghalde im Anschluß an das Zechengelände von Zollverein 4 erhalten geblieben. Sie wurde inzwischen rekultiviert und ist für die Öffentlichkeit auf Wegen begehbar. Die zuvor nach der Flächennutzungskartierung des KVR im Bereich Zollverein 1 als „Gehölz" ausgewiesene Fläche (Abb. 3) ist ein größerer Bestandteil der ältesten Halde Zollvereins, die bereits um die Jahrhundertwende nicht mehr beschickt und bereits damals begrünt wurde. Das Haldengelände bei Zollverein 12 liegt noch unstrukturiert und in sich stark zergliedert brach. Auf Zollverein 3 wurde ein ehemaliges Haldengelände zusammen mit einer größeren, bereits während der Betriebsphase der Zeche abgeräumten bzw. frei gebliebenen Fläche als Grünanlage hergerichtet. Als Zeugnis des vergangenen Bergbaus sind bei den älteren ehemaligen Zechenplätzen noch vielfach durch Aufschüttungen entstandene Erhöhungen und Böschun-

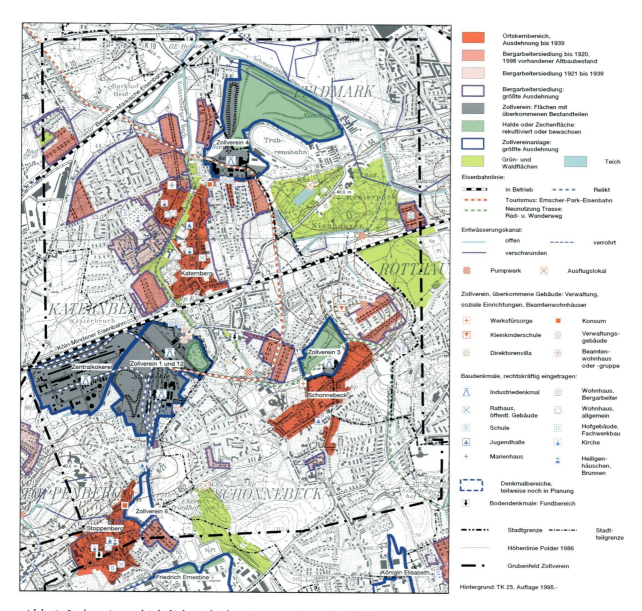

Abb. 5: Industriegeschichtliche Objekte im Bereich Grubenfeld Zollverein (Stand: 1998).

gen vor allem in Randbereichen im Gelände erkennbar.

Zollvereinanlagen waren nach ihrer Auflassung in bedeutende Projekte der im Jahre 1999 nach 10jähriger Laufzeit beendeten „Internationalen Bauausstellung Emscher Park" des Landes Nordrhein-Westfalen eingebunden. Im Spannungsfeld zwischen Erhaltung von Industriekultur oder Abriß hat die Denkmalpflege wesentliche Beiträge für Umnutzungen und Erneuerungen verbunden mit Erhaltung und Inwertsetzung von Zollvereineinrichtungen eingebracht. Dabei sind bisher keine bodendenkmalpflegerischen Aktivitäten oder Überlegungen bekannt geworden, obwohl sich nach Auffassung des Verfassers die Frage nach im Boden verbliebenen Zeugnissen verschwundener Tagesanlagen stellt und auch der hier nicht betrachtete Grubenbau untertage zur Hinterlassenschaft des Bergwerks gehört.

Außerhalb der Zechenbereiche und der Zentralkokerei Zollvereins sind zunächst die überkommenen Trassen der Werks- und Verbindungsbahnen als unmittelbare industriegeschichtliche Objekte des ehemaligen Bergwerks hervorzuheben (vgl. Abb. 5). Bemerkenswerte Elemente und Bestandteile dieser Eisenbahntrassen sind aufgeschüttete Dämme, eingetalte Geländeeinschnitte und zahlreiche Brückenübergänge (vgl. Sauer S. 109). Die mit ihren Gleisanlagen erhaltene Verbindungsbahn von Zollverein 1/12 über Zollverein 4 zur ehemaligen Zeche Nordstern am Rhein-Herne-Kanal, deren Bereich im Rahmen der Bundesgartenschau von 1997 umgestaltet wurde, ist einbezogen in das Konzept der „Emscher-Park-Eisenbahn" für touristische Bahnfahrten. Die aufgelassene Trasse der Verbindungsbahn über Zollverein 3 zum Bereich der ehemaligen Zeche Bonifacius ist Teil eines Rad- und Wanderwegesystems. Die beiden genannten Trassen sind somit in städtebauliche und landespflegerische Maßnahmen eingebunden. Von den aufgegebenen Anschlüssen der Zollvereinzechen an die überregionalen Bahnlinien sind noch Relikte vor allem in Form von Bahndämmen im Gelände auszumachen.

Charakteristische Hinterlassenschaften des Bergbaus sind auch die durch Bergsenkungen entstandenen Poldergebiete, die zukünftig weiterhin durch das in Verantwortung der Emschergenossenschaft unterhaltene Entwässerungssystem entsorgt werden müssen. In Abbildung 5 sind die im Bereich Grubenfeld Zollverein liegenden Poldergebiete, die dem Betrachter aufgrund der Gegebenheiten insbesondere bei Zollverein 3 bewusst werden, durch eingezeichnete Höhenlinien gekennzeichnet. Die heutigen in der Landschaft sichtbaren Entwässerungskanäle verlaufen, vor allem in den Poldergebieten, tief ins Gelände eingeschnitten. Pumpwerke und Brücken für überquerende Verkehrswege gehören zu den Objekten des Entwässerungssystems. In Abbildung 5 sind die offen verlaufenden Entwässerungskanäle und einzelne verrohrte Abschnitte als Linienelemente, die Pumpwerke als Punktelemente eingezeichnet. Hinzugenommen sind nach Kartenauswertungen inzwischen verschwundene oder im Einzelfall möglicherweise noch verrohrt betriebene ältere Kanalabschnitte, die von der Notwendigkeit häufiger Eingriffe in das Entwässerungssystem zeugen und im Boden nachzuweisen wären. Nach Auffassung des Verfassers sollte das Entwässerungssystem in Verbindung mit dem Industriedenkmal Zollverein ebenso denkmal- und landespflegerische Aufmerksamkeit erhalten wie vergleichsweise in anderen Gebieten ehemaligen Landwehren und Mühlengräben.

Als großflächige industriegeschichtliche Objekte im Siedlungsbereich sind die Bergarbeitersiedlungen und die Ortskernbereiche der Essener Stadtteile Stoppenberg, Katernberg und Schonnebeck zu nennen, die hier nur mit Bezug zur Entwicklung bis zum Zweiten Weltkrieg gestreift werden sollen. Die in einer ersten Phase bis 1920 vom Bergwerksunternehmen Zollverein erbauten und die danach bis 1939 von Wohnungsbaugesellschaften errichteten Bergarbeitersiedlungen sind in Abbildung 5 in ihrer Gesamtausdehnung durch Umrandung gekennzeichnet. Die größeren Altsiedlungen haben inzwischen durch Abriß und Neubebauung sowie durch Bebauungsverdichtung starke Eingriffe in ihre ursprüngliche Bausubstanz und Struktur erfahren. Verbliebene Anteile und weitere in ihrer Bausubstanz und Struktur noch weitgehend erhaltene Bergarbeitersiedlungen sind unter Denkmalschutz gestellt bzw. eine Unterschutzstellung ist geplant (Abb. 5: Denkmalbereiche). In den genannten Stadtteilen sind einzelne Bauwerke als Baudenkmale ausgewiesen, darunter einzelne Bergarbeiterwohnhäuser und aus vorindustrieller Zeit die mittelalterliche Stiftskirche auf dem Kapitelberg in Stoppenberg und überkommene Fachwerkgebäude zweier Höfe (Abb. 5: Baudenkmale). Im Bereich des Grubenfeldes Zollverein sind bisher lediglich im Bereich dieser vorindustriellen Objekte Bodendenkmale erfaßt, nämlich auf dem Kapitelberg in Stoppenberg und auf dem Gelände eines ehemaligen Hofes im heute städtisch geprägten Bereich von Katernberg (Abb. 5: Fundbereich Bodendenkmale). Weitere bedeutende industriegeschichtliche Zeugnisse und potentielle Baudenkmäler sind das repräsentative Verwaltungsgebäude von Zollverein, ehemalige Wohnhäuser von Direktoren und Beamten sowie erhaltene Gebäude ehemaliger sozialer Einrichtungen Zollvereins, nämlich Werksfürsorge, Kleinkinderschule und Konsumanstalten (Abb. 5: Zollverein, überkommene Gebäude).

Als planerisch der Bergbauphase zuzuweisende gestaltete Grünflächen und Naherholungsräume sind die in Abbildung 5 entsprechend ausgewiesenen Flächen einzustufen, die ehemals zu einem großen Teil zum Grundbesitz von Zollverein gehörten und planmäßig von Bebauungen frei gehalten wurden. Auf dem Hallohügel östlich von Stoppenberg hat ein um die Jahrhundertwende errichteter 55 m hoher Aussichtsturm gestanden; am Fuße des Hügels bestand ein Schießstand mit heute noch bestehendem Ausflugslokal. Der nach dem Zweiten Weltkrieg geschaffene Revierpark Nienhausen im Stadtgebiet von Gelsenkirchen umfaßt Restflächen eines vorindustriellen Waldgebietes und weist in Teilen Reliefveränderungen durch Aufschüttungen auf. Von industriegeschichtlicher Bedeutung ist auch das mitten durch Katernberg verlaufende schmale Grünflächenband: Es folgt dem Verlauf des ehemaligen, zum offenen Entwässerungskanal ausgebauten und maßgeblich von Zollverein genutzten Katernberger Baches, nach dessen Verrohrung nach dem zweiten Weltkrieg das Gelände im Rahmen eines jüngeren städtischen Grünflächenprogrammes neu gestaltet wurde.

Schlußbemerkungen

Am Beispiel des Bereiches Grubenfeld Zollverein wird deutlich, daß das Ruhrgebiet in seiner durch Industrialisierung und Urbanisierung geprägten Kernzone ein Aktivraum und eine dynamische Kulturlandschaft mit durchaus zahlreichen tradierten und funktional intakten historischen Bestandteilen, aber auch mit Relikten ist. Ein Erleben der Geschichtlichkeit der Kulturlandschaft bedingt, daß wertvolle und charakteristische Bestandteile und Strukturen der einzelnen, im heutigen Landschaftsbild unterschiedlich stark vertretenen Phasen der Kulturlandschaftsentwicklung durch substanzschonende Pflege und Nutzung geschützt und bewahrt werden und kulturlandschaftliche Prozesse im Landschaftsbild ablesbar bleiben. Eine dazu erforderliche Charakterisierung und Bewertung der Kulturlandschaft mit ihren Strukturen, Gefügen und Mustern in ihrer Gesamtheit kann über ausgewählte einzelne Ausschnitte des Landschaftsraumes und muß über eine Inventarisierung von Einzelelementen führen. Die heutige, vom industriellen Bergbau geprägte Kulturlandschaft im Raumausschnitt Grubenfeld Zollverein erfährt nach Aufgabe des Bergbaus einen Strukturwandel. In eine nötige Gesamtbetrachtung muß auch die Bodendenkmalpflege ihr spezifisches Anliegen einbringen, um im Rahmen denkmalpflegerischer und landschaftspflegerischer Planungen und Maßnahmen und einer integrativen Kulturlandschaftsentwicklung und -pflege für Anteile mit Bedeutung für das Bodenarchiv streiten und um potenzielle und erkannte Bodendenkmäler schützen zu können. Die erhaltenen und unter Schutz gestellten Bauwerke Zollvereins sind – und das gilt natürlich auch für andere Baudenkmäler wie z.B. für Bergarbeitersiedlungen – mit ihren im Boden liegenden Anteilen auch Bodendenkmäler. Verschwundene oder überbaute ehemalige bauliche Anlagen der Schachtanlagen sind möglicherweise noch im Boden nachweisbar. In denkmalpflegerische Betrachtungen ist auch der Grubenbau untertage, die eigentliche Arbeitswelt der Bergleute, einzubeziehen. Zu den ggf. noch im Boden nachweisbaren industriegeschichtlichen Objekten gehören im Bereich Grubenfeld Zollverein neben einer ehemaligen Fabrik auch die verschwundenen Ziegeleien. Die Erfassung auch dieser Standorte ist ein wichtiger Beitrag zur Bewertung des insgesamt vorhandenen Bodenarchivs. Als anthropogene Geländeformen, die sich „irgendwie" als Zeugnisse menschlichen Wirkens im Boden niedergeschlagen haben und daher generell auch von der Bodendenkmalpflege beachtet werden sollten, sind Relikte wie Aufschüttungen, Geländekanten, Böschungen, Dämme und Geländeeinschnitte – zunächst einmal völlig wertfrei gesehen – als industriegeschichtliche Objekte zu inventarisieren. Neben ehemaligem Zechen- und Haldengelände und einzelnen Abgrabungsflächen ehemaliger Ziegeleien betrifft das insbesondere Alttrassen von Straßen und Wegen, die Eisenbahntrassen und das Entwässerungssystem, die häufig erst in Verbindung mit vorhandenen Baudenkmälern in ihrer Bedeutung ausreichend gewürdigt werden können.

Eine integrative Gesamtbetrachtung zur Kulturlandschaftsentwicklung und -pflege im Bereich Grubenfeld Zollverein ist gegenwärtig um so mehr geboten, als die Bundesrepublik

Deutschland die Aufnahme der „Industriellen Kulturlandschaft Zeche Zollverein" in die UNESCO Liste des kulturellen Welterbes beantragt hat. Diese Kulturlandschaft gehört nach der von der UNESCO zugrundegelegten Definition in die Kategorie der „organisch entwickelten, fortbestehenden Kulturlandschaft", in welcher Bestrebungen um Erhaltung traditioneller Formen und historischer Substanzen im ständigen Konflikt mit dem Erfordernis einer Weiterentwicklung ausgetragen werden müssen. Eine umfassende Inventarisation der industriegeschichtlichen Objekte, aber auch der überkommenen historischen Bestandteile aus vorindustrieller Zeit und der erfaßbaren Anteile des Bodenarchivs aller Zeitepochen ist eine Basis für die Beschreibung und Bewertung des von der UNESCO geforderten herausragenden universellen Wertes und der Repräsentativität dieser Kulturlandschaft innerhalb des Ruhrgebietes. Als ein Ergebnis GIS-gestützter Inventarisierungen und Auswertungen können spezifische thematische Karten einbezogen werden. Problematisch bleibt die Abgrenzung der im Bereich Grubenfeld Zollverein als Welterbe einzustufenden industriellen Kulturlandschaft. Sie sollte im Kern oder in Zonen mit den Zechenanlagen als jeweiligen Kern den Arbeits- und Lebensraum der Bergleute und darüber hinaus in einem Gürtel einen erweiterten Siedlungsraum mit Freiflächen und Naherholungszonen umfassen. Administrative Verwaltungsgrenzen sind in historisch-geographischer Sicht als Abgrenzungen nicht begründet und wenig geeignet.

Ein Überblick über den Forschungsstand zur Montanarchäologie im Bergischen Land

MICHAEL GECHTER

Die Montanarchäologie beschäftigt sich mit den archäologischen Hinterlassenschaften des Bergbaus sowie der Aufbereitungs- und Verhüttungsplätze der Erze. Erst seit gut zwanzig Jahren wird sie verstärkt im Bergischen Land betrieben. So war es der erste Außenstellenleiter der Außenstelle Overath, Manfred Rech, der sich mit dem Bereich der mittelalterlichen Rennfeuerverhüttung beschäftigte. Sein Arbeitsgebiet betraf hauptsächlich den mittelbergischen Bereich. Im Oberbergischen war zuerst Manfred Sönnecken vom Sauerland aus tätig, der sich mit demselben Forschungsgegenstand beschäftigte. Später verlegten er und mit ihm Hans Ludwig Knau den Schwerpunkt ihrer Tätigkeit auf die Erforschung der Relikte der Floßöfen. Seit 10 Jahren ist die Beschäftigung mit dem antiken und mittelalterlichen Metallerzbergbau ein Schwerpunkt der Tätigkeit der Außenstelle Overath des Rheinischen Amtes für Bodendenkmalpflege.

Unter Metallerzen verstehen wir die Erze Blei, Kupfer, Silber, Zinn und Zink. An Eisenerzen wurden im Bergischen Land Raseneisen- und Brauneisenerz sowie Spateisenstein abgebaut. Raseneisenerz kommt hauptsächlich in den Bereichen der Niederterrassen, der Flüsse und Bäche vor. Brauneisenstein ist ein ca. 30 %iges Eisenerz, das in der Nähe der Erdoberfläche aus Spateisenstein entstanden ist. Es kommt v.a. im Osten des Oberbergischen vor. Spateisenstein dagegen kommt nur in der Tiefe vor und wird erst seit dem Hochmittelalter bergmännisch untertage gewonnen, wogegen die beiden anderen Erzarten im Tagebau gewonnen werden können.

Die Metallerze sind seit dem Mittelalter hauptsächlich im Tiefbau, in römischer und vorrömischer Zeit wohl auch im Tagebaubetrieb gewonnen worden. Parallel zur Hauptterrasse des Rheintals verläuft ein Metallerzgürtel, der teilweise auch bis in das Oberbergische hineinreicht. Zwischen diesem Gürtel im Westen und dem Brauneisensteinvorkommen im Osten befinden sich die Spateisensteinvorkommen.

Die Entdeckung abbauwürdiger Eisenerze im Bergischen- und im Siegerland führte schon im 7./6. Jahrhundert v. Chr. zu einer verstärkten Aufsiedlung. Gefragt waren zu dieser Zeit die Brauneisenerzvorkommen im östlichen Bergischen und anschließenden Siegerland. Auch die Raseneisenerzvorkommen auf der Mittelterrasse des Rheintals wurden abgebaut.

Die ältesten Belege bergbaulicher Tätigkeiten aus dem 7./6. Jahrhundert v. Chr. sind ein Rennfeuerofen in einer Siedlung von der Niederterrasse des Rheins aus Düsseldorf-Rath und auf Kupferbergbau hinweisende Scherben aus dem Bereich der Grube Anacker in Rösrath-Hoffnungsthal (GL). Aus der Zeit des letzten Jahrhunderts v. Chr. kennen wir Eisenschmelzanlagen aus dem Königsforst, Rösrath (GL) und Bergbau auf Bleierze bei Hennef-Altglück (SU). Obwohl aus den ersten 500 Jahren v. Chr. im Bergischen Land nur wenige direkte Hinweise auf Bergbau gefunden wurden, kann davon aus-

Abb. 1 (links): Bleiglätteröhrchen von römischer Silberproduktion Grube Lüderich – Rösrath (GL), 1. Jh.

Abb. 2: Schlägel und Eisen, Museum Bensberg. Grube Lüderich – Rösrath (GL), ca. 14. Jh.

gegangen werden, daß der Bergbau auf Raseneisenerz/Brauneisenerz sowie vereinzelt auf Kupfer-/Silbererz ein wichtiger Wirtschaftszweig war. Die Stammeskultur ging infolge des römischen Einmarsches in das Rheintal zugrunde. Die sich später hier ansiedelnden germanischen Kleingruppen waren wirtschaftlich von den Römern abhängig und bildeten eine Wirtschaftsgemeinschaft mit ihnen.

In der Frühzeit der römischen Anwesenheit am Rhein wurde von den Römern im Rechtsrheinischen Bergbau auf Silber-/Bleierze betrieben. Dies ließ sich an den drei Gruben Altglück bei Hennef (SU), Lüderich bei Rösrath (GL) und Bliesenbach bei Engelskirchen (GM) nachweisen, an denen im Mittelalter und in der Neuzeit der Abbau fortgesetzt wurde (Abb. 1, 2).

Alle drei Fundstellen lassen sich aufgrund ihrer Funde in frühtiberische Zeit datieren: Es handelt sich um römische Keramik, teilweise sogar um Importkeramik (Terra Sigillata und Wein- und Saucenamphoren) aus dem Mittelmeerraum. Bei der Grube Altglück lagen neben einer großen ausgedehnten Siedlung auch eine kleine Befestigungsanlage und ein Tagebau. In Nachrichten aus dem Anfang des 19. Jahrhunderts wies er noch eine Länge von 500 Lachter, das sind ca. 1.000 m, auf. Heute sind nach den Verkippungen des 19. Jahrhunderts nur noch 500 m Länge und die obere Breite von 32 m nachweisbar. Die Sohle ist zum Teil noch bis zu 12 m tief. Der Tagebau befand sich leicht schräg zu dem Bergrücken genau über dem Ausbiß des Erzganges. Dieser Ausbiß war mit 8 Lachtern, ca. 16 m, extrem breit. Daher erklärt sich auch die Breite des Tagebaus.

Die Befestigungsanlage war wohl vom Besitzer der Mine errichtet worden. Die dazugehörende Siedlung ist durch Prospektionsfunde auf einer Ausdehnung von über 3 ha Umfang nachzuweisen, sie zog sich auf den Rücken zu beiden Seiten des Tagebaus hin. Den nördlichen Abschluß bildete der kleine Burgus. Lange Zeit wurde dieser mit ca. 40 m Radius als der kleinste Ringwall im Bergischen Land angesehen. Bei der 1994 durchgeführten Sondagegrabung und Neuvermessung zeigte sich jedoch, daß wir es hier mit einer rechteckigen Befestigungsanlage von 50 x 45 m Umfang zu tun haben. Sie bestand aus einem Holz-Erde-Wall von 2,5 m Breite und zwei vorgelagerten Gräben. Der innere Graben diente zur Aufnahme eines Annäherungshindernisses aus einer Reihe von eingelassenen Pfosten, die entweder zu einer Palisade oder einem Zaun gehörten, der äußere war ein einfacher Spitzgraben. Die Anlage hatte nur ein Tor auf der Nordseite.

Leider läßt sie sich bislang nur durch die spätlatènezeitliche Siedlungsschicht, die sie überlagert, in spätere Zeit datieren. Der Bautyp ist aber eindeutig römisch. Auch deutet die Entfestigung – die Palisadenpfosten und die vorderen Pfosten des Holz-Erde-Walls waren gezogen worden – auf eine Vorsichtsmaßnahme der römischen Armee hin.

Aus dem Bereich der Siedlung liegen Hinweise auf Bleiguß und Bleiverhüttung vor. Bislang konnten aber die Schmelzstätten nicht lokalisiert werden. Der Tagebau wird durch eine Halde des 13. Jahrhunderts, die in ihn hineingekippt worden ist, ante quem datiert. Da bislang Bergbau zwischen der römischen Zeit und dem 13. Jahrhundert nicht nachweisbar ist, scheint der Tagebau römisch zu sein.

Auch von der Grube Bliesenbach liegen Hinweise auf Siedlungstätigkeit und Bleiglanzverhüttung dieser Zeit vor.

Auf dem Lüderich bei Rösrath wurden in zwei Grabungskampagnen Reste einer römischen Siedlung und wohl Bleiglanzverhüttung sowie Bleiguß und Silberproduktion gefunden. Auf letzteres weisen die typischen Bleiglätteröhrchen hin, die entstehen, wenn die Bleiglätte mit einem eisernen Haken vom Schmelzgut im Ofen abgezogen wird. Übrig bleibt das reine Silber. Die Anlage auf dem Lüderich scheint nach Ausweis der Funde etwas später als die beiden anderen produziert zu haben, hier liegen schon südgallische Terra Sigillaten vor.

Von den neu zugewanderten Germanen wurden wieder Eisenerze im Bereich der Mittelterrasse des Rheintals abgebaut wie Eisenschmelzen in den Bereichen Essen-Hinsel (E), Rösrath und Bergisch Gladbach (GL) sowie Köln-Buchheim, Herler Burg, und - Mielenforst (K) aus dem 2. und 3. Jahrhundert zeigen. Dagegen scheint der Kupferbergbau bei Overath-Schalken (GL) während der ersten Hälfte des 2. Jahrhunderts direkt von den Römern betrieben worden zu sein.

Aus der Zeit des 2. und der ersten Hälfte des 3. Jahrhunderts stammt eine germanisch-kaiserzeitliche Siedlung bei Bergisch Gladbach-Hebborn (GL). Die Bewohner dieser Kleinsiedlung arbeiteten für die Römer. In der Nähe muß sich eine Militärziegelei befunden haben, worauf Bruchstücke römischer Dachziegel von Militärformat hinweisen. Auch wurde in der Siedlung Bleiglanz verhüttet, da sich die entsprechenden Schlacken fanden.

Die zeitlich letzte römische Bergbauaktivität im Rechtsrheinischen war der Kupferbergbau. Die hauptsächlich während des Mittelalters und der Neuzeit betriebene Grube Virneberg bei Rheinbreitbach (NR) ist bis in die 1. Hälfte des 4. Jahrhunderts zurückzudatieren.

Mit dem Ende der Römerherrschaft am Rhein brach auch der rechtsrheinische Bergbau zusammen. In den aufgelassenen linksrheinischen römischen Siedlungen fand sich genügend Buntmetall und Eisen, so daß bis in karolingische Zeit dieser Schatz ausgebeutet werden konnte, z. B. im Bonner Legionslager. Nur der Eisenerzbergbau scheint schon früher wieder aufgenommen worden zu sein. Aus Bergisch Gladbach-Paffrath (GL) liegen Hinweise auf eine merowingerzeitliche Raseneisenerzverhüttung aus dem 8. Jahrhundert vor.

In karolingischer Zeit (9. Jahrhundert) ging das Recycling der römischen Buntmetalle mangels Masse zurück, so daß wieder mit der Primär-

gewinnung der Erze begonnen werden mußte. Darauf deuten (Scherbenfunde) auf Metallerzbergbau (Kupfer- und Bleierze) im Bereich der Grube Anacker (Rösrath, GL) und Penny (Neunkirchen-Seelscheid, SU) vor. Hierzu paßt der Hinweis, daß 1222 vom damaligen Kölner Erzbischof Dietrich I. Kupferhändlern aus Dinant ihre aus karolingischer Zeit datierten Zollprivilegien bestätigt wurden.
Dies sind u.a. die bislang ältesten Zeugnisse der mittelalterlichen Neubesiedlung des Bergischen Landes.
Im Zuge dieser mittelalterlichen Landnahme kam es zuerst entlang der Überlandstraßen in das Siegerland neben der bäuerlichen Aufsiedlung auch zu einer Ausweitung der bergbaulichen Aktivitäten. Die Blütezeit lag im 12. und 13. Jahrhundert, wobei zwischen bäuerlichen Nebenerwerbsbetrieben und Großbetrieben, die vom Landesherrn, Adel oder Kaufleuten geführt wurden, unterschieden werden muß. Die bäuerlichen Nebenerwerbsbetriebe beschränken sich fast ausschließlich auf die Produktion von Roheisen im Rennfeuerverfahren. Die Öfen liegen im Bergland auf den Höhen, meist neben einer Quelle, um Wasser für den Lehmaufbau des Ofens und dem anschließenden Ausschmieden der Luppe zu Roheisenbarren zu erhalten.
Holzkohleproben aus Schürfstellen und Öfen bei Waldbröl-Hoff (GM) datieren in das Jahr 1153.
Ein weiterer Rennfeuerofen bei Waldbröl-Schnorringen „Aufm Ferkelshahn" ergab ein zusätzliches C-14 Datum von 1040–1220. Nur durch Keramik werden Schlackenhalden und Rennfeuerofenreste in das 11. Jahrhundert (Wermelskirchen-Dabringhausen-Dhünn (GL), das 12. Jahrhundert (Wermelskirchen Dabringhausen -Scherpendhünn (GL), Engelskirchen Loope-Lützenbachtal (GM), Kürten - Königsspitze und - Hutsherweg (GL)) und in das 13. Jahrhundert (Wermelskirchen Dabringhausen-Dhün und -Dhünenburg (GL), Odenthal-Strünken und -Landwehr (GL), Kürten-Königsspitze (GL), Overath - Schalken (GL) und Engelskirchen-Kaltenbach (GM)) datiert. Daß diese Nebenerwerbsbetriebe auch noch in der frühen Neuzeit genutzt wurden, zeigt der Befund aus Wermelskirchen Dabringhausen-Steinhausen (GL), wo sich eine Rennfeuerschlackenhalde mit Keramik der frühen Neuzeit fand.
Ganz anders waren die großen Metallerzminen organisiert. Im Bereich der Grube Silberkaule (Engelskirchen/GM) lagen die 30 Knappenhäuser mit Probierschmelzen und Köhlerplatten, zwei Schmelzstätten auf Bleiglanz und die Förderschächte.
Von den Häusern sind nur noch die halb in den Hang eingetieften Plattformen zu sehen. Die Gebäude selbst bestanden wahrscheinlich aus Fachwerk, da sich keinerlei Steinfundamente erhalten haben. Wir müssen uns die Gebäude so vorstellen, wie sie heute für die zeitgleiche Bergbausiedlung Argenaria de la Branda auf dem Hochplateau von Brandes (Isère) rekonstruiert wurden. Die Gebäude lagen oberhalb eines Pingenzuges auf dem Nordhang des Heckberges. Zwischen den Pingen und den Gebäuden verlief ein breiter Weg, der sich heute noch im Gelände abzeichnet. Innerhalb dieser Siedlung, die ab dem frühen Mittag in der Sonne lag, gab es einen Höhenunterschied von West nach Ost von über 40 m.
Der Pingenzug folgte dem Erzgang, wobei die Hauptförderungsstelle noch heute durch eine große Halde von ca. 160 x 40 m gekennzeich-

net ist. Die Förderung erfolgte durch eine Doppelpinge mit einem zusätzlichen Fahrschacht. Heute sind noch 24 Pingen, darunter 4 Doppelpingen, dieser Zeit nachzuweisen. Drei der Einzelpingen sind zu einem späteren Zeitpunkt (wahrscheinlich in der frühen Neuzeit) vergrößert worden. Die Verhüttung des geförderten Bleiglanzes erfolgte 70 bis 90 m tiefer am Heckbach, wie zwei Schmelzen zeigen. Etwas höher, im Bereich des Hecksiefens, fanden sich mehrere Rennfeuerschlackenhaufen derselben Zeit. Sie belegen die gleichzeitige Verhüttung des mitgeförderten Brauneisensteins. Innerhalb der Siedlung, allerdings mehr im Randbereich, fanden sich Hinweise auf Verhüttungsplätze, die ich als Probierschmelzen interpretieren möchte. Die Schlacke von einer solchen Stelle hat eine andere Konsistenz als die Bleischlacke, mit einem höheren Kupferanteil.

Die Metallerzförderung erfolgte ausschließlich über Schächte. Nach vierjähriger Geländeprospektion ließ sich kein einziger Stollen dieser Zeit vor Ort nachweisen. Ein ähnlicher Befund zeigt sich bei der zeitgleichen Bergbausiedlung Altenberg im Siegerland.

Die Bergbausiedlung Silberkaule bestand nur im 13. Jahrhundert. Sie war eine Industriesiedlung, die wohl der Graf von Berg als Landesherr anlegen ließ. Zum archäologischen Befund paßt die historische Information, daß Graf Adolf V. von Berg in der zweiten Hälfte des 13. Jahrhunderts erfahrene Bergleute aus dem Harz in sein Gebiet holte, um hier den Bergbau anzukurbeln.

Die Siedlung wurde zusätzlich gegen räuberische Übergriffe von der benachbarten Überlandstraße Brüderstraße durch eine Landwehr geschützt. Sie bestand im mittleren teil aus einem Doppelgraben und ist heute noch ca. 4 km parallel der Brüderstraße nachzuweisen. Die westlichen und östlichen Ausläufer weisen dagegen nur einen Graben auf.

Die bereits erwähnte Grube Penny scheint die einzige zu sein, auf der seit karolingischer Zeit kontinuierlich bis in das 13. Jahrhundert Erz abgebaut wurde. Bis in das 12. Jahrhundert zurück läßt sich der Abbau auf der Bliesenbach bei Engelskirchen (GM) nachweisen. Im 13. Jahrhundert wurde auch auf den Gruben Lüderich und Anacker bei Rösrath (GL), Volta bei Lohmar (SU) und Altglück bei Hennef (SU) der Abbau im großen Maßstab betrieben. Von der Bliesenbach bei Engelskirchen (GM) liegen Holzgezähefunde vor, die um 1217 datieren. Ähnliche Gerätschaften, allerdings aus einer etwas jüngeren Epoche, fanden sich auch in der Grube Lüderich.

Das ältere Gezähe von der Bliesenbach zeigt deutlich, daß hier mit hölzernen Schlägeln auf in Holz gefaßte Bergeisen geschlagen wurde. Das jüngere Gezähe vom Lüderich weist deutlich Schlägel- und Eisenformen auf, wie wir sie später auch von bildlichen Quellen her kennen. Wie in der zeitgleichen Bergbausiedlung Altenberg im Siegerland wurde bei diesen Gruben nur mit Schächten der Abbau betrieben.

Für das 14. Jahrhundert fehlen bislang archäologische Quellen als Beleg für einen Bergischen Bergbau, obwohl jetzt verstärkt historische Erwähnungen vorliegen.

Eine der ältesten Nachrichten vom 22.3.1311 betrifft das Bergwerk Silberhardt bei Morsbach-Böcklingen (GM). Diese Spuren sind noch heute im Gelände zu sehen, ebenso wie die Überreste des Bergwerks Silberkaule auf der Gommershardt bei Marienheide (GM), das 1467 erwähnt wird.

Erst für das 15. Jahrhundert ist der Bergbau wieder verstärkt archäologisch nachzuweisen. Der älteste bislang datierbare Stollen im Bergischen Land ist der vom Alten Giersberg in Ründeroth - Ohl (GM). Es handelt sich um einen Wasserlösungsstollen, der in Schlägel- und Eisentechnik aufgefahren wurde. Historisch lässt er sich mit einer Quelle aus dem Jahr 1474 in Verbindung bringen (Abb. 3). Obertägig ist hier ein größerer Pingenzug nachgewiesen. Möglicherweise wurde zuerst das Metallerz in der herkömmlichen Art nur über Schächte gefördert wurde. Später wurde ca. 50 m tiefer ein Stollen aufgefahren, der wohl nur als Wasserlösungsstollen bzw. zur besseren Bewetterung gedacht war.

In dieselbe Zeit datiert ein Bergwerk bei Reichshof-Hahn (GM) mit mehreren Doppelpingen, Einzelschächten, Versuchsschürfen und einem Stollen. Typisch für diese Zeit sind die nicht in direkter Linie, sondern in Schlangenlinien vorgetriebenen Stollen. Dies sollte einen Versturz vorbeugen. Auch ist die angewandte Schlägel- und Eisentechnik noch nicht so ausgefeilt wie ein Jahrhundert später.

Im 13. Jahrhundert fand eine Verbesserung der Hüttentechnologie statt. Die reichlich vorhandene Wasserkraft wurde jetzt zum Antrieb von Blasebälgen genutzt, um eine höhere Temperatur zur Erzeugung von Fließeisen zu erlangen. Der älteste bislang nachgewiesene Eisenschmelzofen – Floßofen – stammt aus dem Jahre 1275 im Siegerland (Kerspetal). Aufgrund der Keramikfunde können ebenfalls Floßöfen bei Marienheide-Wernscheid, -Lambach und -Höfel sowie im Stadtgebiet von Gummersbach an der Agger und Genkel in das 13. Jahrhundert gelegt werden (GM).

Im Bergischen Land konnte vor einigen Jahren bei Marienheide (GM) an der oberen Wipper ein Floßofen untersucht werden, der in das 14./15. Jahrhundert datiert.

Seit dem Spätmittelalter wurde Eisenerz demnach im Märkischen und im Bergischen Land in solchen Öfen verhüttet. In diesem Gebiet befand sich die Wiege dieser neuen Technologie, auf die unsere heutigen Hochöfen zurückgehen.

Auch in der Metallerzverhüttung wurden jetzt wassergetriebene Blasebälge eingesetzt. Diese Öfen und die dazugehörigen Aufbereitungsanlagen errichtete man jetzt in den Tälern, nahe

Abb. 3: Stollen, Schlägel- und Eisensetzung, 15. Jh., Grube Alter Bleiberg, Engelskirchen-Ründeroth (GM).

*Abb. 4:
Stollen, Schlägel- und Eisensetzung, 16./17. Jh., Grube Walpot, Lohmar-Deesem (SU).*

dem Wasser. Die sehr kostenintensiven Anlagen ließen sich nicht mehr im Nebenerwerb betreiben. Die Öfen liefen mehrere Wochen und mußten Tag und Nacht beobachtet und neu beschickt werden. Solche Anlagen konnten sich seit dem Hochmittelalter nur Finanzierungsgesellschaften leisten.

Mit dem Beginn der Neuzeit können wir aufgrund der guten Aktenlage neben den archäologischen noch historische Quellen über den Bergbau nutzen.

Im späten 15./16. Jahrhundert ereignet sich ein regelrechter Bergbauboom nicht nur im Bergischen Land. Auf dem Großen Heckberg (Engelskirchen, GM und Much, SU) wurde jetzt Spateisenstein abgebaut. Die Schächte zerstörten die ca. 200 Jahre alte Landwehr an der Brüderstraße, die zum Schutz der Silberkaule errichtet worden war. Der Abbau erfolgte hauptsächlich durch einzelne und auch Doppel-Schächte. Der einzige Stollen, der zur Bewetterung und Entwässerung der Gruben diente, mündete im Bereich der ehemaligen Bergknappensiedlung Silberkaule. Das Erz wurde in der Verrer Hütte am oberen Loopebach verhüttet. Keramikfunde datieren diesen Floßofen in das 16. Jahrhundert.

In derselben Zeit wurde auf dem Bergrücken zwischen dem Eibachtal und der Oberen Leppe nach Eisenerz geschürft (Lindlar GM). Die Aktivität scheint von den Besitzern der Burg Eibach ausgegangen zu sein. Das Aussehen des Grubenfeldes weist darauf hin, daß hier hauptsächlich im Tagebaubetrieb Eisenerz abgebaut wurde. Es gab aber tiefere Schächte und sogar Doppelschächte, die parallel in den Berg hinab getrieben und unter Tage miteinander verbunden wurden. Ähnlich wie auf dem Heckberg gibt es bei diesem Bergbaubereich nur einen einzigen Stollen, dessen Mundloch ehemals in Stein ausgebaut worden war. Die dazugehörige Hütte wurde im Leppetal errichtet, sie wird noch um 1590 erwähnt. 1610 ist der Bergbau- und Hüttenbetrieb – wahrscheinlich wegen Unergiebigkeit der Grube – wieder aufgegeben, die Hütte zu einem Hammerwerk, dem späteren Eibacher Hammer, umgebaut worden. Das Beispiel zeigt anschaulich, wie ein Kleinadliger den Wirtschaftsboom und den Roheisenbedarf nutzen wollte. Er scheiterte nur daran, daß seine Erzvorkommen zu schlecht oder zu gering waren.

In dieser Zeit scheint auch die – heute als Besucherbergwerk genutzte – Grube Silberhardt (Windeck, SU) das erste Mal befahren worden zu sein.

Nach dem obertätigen Befund könnte sie sogar noch aus dem Hochmittelalter stammen, untertage fanden sich hierfür jedoch bislang keine Spuren.

Im 16. und 17. Jahrhundert begann in einem Seitenbachtal des Naafbaches (Lohmar/Neunkirchen-Seelscheid, SU) ein verstärkter Kupferbergbau. Beiderseits des Baches wurde in mehreren Gruben Kupferkies abgebaut, der vor Ort aufbereitet und verhüttet wurde. Ein Bergwerk, Walpot, wurde vor einigen Jahren geöffnet und untersucht. Aufgrund von Keramikmaterial kann die Verhüttung in das späte 16. Jahrhundert datiert werden. Der Wasserlösungsstollen der Grube Walpot wurde noch vor dem Dreißigjährigen Krieg aufgewältigt (Abb. 4).

Die Hauptbetriebsphase dieser Grube und der benachbarten Grube Wolter-Plettenberg dürfte jedoch in der ersten Hälfte des 18. Jahrhunderts gelegen haben. Zu dieser Zeit arbeiteten noch die Aufbereitungsanlage und die Hütte. Der Steiger, der gleichzeitig Hüttenmeister war, residierte in einem Gebäude neben der Hütte, von dem sich heute noch Spuren im Gelände befinden (Abb. 5).

Aus derselben Zeit stammen die zwei kürzlich untersuchten Eisenerzgruben Prosa und Zwischenfeld bei Windeck (SU), die zum Kohlberger Gangzug gehören (Abb. 6–9).

Eine letzte Blüte erlebte der Bergische Bergbau ab der Mitte des 19. Jahrhunderts, um dann mit Beginn des 20. Jahrhunderts langsam aufgegeben zu werden. In dieser Zeit wurde die Anlage Neumoresnet bei Engelskirchen-Kaltenbach (GM) eröffnet, die zwi-

Abb. 5 (links): Stollenmundloch, 17./19. Jh., Grube Wolter Plettenberg, Neunkirchen-Seelscheid (SU).

Abb. 6: Stollen, 18. Jh., Grube Zwischenfeld, Windeck-Öttershagen (SU).

Abb. 7 (links): Rekonstruktion Stollenmundloch, 18. Jh., Grube Zwischenfeld, Windeck-Öttershagen (SU).

Abb. 8: Stollen, 18./19. Jh., Grube Prosa, Windeck-Öttershagen (SU).

Abb. 9 (rechts): Rekonstruktion Stollenmundloch, 19. Jh., Grube Prosa, Windeck-Öttershagen (SU).

schen 1826 und 1882 betrieben wurde, weil man hier Metallerzvorkommen vermutete. Es zeigte sich jedoch, daß die ertragreichen Erzgänge höher lagen und schon abgebaut worden waren. Auf einen mittelalterlichen Silbererzbergbau in diesem Bereich weist eine Notiz aus der Vita Annonis aus dem Jahre 1183 hin.

Mit der Stillegung des Bergwerkes Lüderich am 27.10.1978 endete der Bergbau im Bergischen Land, der bislang für gut 2500 Jahre nachgewiesen werden konnte.

Industriekultur im Bergischen Land – Erfassung und Erhaltung bodendenkmalpflegerisch relevanter Relikte

EVA KISTEMANN

Drei Projekte zur Erfassung und Erhaltung von Bodendenkmälern aus dem Umfeld der Industriekultur im Bergischen Land sollen im folgenden vorgestellt werden. Alle drei basieren auf dem kulturlandschaftlichen Ansatz der Angewandten Historischen Geographie.

Die gewerbehistorischen und kulturlandschaftlichen Grundstrukturen im Bergischen Land stehen stellvertretend für die frühindustrialisierten deutschen Mittelgebirge im Allgemeinen. Auf den bergischen Höhenzügen und an Hängen finden sich häufig unter Wald Relikte des vor- und frühindustriellen Bergbaus und der Erzverarbeitung, des Abbaus von Steinen und Erden sowie Spuren der Waldwirtschaft und Köhlerei. In den Tälern des Bergischen Landes lagen seit dem Mittelalter Wassermühlen, Eisenhämmer oder Schleifkotten mit ihren wasserbaulichen Anlagen. Zwischen den Flüssen Wupper und Sieg, die die Region nördlich und südlich begrenzen, hat es über 1.000 Mühlen gegeben, aus denen sich später auch Fabriken entwickelten. Viele Täler wurden zu Leitlinien der Verkehrs- und Siedlungsentwicklung.

Relikte des Erzbergbaus

Um Methoden zur Realisierung eines systematischen, prospektiven Denkmalschutzes zu entwickeln wurde 1986–88 eine Untersuchung durchgeführt, in der historisch-geographische, denkmalpflegerische und landesplanerische Aspekte einander ergänzten. Die montanen Relikte im Bergischen Blei-Zink-Erzbezirk wurden ausgewählt, also eine sektorale Betrachtung innerhalb eines größeren Landschaftsausschnitts vorgenommen (Abb. 1).
Bergbau ist im Bergischen Land bereits für die römische Zeit belegt, hatte Blütezeiten im hohen Mittelalter und wieder im 18. Jahrhundert. Um 1800 stand der Bergbau aus technischen und finanziellen Gründen am Ende seiner vorindustriellen Entwicklung. Mit dem um 1850 einsetzenden Bergbauboom auf Buntmetalle im Bergischen Land begann die bisher jüngste Betriebsperiode des Bergischen Blei-Zink-Erzbezirks. Sie endete 1978 mit der Stillegung der Grube Lüderich bei Bensberg (vgl. S. 82 ff).
Ziel der Untersuchung war die Inventarisierung der Gruben, die nach der Beschreibung des Bergreviers Deutz durch den königlichen Bergrat Emil Buff aus dem Jahr 1882 seit dem 19. Jahrhundert in Betrieb waren. Nach Archiv- und Geländearbeit, Dokumentation und Analyse der 59 Grubenstandorte wurden in einem weiteren Schritt die planungsrelevanten Informationen, also Schutzstatus und Darstellung in Plänen und Programmen der räumlichen Planung, erfaßt. Auf dieser Basis ließen sich Probleme und Chancen bei der Erhaltung und Nutzung der regionalen bergbaulichen Boden- und Baudenkmäler diskutieren.

Abb. 1: Im Bergischen Blei-Zink-Erzbezirk wurden 59 Gruben inventarisiert, die seit dem 19. Jahrhundert in Betrieb waren.

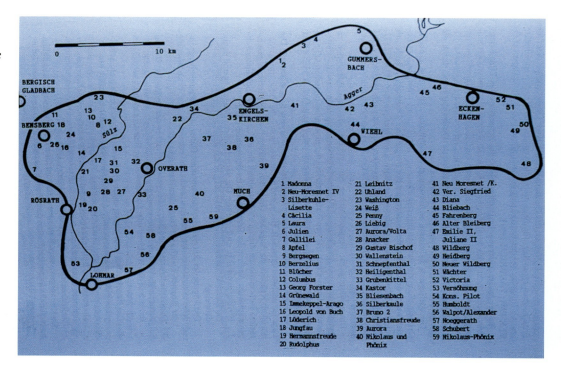

An allen untersuchten Grubenstandorten fanden sich Geländespuren, entweder Pingen, also kleine, bergbaubedingte Hohlformen, ein – möglicherweise verfallenes – Stollenmundloch oder eine Halde. Bei einem Drittel der Gruben traten alle drei Elemente gemeinsam auf, bei einem weiteren Drittel zwei der drei Reliktarten. Damit läßt sich die Kombination Pinge - Stollenmundloch - Halde als das charakteristische Reliktensemble bezeichnen, an dem auch die reliefwirksame Gestaltung der Kulturlandschaft durch den Bergbau deutlich wird. Intakte bauliche Anlagen in Verbindung mit einer Halde gab es bei einem Viertel der Gruben. Der räumliche Schwerpunkt der größeren und wirtschaftlich bedeutenderen Gruben im Westen des Untersuchungsgebietes, im Rheinisch-Bergischen Kreis, hat in höherer Dichte auch bauliche Relikte hinterlassen, während die im Osten, im Oberbergischen gelegenen Gruben oft eindrucksvoll ausgedehnte Pingenzüge und -felder des älteren Bergbaus aufweisen.

Zum Zeitpunkt der Bearbeitung war keiner der 59 bearbeiteten Bergbau-Standorte mit dem Status eines Bodendenkmals versehen (Stichtag 1.6.1988). Für sechs Gruben im Oberbergischen befand sich die Unterschutzstellung jedoch in Vorbereitung durch das Rheinische Amt für Bodendenkmalpflege. Auf

Grundlage der Inventarisation wurden bald weitere Standorte archäologisch untersucht und unter Schutz gestellt. Bis heute bildet die Erfassung eine Basis für die Arbeit der ehrenamtlichen Mitarbeiter der Außenstelle Overath des Rheinischen Amtes für Bodendenkmalpflege, die unter Leitung von Dr. Michael Gechter einen Arbeitskreis „Bergbauarchäologie im Bergischen Land" gegründet haben. Die Inventarisation hat also zu Schutzausweisungen und zur Erhaltung von Objekten geführt.

Bergisch Gladbach: Gewerblich-industrielle Kulturlandschaft

Die Stadt Bergisch Gladbach im Westen des bergischen Landes und am Ostrand von Köln zeichnet sich durch eine intensive Protoindustrialisierung auf der Basis bereits mittelalterlich belegter, gewerblicher Mühlentradition und überregional bedeutsamen Kalkgewerbes aus. Erst nach der Stadtrechtsverleihung 1856 setzten hier parallel zur fortschreitenden Industrialisierung Vorgänge einer Stadtbildung in einem Raum ein, dessen Nutzungsstrukturen vornehmlich durch funktionale Aspekte von Gewerbe, Industrie, Transport und Verkehr geprägt waren.

Die Inventarisierung gewerblich-industrieller Kulturlandschaften stellt eine thematische Raumanalyse dar. In dynamischen, gewerblich und industriell geprägten, dicht besiedelten Regionen besteht eine besondere Schwierigkeit in der Identifizierung und Bewertung schutzwürdiger Kulturlandschaftselemente. Charakteristische Strukturen sind meist nur noch fragmentarisch vorhanden. Pflege und Entwicklung von Kulturlandschaften in solchen Regionen benötigen Kenntnisse über historische Kulturlandschaftszustände. Rekonstruktionen sind deshalb eine notwendige Basis für die Inventarisierung gewerblich-industrieller Kulturlandschaften. Rekonstruktionen in mehreren Zeitschnitten ermöglichen es, Objekte in raum-zeitliche oder sach-systematische Zusammenhänge zu stellen. Damit können Muster kulturlandschaftlicher Strukturen oder Systeme erfaßt, analysiert und bewertet werden. Rekonstruktionen entwickeln aus historischen Quellen den Eindruck einer gesamten Kulturlandschaftsstruktur und ihrer Dynamik mit Verschiebungen von Aktiv- und Passivzonen (Abb. 2).

Als Basis der durchgeführten Inventarisierung haben sich Rekonstruktionen und die daraus resultierende Analyse der räumlich-funktionalen Systeme bewährt. Das Inventar erfasst Standorte von Produktion und Rohstoffabbau, Elemente der Transport- und Versorgungsinfrastruktur sowie Siedlungsbereiche und -bestandteile, unabhängig von ihrem aktuellen Erscheinungsbild oder Nutzungsstatus. Der historisch-geographische Dokumentationswert, die Erlebbarkeit und die Landschaftswirkung oder der städtebauliche Wert wurden beurteilt.

Die historisch-geographische Analyse der inventarisierten Elemente ermöglicht eine Identifizierung und Abgrenzung von Zonen oder Bereichen gleichartiger Genese und relativ homogener Strukturen: Mühlenzone an der Strunde, Bahnhofszone und Industriebahnzone auf den ausgebeuteten Kalkgruben. Die kulturlandschaftliche Charakterisierung und Analyse von Zonen bezüglich ihrer Struktur und Substanz wird als wesentlicher Bestand-

*Abb. 2:
Die Rekonstruktion von historischen Kulturlandschaftszuständen ist in dynamischen, gewerblich und industriell geprägten Regionen erforderlich, um schutzwürdige Kulturlandschaftselemente identifizieren und bewerten zu können.*

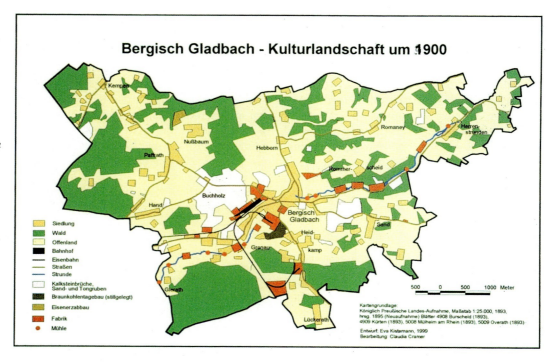

teil des flächenbezogenen Inventars angesehen. Um im Sinne einer anwendungsorientierten Historischen Geographie zur Beratung von Politik und Verwaltung planungsrelevantes Wissen zur Verfügung zu stellen, aufzubereiten und darzustellen, ist die Inventarisierung mit einer Diskussion der Schutzaspekte verknüpft. Erhaltungsprobleme der jeweils zonentypischen geschützten und der nicht-geschützten Elemente sind unter kulturlandschaftlichen Aspekten zu diskutieren.

Dieses erweiterte Inventar umfasste die Beschreibung und Analyse der industrie-kulturlandschaftlichen Zonen und Bereiche sowie 97 punkt- oder linienförmiger oder flächenhafter Einzelelemente.

Wie steht es um Schutz und Erhaltung von bodendenkmalpflegerisch relevanten Objekten in Bergisch Gladbach? Der Bestand Stadt und Landschaft prägender, aber ungeschützter Bodendenkmale muss als Schutzlücke und damit als Dokumentationslücke erkannt werden. Eine Erhaltung und somit bleibende Dokumentation nicht geschützter kulturlandschaftlicher Elemente und Strukturen kann nicht erwartet werden, wahrscheinlicher ist ihre direkte oder schleichende Zerstörung.

Es besteht Handlungsbedarf, sowohl hinsichtlich neuer Schutzausweisungen als auch der Durchsetzung vorhandenen Schutzes, was an drei Objektgruppen deutlich wird.

Mühlen und Mühlgräben

Zu dem das Strundetal prägenden Mühlensystem gehören die wasserbaulichen Anlagen, die den Mühlenbetrieb erst ermöglichten. Erst im Ensemble stellen Mühlen und Wasserbauelemente den ehemaligen Funktionszusammenhang dar, der sich kulturlandschaftlich manifestiert. Grundsätzlich finden Strukturen und Elemente von Mühlensystemen durchaus in größeren, kulturlandschaftlichen Dimensionen das Interesse der archäologischen Denkmalpflege, ich möchte hier nur die Ruraue erwähnen. In Bergisch Gladbach jedoch steht kein wasserbauliches Element, Graben, Wehr oder Mühlteich unter Denkmalschutz - mit Ausnahme des heute trockenen Obergrabens der Pulvermühle am Schiff (Abb. 3).

Kalköfen

Die Kalkbrennerei entwickelte sich in Bergisch Gladbach über Jahrhunderte zu einem wichtigen Gewerbe, da in der Paffrather Kalkmulde große Mengen qualitativ hochwertigen Kalks zusammen mit dem Brennstoff Braunkohle vorkamen. Großprojekte wie Schloß Bensberg ließen die Branche bereits im 18. Jahrhundert florieren, die Großstadt Köln bot gute Absatzchancen. Im 19. Jahrhundert gehörte Bergisch Gladbach zu den bedeutendsten preußischen Kalkbrennerei-Orten. Das Kalkgewerbe beeinflußte die Gestaltung der Stadt und der umgebenden Kulturlandschaft. Doch von rund 80 Kalköfen, die sich zwischen 1600 und dem Anfang des 20. Jahrhunderts in Bergisch Gladbach nachweisen lassen, sind fast keine Spuren mehr erhalten (Abb. 4).

Abb. 3:
An der Strunde in Bergisch Gladbach lagen im 19. Jahrhundert 21 Wassermühlen mit ausgedehnten wasserbaulichen Anlagen – der Obergraben führte zur Dombacher Fabrik, einer Papierfabrik aus den 1810er Jahren.

Abb. 4:
Von rund 80 Kalköfen, die sich zwischen 1600 und dem Anfang des 20. Jhs. in Bergisch Gladbach nachweisen lassen, sind die Kalköfen Cox in der Stadtmitte die einzigen sichtbar erhaltenen.

Die Bedeutung der Kalköfen Cox war der rheinischen Industriedenkmalpflege schon früh bekannt, wie deren Berücksichtigung 1976 in einem der ersten Inventare „Technischer Denkmale im Rheinland" des Landeskonservators Rheinland zeigt. Sie wurden 1987 als (Bau-)Denkmal in die Denkmalliste der Stadt Bergisch Gladbach eingetragen. In den Hang gebaute Kalköfen weisen auch Bodendenkmalqualitäten auf. Trotz der Schutzausweisung ist die Situation der Kalköfen problematisch.

Aktuelle Planungen gefährden das Denkmal. Die Kalköfen befinden sich in der Innenstadt von Bergisch Gladbach. Das zentrale Gelände steht nach dem Abriss anderer ehemaliger Betriebsanlagen unter erheblichem Entwicklungsdruck. Ein Bebauungsplan sieht die Bebauung des ehemaligen Betriebsgeländes von „Kalkwerk Cox" mit mehrgeschossigen Bauten für Wohn- und Büronutzung vor. Die Planungen haben deutliche Auswirkungen auf das Erscheinungsbild, den kulturlandschaftlichen Zusammenhang und voraussichtlich auch die Substanz des Denkmals. Hier ist eine künftige Dokumentationslücke der mehrhundertjährigen Geschichte des ortsbildgestaltenden und kulturlandschaftsprägenden Kalkgewerbes zu befürchten.

Das Kalkwerk Cox bildete mit dem benachbarten Steinbruch Marienhöhe ein funktionales Ensemble. Aus kulturlandschaftspflegerischer Sicht ist eine Dokumentation dieses Zusammenhangs durch Unterschutzstellung des Steinbruchs nach dem Naturschutzgesetz wünschenswert. Hier zeigen sich Möglichkeiten und Grenzen der Kulturlandschaftspflege im Überschneidungsbereich von Bau- und Bodendenkmalpflege und bezüglich der Kalksteinbrüche auch des Naturschutzes.

Abbau von Bodenschätzen, Steinen und Erden hatte eine wesentlich größere stadtstrukturelle und kulturlandschaftsgestaltende Wirkung, als seine Relikte das heute erkennen lassen. Das liegt in der Innenstadt an der weiträumigen Überbauung. In der Stadtrandzone sind die ehemals vegetationslosen Abbaugebiete bewaldet und die anthropogenen Geländeformen allenfalls im Winter zu erkennen. Viele Hohlformen wurden mit Fabrikationsabfällen oder Bauschutt verfüllt, wodurch sie ihre kulturlandschaftliche Erlebbarkeit einbüßten und sich stellenweise eine eklatante Altlastenproblematik ergibt.

Eine um so größere Bedeutung kommt den erhaltenen Strukturen und Elementen zu. Aus kulturlandschaftspflegerischer Sicht besteht über den bereits erfolgten Schutz einiger Kalksteinbrüche als Bodendenkmale hinaus weiterer Handlungsbedarf.

Aus dem Funktionsbereich Abbau und Verarbeitung von Ton und Braunkohle sind nur wenige Relikte erhalten geblieben. Beide Rohstoffe wurden um 1900 von den Paffrather Tonwerken nacheinander abgebaut. Nach dem Abriß der Fabrikanlagen in den 1970er Jahren ist ein heute als Angelteich genutztes Abgrabungsgewässer das einzige Relikt der ehemaligen industriellen Rohstoffnutzung. Das umgebende Gebiet unterliegt zwar dem Landschaftsschutz, das Element selbst ist in seiner industriegeschichtlichen und kulturlandschaftlichen Bedeutung bislang jedoch nicht berücksichtigt.

Eisenerzbergbau und -verhüttung

Zwischen der 1846 gegründeten Eisenhütte Britanniahütte und ihren Zuliefergruben bestand eine funktionale Vernetzung mit kulturland-

schaftlichen Dimensionen. Aufgrund der weiträumigen Streuung der Gruben bzw. ihrer Geländerelikte über das Untersuchungsgebiet kann die Verknüpfung nicht aus der Landschaft abgelesen werden, sondern ist nur über die Querschnittrekonstruktion von 1860 zu erfassen.
Die Standorte des Erzabbaus sind morphologisch sehr vielgestaltig: Stollenmundlöcher, verfüllte Schächte, Halden unterschiedlicher Größenordnung, einzelne Pingen und Pingenzüge oder -felder wie auch Tagebauhohlformen, die sich teilweise mit Wasser gefüllt haben, treten in unterschiedlichen Konstellationen auf. Die Dokumentation der vielseitigen montangewerblichen Aktivitäten auf dem gesamten Stadtgebiet könnte mit einer Schutzausweisung auch der Eisenerzgruben komplettiert werden. Im Ortsteil Bensberg sind mit dem Quecksilberabbau im Milchborntal und dem Zink- und Bleierzbergbau der Grube Blücher bereits montanhistorische Kulturlandschaftsbestandteile als Bodendenkmäler geschützt. Das inventarisierte Eisenerzensemble der Britanniahütte ist wegen der erhaltenen Hüttengebäude auch von regionaler Bedeutung (Abb. 5).

Mühlen und Hämmer im Bergischen Land

Gewerblich-industriell geprägten Kulturlandschaftsausschnitten im Naturpark Bergisches Land wird ein hoher touristischer Wert zuerkannt. Seit 1992 gibt der Naturpark Bergisches Land touristische Kulturlandschaftsführer heraus, die regional oder thematisch ausgerichtet sind. Die Publikation über „Mühlen und Hämmer im Naturpark" (1999) erschließt Eigenart und Wert

gewerblich und industriell geprägter Kulturlandschaftsausschnitte. Hier wurde ein Konzept realisiert, das zunächst grundlegende Informationen liefert über die kulturlandschaftlichen Auswirkungen der Wasserkraftnutzung und von vier regionaltypischen Gewerbezweigen, Textilgewerbe, Eisen- und Stahlverarbeitung sowie Papier- und Pulverproduktion. Dann verknüpfen vier große Routen mit je einer Wanderung jeweils 30-45 relevante Standorte.
Museumsstandorte wie die Papiermühle Alte Dombach an der Strunde in Bergisch Gladbach mit wiederhergestellten wasserbaulichen Anlagen oder der Oelchenshammer an der Leppe des Rheinischen Industriemuseums Engelskirchen dienten als Ankerpunkte der Routen (Abb. 6). Boden- und Baudenkmalpflege kennen interessante geschützte Objekte. Natürlich gibt es auch über ganze Bachabschnitte archäologische Untersuchungen: das Lobachtal in Remscheid

Abb. 5: Vielfältige Geländerelikte in den Wäldern von Bergisch Gladbach dokumentieren den Erzabbau für die Eisenhütte Britanniahütte.

*Abb. 6:
Der Oelchenshammer an der Leppe ist eine der wenigen funktionstüchtigen Anlagen im Bergischen Land, er gehört zum Rheinischen Industriemuseum Engelskirchen.*

mit den alten Eisenhämmern, die Relikte der Pulvermühlen an der Strunde, im Helenental der Dhünn und im Elisental bei Windeck an der Sieg sind gut untersucht. Aber jenseits lokaler oder thematischer Interessen ist das Thema noch nicht systematisch bearbeitet.

Die Vielzahl und Vielfalt der Mühlen oder Hämmer, die mit ihren wasserbaulichen Anlagen, Gräben, Stauteichen und Wehren die bergischen Täler über Jahrhunderte strukturell prägen und sich in der Kulturlandschaft bis heute in zahllosen Spuren substanziell erhalten hat, ist in ihrer kulturlandschaftlichen und bodendenkmalpflegerischen Relevanz und Dimension nicht wissenschaftlich dokumentiert. Eine heimatkundliche Publikation weist rund 1.000 Mühlenstandorte nach (Abb. 7). Im Bereich der Mühlen und ihrer wasserbaulichen Anlagen im Bergischen Land besteht dringender Forschungs- und Dokumentationsbedarf und baldmöglichst Handlungsbedarf aus zwei Gründen. Erstens wegen des allgemeinen Veränderungsdrucks auf die Landschaft: Einer Trendrechnung des Bundesamtes für Bauwesen und Raumordnung zufolge beträgt der Anstieg der Siedlungs- und Verkehrsfläche bis zum Jahr 2010 bundesweit 530.000 ha. Das bedeutet einen durchschnittlichen Zuwachs von 112 ha täglich zwischen 1997 und 2010.

Zweitens ist der Veränderungsdruck speziell auf die Bäche und Flüsse aus ökologischer Sicht besonders hoch. Nach dem Landesentwicklungsbericht 2000 des Landes Nordrhein-Westfalen ist ein Ziel der Umweltpolitik der Ausbau eines Bach-Aue Systems: „Die Aufgabe der Zukunft besteht darin, die Gewässer entsprechend der 'Richtlinie für naturnahe Unterhaltung und naturnahen Ausbau der Fließgewässer in Nordrhein-Westfalen' so weit wie möglich zu renaturieren." Eine Anfrage aus dem Umweltausschuß des Rheinisch-Bergischen Kreistages an die Verwaltung des Rheinisch-Bergischen Kreises hat ergeben, daß auch hier Pläne und Programme umgesetzt werden, das Auen-Programm oder Lachs 2000, mit denen historische wasserwirtschaftliche Anlagen zum Mühlenbetrieb wie Wehre, Schütze und Gräben, entfernt werden. Das bedeutet eine Zerstörung historischer kulturlandschaftlicher Strukturen und bodendenkmalpflegerisch relevanter Substanz.

Es ist notwendig, im Zuge der Erarbeitung von Gewässerentwicklungskonzepten zu einer institutionellen Zusammenarbeit mit den Gewässerunterhaltungsträgern zu kommen. In die Planungs- und Beteiligungsverfahren sind zwar auch Naturschutzverbände integriert, Gespräche mit deren Vertretern und Vertretern der Wasserwirtschaftsämter zeigen jedoch, daß hier für Belange historischer Kulturlandschaften und potentieller Bodendenkmäler noch zu wenig Verständnis besteht.

Ausblick

Denkmalschutz und Kulturlandschaftsschutz gelten gemeinhin als Hemmfaktor wirtschaftlicher Entwicklung. Sie haben nur dort keine Akzeptanzprobleme, wo es nicht zu Interessenkonflikten kommt. In wirtschaftlichen Aktivregionen aber müssen berechtigte Schutzanliegen oft genug hinter den Sachzwängen harter Wirtschaftsfakten zurückstehen. Deshalb ist politische Unterstützung für die Bodendenkmalpflege dringend erforderlich und die Öffentlichkeitsarbeit zu intensivieren.

Neue, landschaftsbezogene Formen des Tourismus entwickeln und etablieren sich als Geotourismus oder Landschaftstourismus, oft unter Einbezug von Bodendenkmälern. Problematisch ist indes, daß die Touristik-Wirtschaft dazu tendiert, eine Verstärkung des Fun- und Event-Charakters von einem als weichem oder nachhaltigem Tourismus gestarteten Ansatz zu fordern.

In Zukunft geht es darum, zur langfristigen Sicherung von industriekulturellen Bodendenkmälern auch in kulturlandschaftswirksamen Dimensionen politische Unterstützung zu erhalten und mit angemessener Personalausstattung wirkungsvolle Instrumente umsetzen zu können – nicht nur im Bergischen Land.

Abb. 7: Der Obergraben versorgte eine von fünf Pulvermühlen im Helenental der Dhünn oberhalb von Odenthal-Altenberg.

Industriekultur in Köln zwischen Bestandsverlusten und Erhalt

HENRIETTE MEYNEN

Köln, das in römischer und mittelalterlicher Zeit überregionale Bedeutung besaß, büßte gegen Ende der reichsstädtischen Zeit viel von seinem einstigen Glanz ein. Erst im Verlauf des 19. Jahrhunderts erhielt es neue Impulse und entwickelte sich zu einem der vielfältigsten und größten Wirtschaftsstandorte im Westen Deutschlands.

Die Entwicklung von den ersten Kölner Manufakturen zu Beginn des 19. Jahrhunderts bis zu den dampfmaschinengetriebenen Fabriken verlief zuerst mehr sporadisch. Von der Aufstellung der ersten Dampfmaschine in der Baumwollspinnerei von Friedrich Wilhelm Bemberg im Jahre 1810 und der stürmischen Industrialisierung ab der Mitte des 19. Jahrhunderts bis zur Gründerzeit mit den zahlreichen Firmengründungen, dem kurz darauf folgenden Gründerkrach und schließlich wieder der industriellen Blütezeit um 1900 bis zum Ersten Weltkrieg war eine facettenreiche Industriekultur zu verzeichnen.

Ihre Entwicklung innerhalb des städtebaulichen Gefüges ist heute allerdings sehr unzureichend bekannt. Im groben Überblick kann nur gesagt werden, daß die ersten Betriebe noch in der mittelalterlichen Stadt anzutreffen waren, und erst ab der Mitte des 19. Jahrhunderts verlagerten sie ihre Niederlassungen vor die Mauern der Stadt an verkehrsgünstig gelegene Standorte, die zugleich billiges Bauland waren. Selbst die Kenntnis über die Kölner Industriekultur der Zwischenkriegszeit, die vornehmlich eine Ausweitung am Rande der Vororte Kölns war, ist lückenhaft.

Die Industrielandschaft Kölns seit dem 2. Weltkrieg ist unter unterschiedlichsten Aspekten in Schriften des Wirtschafts- und Sozialgeographischen Instituts der Universität Köln etwas genauer erforscht. Die Erfassung der Industriebereiche der 60er und 70er Jahre kann als Ausgangspunkt einer rückblickenden Kulturlandschaftswertung genutzt werden. Die von dem einst an diesem Institut tätigen Wirtschaftsgeographen Karlheinz Hottes vorgenommene Typisierung der Bereiche ist eine Möglichkeit der Charakterisierung der Kölner Industrielandschaft. Hottes differenzierte „ältere Industrieballungen" zwischen Ehrenfeld und Bickendorf, in Nippes, Mülheim einschließlich dem nördlichen Deutz, Kalk und Porz, „neue Industrieballungen" im linksrheinischen Norden und Süden, „ältere Einzelstandorte", so Zollstock, Rath-Heumar oder Sürth sowie Bereiche mit „älteren Industriedurchsetzungen", die für mehrere Kölner Vororte wie Sülz oder Raderthal typisch sind.

Alle diese Industriestandorte erstrecken sich über größere Flächen. Das optische Erscheinungsbild der einzelnen Industriefirmen prägt nicht nur das differierende Alter der Bauten und die Größe der Industrieniederlassungen, sondern auch die spezielle Nutzung durch einen bestimmten Industriezweig. Kölns breite Branchenstreuung mit, wie Hottes es 1961 faßte, „den alten eisenverarbeitenden Industrien mit Schwerfahrzeugbau, ...den Kabelwerken, Hebezeug- und Fördermittelfabriken, großen alten Konsum- und Luxusindustrien wie etwa den Deutzer Mühlen, Stollwercks Schokoladenfabrik und den Kölnisch Wasser-Destillerien, aber auch den Farben-, Lack- und Düngemittel-Produzenten ordnen sich nun die Autoindustrie, Kunstfaserproduzenten, Apparatebau zu, aber auch Elektro- und Textilindustrie sowie neuerdings die flächenmäßig immensen Werke der Petrochemie".

Im Zuge des derzeitigen Strukturwandels werden die einstigen Industriefirmen aufgegeben und deren Bauten und Flächen bieten Platz für neue Nutzungen. Die Frage ist: Bleibt nach dem Nutzungswandel diese für Köln so wichtige Stadtentwicklungsepoche in Zukunft ablesbar? Sind überhaupt noch sichtbare Baudokumente der einzelnen Etappen der Industrialisierung oder industriearchäologische Relikte vorhanden? Kann die Denkmalpflege die wichtigsten Bauten als allgemein sichtbare Zeugnisse erhalten oder bleibt die Industrieentwicklung Kölns zumindest durch Bodenfunde nachvollziehbar? Bildet die Industriearchäologie in Köln ein Forschungsthema bzw. kann sie in Zukunft in Köln überhaupt noch tätig werden?

Bodendenkmalpflege und Industriekultur

Die Anfänge der wirtschaftlichen Entwicklung Kölns ist bereits bei den Römern anzusetzen. Funde des römischen Gewerbes, so der Töpfereien, lagen vor der römischen Stadtmauer. Schon lange sind die römischen Gewerbestandorte Thema der Bodendenkmalpflege.

Ebenso werden die mittelalterlichen und frühneuzeitlichen Bodenfunde von beispielsweise Handwerkerbetrieben innerhalb der mittelalterlichen Mauern ergraben und aufgezeichnet. Die neuere industriegeschichtliche Periode stand bisher weniger im Mittelpunkt der archäologischen Forschung. Nur punktuell und mehr zufallsbedingt werden neuzeitliche Gewerbeanlagen von der Bodendenkmalpflege erfaßt, so kürzlich bei Baumaßnahmen eine Ziegelei in Köln-Ehrenfeld in der Körnerstraße oder zwei Bierkeller in Köln-Sülz in der Palanter Straße. Für die Auswertung des letztgenannten Beispiels zog die Bodendenkmalpflege bezeichnenderweise die Forschungsergebnisse eines Geographen, die Diplomarbeit von Alexander Hess, heran.

Es mangelt jedoch noch an der Erfassung von komplexen Industrielandschaften. Das Wechselspiel innerhalb der Siedlungsentwicklung von Wohnbauten, Produktionsanlagen, Infrastruktur u. a. macht diese spezielle Kulturlandschaft aus. Es handelt sich dabei um großflächige Räume, die kaum als Ganzes ergraben werden könnten. Schon die einzelnen Firmenkomplexe, so wie das von Felten & Guilleaume im rechtsrheinischen Norden Kölns, das Gelände der Chemischen Fabrik Kalk oder die jüngere Firma Ford vergrößerten ihr Areal allmählich bis zu stadtteilähnlichen Ausmaßen.

In Nachbarschaft der ersten Fabrikbauten der Chemischen Fabrik Kalk entstanden zunächst Wohnbauten für den Direktor, höhere Angestellte und Arbeiter. Diese wiederum wurden während des weiteren Ausbaues der Fabrik nach und nach genauso verdrängt wie die benachbarte neugotische Kirche an der Vietorstraße. Verwoben ist diese kleinere Einheit der Industrielandschaft Kalks mit weiteren nahe

*Abb. 1:
Älteste Bauten der Chemischen Fabrik Kalk. Foto von 1859.*

gelegenen Betrieben, deren Fabrikgelände später der Chemischen Fabrik Kalk zugeschlagen wurden (Düngefabrik Klönne, Eisengießerei u. Maschinenfabrik Siller & Dubois u.a.) (Abb. 1–5).

Die südlich der Kalker Hauptstraße gelegene Firma Humboldt übernahm das Gelände benachbarter metallverarbeitender Firmen (Dampfkessel- und Maschinenfabrik Walther & Cie AG, das FaVoneisen-Walzwerk L. Mannstädt & Cie AG. u.a.). Eine weiter reichende Verbindung erbrachte die 1930 erfolgte Fusion der Firma Humboldt mit der Motorenfabrik Deutz AG zur Klöckner-Humboldt-Deutz AG. Verflechtungen mannigfaltigster Art machen wie diese das sich stetig verändernde Wesen der verschiedenartigen Industrieräume aus, ein Faktum, das sich nur geringfügig in der aufgehenden Bausubstanz niederschlägt und das in Bodenrelikten höchstens mit Zusatzwissen ablesbar werden könnte.

Methoden der Erfassung

Zur Ermittlung der Kölner Industriekultur werden verschiedenste Unterlagen herangezogen. Da die sichtbaren Spuren aus dem Beginn der Kölner Industrialisierung um die Mitte des 19. Jahrhunderts heute nur noch spärlich vorhanden sind, ist der Übergang von der manefakturellen Produktion zur industriellen nur sehr vage und vor allem nur für einzelne Branchen ermittelbar. Eins der ältesten erhaltenen Bauwerke der frühen Industrialisierung steht auf dem rückwärtigem Gelände der Sünnerbrauerei, ein kleiner Backsteinbau eines hier geplanten Braunkohlewerkes. Es handelt sich um einen schlichten Zweckbau in Backstein mit zurückhaltender Gestaltungsintention. Dieser Bau ist bereits in einer älteren Ortsgeschichte dargestellt. Schriftliche Quellen für die Industriekultur sind wie bei diesem Beispiel Heimatchroniken einzelner Stadtteile, die allerdings in Köln frühestens aus der Jahrhundertwende vom 19. zum 20. Jahrhundert datieren und so nur rückblickend geschrieben wurden. In allgemeinen Kölnführern wird zur Industrie vor 1900 nichts gesagt.

In gleicher Weise berichten die größeren Industrieunternehmen über ihre Erfolge erst seit etwa 1900 in Festschriften. In einer solchen Schrift findet sich eines der frühesten photographischen Zeugnisses einer Fabrikanlage, die ersten Bauten der CFK im Jahre 1859 (Abb. 1). Derartige Dokumentationen sind mehr zufällig vorhanden und firmeneigene Archive, die inzwischen teilweise schon vom Rheinisch-Westfälischen Wirtschaftsarchiv oder im Historischen Archiv der Stadt Köln übernommen wurden, können weitere detaillierte Angaben enthalten.

Ansonsten ist der Industrieforscher auf die knappen Angaben in den jährlich erscheinenden Adreßbüchern angewiesen. Hieraus ist zumindest die genaue Adresse mit Firmennamen und der Zeitpunkt der Niederlassung an diesem Standort zu erfahren. Der Standortwechsel von einem dichter besiedeltem Raum in ein großräumigeres Industriegebiet, der im allgemeinen mit einem sprunghaften Wachstum der Firma im Zusammenhang zu sehen ist, kann so dem Adreßbuch entnommen werden.

Das Katasterarchiv mit seinen Ersteintragungen und den dazu gehörigen Feldbüchern liefert darüber hinaus die genaueren räumlichen Ausmaße. Aber auch diese Katasterunterlagen sind nicht immer vollständig und müssen an manchen Standorten durch weitere Kenntnis der jeweiligen historisch-geographischen Situation ergänzt oder gar korrigiert werden.

Erst aus dem ausgehenden 19. Jahrhundert stammen die frühesten zeitgenössischen detaillierteren Nachrichten und Abbildungen zur Kölner Industrielandschaft. Hier sind u.a. die Maler Jakob und Wilhelm Scheiner, die zwischen 1872 und 1922 in Köln bevorzugt Ansichten von Industriefirmen aus der Vogelperspektive fertigten, zu nennen. Als weitere Quelle dienen die amtlichen und privaten topographischen Karten, die in den verschiedensten Archiven, einschließlich der Firmenarchive, zu finden sind. Aber auch die Gemeindeverwaltungsberichte sowie zeitgenössische Zeitungsartikel sind wichtige Quellen.

Geschichtsvereine einzelner Stadtteile sammeln u.a. auf der Basis von Zeugenaussagen weitere Fakten und helfen bei der Aufbereitung von verstreuten schriftlichen Quellen.

Hierzu gehören die verschiedenen Firmenansichten beispielsweise auf Briefköpfen oder Postkarten, in privaten Fotoalben usw. Nach der Schließung der Chemischen Fabrik Kalk gründeten interessierte Kalker und ehemalige Mitarbeiter von Kalker Fabriken einen Geschichtsverein, der sich intensiv mit der Kalker Industrie befaßt und seine Ergebnisse in Ausstellungen und Schriften publiziert.

1903, zum 14. Deutschen Geographentag brachte der Generalsekretär des Vereins der Industriellen des Regierungsbezirks Köln, Paul Steller, einen Überblicksbeitrag zur Kölner Industrie um die Jahrhundertwende. Acht Jahre später stellte der Kölner Bezirks-Verein Deutscher Ingenieure die verschiedenen Firmengeschichten in Text und Bild zusammen. In den 20er Jahren setzte eine wissenschaftliche Aufarbeitung – zumeist in Form von Doktorarbeiten – von einzelnen Kölner Industriebranchen ein. Professor Bruno Kuske verfaßte während dieser Jahre mehrere Schriften zur

Abb. 2:
Bauten der
Chemischen Fabrik
Kalk. Foto 1876.

Abb. 3:
Bauten der Chemischen Fabrik Kalk. Im Vordergrund die Kalker Hauptstraße, im Hintergrund die Kirche an der Vietorstraße. Vogelschau (Gemälde). Zustand 1892.

Kölner Wirtschaftsentwicklung. Einer seiner Schüler, Joseph Klersch, stellte in seiner Dissertation in der Mitte der 20er-Jahre erstmals flächenhaft sehr detailliert die frühe räumliche Entwicklung des Siedlungsbildes zwischen 1794–1860 und der Wirtschaft Kölns dar. Eine der wesentlichen Quellen waren für ihn die jährlich erscheinenden Adreßbücher und das Kölner Katasterarchiv.

Umfangreiche Sammlungen von schriftlichen Dokumenten der verschiedensten Wirtschaftsbetriebe im Rheinisch-Westfälischen Wirtschaftsarchiv sowie die hier bzw. in Verbindung mit dem heutigen Seminar für Wirtschafts- und Sozialgeschichte an der Universität Köln erarbeiteten wirtschaftshistorischen Darstellungen bieten ein relativ gutes Fundament zur Erfassung der Kölner Industriegeschichte.

Aus alledem lassen sich flächendeckend Zustandskarten einzelner Zeitschnitte ermitteln. So konnte für Kalk eine Industriekarte für das Jahr 1900 angefertigt werden (Abb. 6). Allerdings ergeben erst verschiedene derartige Zeitschnittkarten ein genaueres flächendeckendes, sich wandelndes Bild der Industriekultur eines Stadtteiles. Bei der Chemischen Fabrik Kalk (CFK) wäre zunächst ein Wachstum in Richtung Norden auf zuvor unbebautem Gelände zu verzeichnen, eine Bebauung, die im Laufe der Jahre in Bezug auf Höhe und Fläche zunehmend verdichtet wurde und deren Ausweitung über die Straßen hinweg zum Abbruch von vorher anders genutzten Bauten führte. Diese flächenmäßige Entwicklung konnte ab den 70er Jahren des 19. Jahrhunderts aufgrund von Dublikaten von Bauanträgen, denen jeweils ein aktueller Grundrißplan des Firmengeländes beigefügt war, im ehemaligen gut sortierten Firmenarchiv ermittelt werden. Jedoch ist die komplexe Zusammenschau des Firmengeländes mit dem für die Chemische Fabrik typischen gewachsenen Nebeneinander von älteren niedrigen und jüngeren größeren und höheren Bauten lediglich einigen wenigen Ansichten zu verdanken, auf denen auch die umgebenden, vorläufig noch nicht der Chemischen Fabrik Kalk gehörenden Bauten in etwa zu erkennen sind. Zu diesen Bauten existieren nur in der Minderheit Ansichten, sehr selten genauere Grundrißpläne.

Auch bei den jenseits der Straße gelegenen ehemaligen Humboldtwerken ist das Wachstum relativ gut nachvollziehbar. Hier helfen Karten der verschiedensten Firmenfestschriften. Aus diesen geht hervor, daß zunächst ein Wachstum ins offene Land weg von der Kalker Hauptstraße nach Süden stattfand. Im Gegensatz zur Chemischen Fabrik, wo immer wieder Neues an oder zwischen die Altbausubstanz gefügt wurde, brachen die Humboldtwerke um 1900 einen Großteil ihrer Bauten ab und erstellten nach den Entwürfen bekannter Architekten Neubauten. Das Ziel war, die Zweckbauten qualitätvoll zu gestalten, um so die wirtschaftlichen Erfolge widerzuspiegeln, eine Tendenz, die auch bei anderen Firmen seit dem ausgehenden 19. Jahrhundert zu beobachten ist.

Industriekultur, ein bedrohtes Kulturgut

Die raumzeitliche Erfassung einzelner Industriestandorte dient der Inwertsetzung einer noch zu wenig gewürdigten Vergangenheit. Wesentliche Spuren dieses die beiden vergangenen Jahrhunderte prägenden Industriezeitalters drohen im Zuge der Neustrukturierung unserer Wirtschaftsräume ohne weitere Dokumentationen in Vergessenheit zu geraten. Einem Industrievorort wie Kalk, wo im Zuge der Industrialisierung nach etwa 140 Jahren fortwährender Verdichtung nun plötzlich zunehmend Brachland und Neubauten zu erblicken sind, geht auf diese Weise ein wesentlicher Teil seiner bisher sichtbaren Geschichte und damit seiner Identität verloren. 1993 wurden die Chemischen Werke Kalk stillgelegt und innerhalb weniger Jahre deren gewachsene Industriearchitektur getilgt.

Auf dem Gelände der ehemaligen Humboldtwerke sind bisher nur einzelne Baukomplexe abgebrochen, aber bei dem hier geplanten Technologie- und Industriepark Kalk-Süd sind weitere Verluste zu befürchten. In dem Kalk unmittelbar benachbarten Humboldt-Gremberg wurde die zerstörerische Entwicklung der Umnutzung eines Industriestandortes durch die frühere Batteriefirma Gottfried Hagen, die bereits 1983 Konkurs anmeldete, schon vor-

gezeichnet. Nach Beseitigung aller rückwärtigen Bauten auf dem weitläufigen Gelände entstand hier das Rechtsrheinische Technologie Zentrum für Firmen der Bio- und Gentechnik, allerdings noch unter Beibehaltung des Bautenkomplexes an der Rolshagener Straße.

Industriekultur und Bodenschutz

Aber auch für eine umweltgerechte Zukunftsgestaltung ist die Kenntnis bei einer Weiterverwertung der von den althergebrachten Firmen aufgegebenen Bauten und Flächen notwendig. Zur Ermittlung und Bewertung von Kontaminationen werden in Köln die bereits genannten historisch-geographischen Methoden angewandt, um letztlich flächendeckend das Stadtgebiet auf seine potentielle Bodenbeschaffenheit zu erforschen. Diese Grundlagenforschung führt das Amt für Umweltschutz der Stadt Köln

Abb. 4: Chemische Fabrik Kalk mit Wasserturm. Starke Verflechtung von Industrie- und Wohnbereichen. Foto 1926.

*Abb. 5:
Chemische Fabrik
Kalk. Bebauungs-
zustand 1883.
Bleiblatt eines
Baugesuchs.*

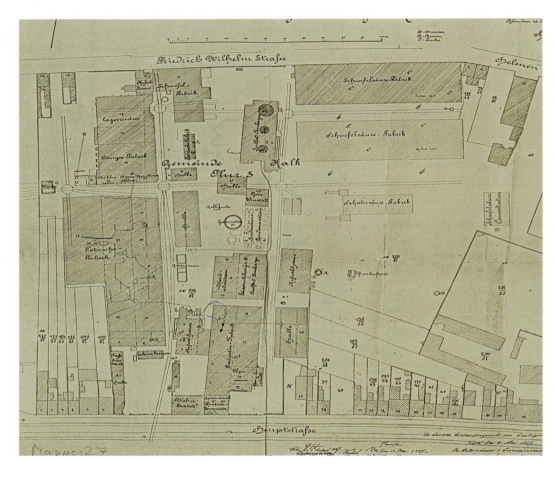

im Rahmen von Wirtschaftlichkeitsbetrachtungen neu zu nutzender Areale durch und überprüft so, ob es sich um einen Altstandort mit Gefahr bringenden Belastungen aus der Betriebszeit handelt. Nach derartigen Gebietseinschätzungen sind jedoch zusätzlich Bohrungen für eine exaktere Aussage nötig. Nicht zuletzt durch das im März 1999 erlassene Bundesbodenschutzgesetz und der dazugehörigen Bundesbodenschutzverordnung besteht nunmehr eine Amtsermittlungspflicht bei hinreichendem Verdacht auf Grundstückskontamination. Sollte sich eine derartige Bodenbelastung durch nun speziell vor Ort vorgenommene Bodenuntersuchungen bewahrheiten, so ist festzulegen, wie die Gefahr zu vermeiden oder zu beheben ist. Aufgrund der Schwermetallbelastung des Bereichs der ehemaligen Humboldtwerke in Kalk besteht bei ausreichender Versiegelung keine Gefahr bei einer weiteren industriellen Nutzung, so daß hier der Bestand gegebenenfalls erhalten bleiben könnte. Bei einer Nutzungsänderung ist natürlich noch eine Neueinschätzung der Gefahr notwendig. Anders ist die Situation auf dem Gelände der ehemaligen, bereits genannten Batteriefabrik Gottfried Hagen in dem benachbarten Stadtteil Humboldt-Gremberg: Sobald die Bauten abgebrochen wurden, fand sofort eine Auskofferung des Geländes statt. Auch die obere Bodenschicht des Gebiets der Chemischen Fabrik Kalk wurde aufgrund der drohenden Grundwasserkontamination durch den belasteten Boden vollkommen ausgewechselt. Von den ursprünglich sechs Denkmälern und zwei weiteren denkmalwerten jüngeren Bauten auf dem Gelände der CFK stehen heute noch zwei, und in Kürze vermutlich nur noch der Wasserturm auf einer winzigen nicht ausgetauschten Bodenfläche.

So werden im Rahmen der Altlastensanierung die Böden mit den belasteten Auffüllungen notwendigerweise abgetragen und für die Bodendenkmalpflege bleibt auch in Zukunft nicht viel von der Industriekultur übrig. Viel versprechender hingegen sind die früher überbauten Bereiche, so beispielsweise auf dem Gelände der ehemaligen Humboldtwerke, die um 1900 ihre damaligen Bauten zugunsten einer fortschrittlicheren Bauweise abbrachen. Hier bestehen noch, wie jüngst Bohrungen ergaben, die Fundamente der Vorgängerbauten.

Da Grabungen unterhalb der Bebauung aber nur äußerst selten vorgenommen werden, verlieren in Zukunft vermutlich schon aus Gründen der Expansion unserer Wirtschaftsräume, aber auch wegen der vorhandenen Schutzgü-

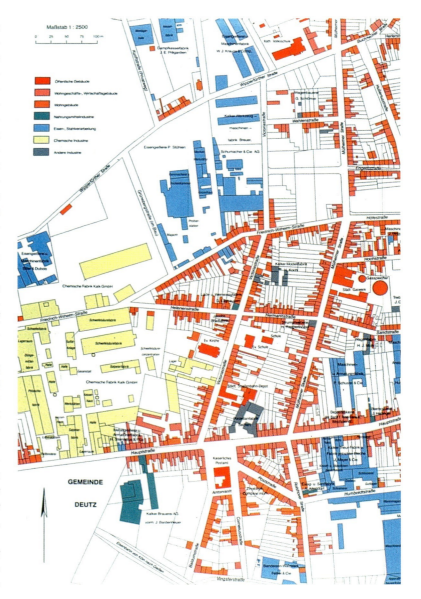

Abb. 6: Ausschnitt aus Kalk als Industriestadt 1900.

ter (Mensch, Grundwasser, Boden) und eines nachhaltigen Strukturwandels in unseren Ballungsräumen eine Vielzahl von Industriebrachen nicht nur ihre Baudenkmäler, sondern auch ihre potentiellen Bodendenkmäler. Industriekulturforschung wird daher im Stadtgebiet mit den knappen Grundstücksreserven auch in nächster Zukunft kaum ein Thema sein.

„Untergrund-Bahn": Eisenbahn-Relikte als Bodenbefund

MARK SAUER

Über die Bedeutungen von Eisenbahnen als großtechnischem Verkehrsmittel für die Industrialisierung braucht man, denke ich, nicht viele Worte zu verlieren. Was aber meines Wissens fehlt, ist ihre Behandlung durch die Bodendenkmalpflege. Von den Hochbauten bis zu maschinentechnischen Anlagen scheint die Eisenbahn allenfalls Baudenkmäler zu hinterlassen. Doch möchte ich mit einem kurzen Blick auf die Eisenbahnrelikte in Köln drei Aspekte nennen, bei denen archäologische Fragen in den Vordergrund rücken: Erdbauten, Bodenrelikte und Grundrißpersistenz.

Ohne die möglichen Funde in diesen drei Kategorien aufzuführen, darf ich vorweg konstatieren, daß sowohl Erdbauwerke wie die möglichen Bodenrelikte an den charakteristischen Grundriß der Eisenbahnanlagen gebunden sind. Wer nicht weiß, *wo* auf einem Bahnhofsareal ein Stellwerk stand – technikgeschichtlich bedingt und sich wandelnd – und das Bahnareal als solches nicht kennt, kann ergrabene Fundamente dieses Stellwerksgebäudes kaum deuten.

In einer Übersicht für raumplanerische Belange hat der Paderborner Geograph Christian Hübschen (1999) gezeigt, daß stillgelegte Eisenbahnstrecken eine hohe Beständigkeit besitzen, wenn Dammabschnitte in ihnen vorhanden sind. Je größer der bautechnische Aufwand bei der Errichtung eines Bahndammes gewesen ist – sprich: je höher der Damm –, desto schwerer läßt er sich nach der Stillegung abtragen. Die Kosten sind einfach zu hoch, als daß sie durch den Verkaufserlös des wiedergewonnenen Ackerlandes gedeckt werden können. Wir dürfen im ländlichen Raum unbesehen davon ausgehen, daß Bahndämme zu archäologischen Zeugnissen des industriellen Landschaftsverbrauchs zu rechnen sind: nicht selten markant in das Relief eingreifend, immer aber neue Erdoberfläche für Pflanzen und Folgenutzungen. Kein Bauwerk, das allenfalls seine Fundamente im Boden zurückläßt, sondern selbst „Boden".

Die überraschende Feststellung ist nun, daß auch in innerstädtischen Lagen künstlich angeschüttetes Eisenbahnplanum den auf ihm errichteten Bahnhof überdauern kann. Als Mitte der 80er Jahre die zuletzt als Eilgüterbahnhof betriebene Station Köln-Gereon aufgelassen wurde, fanden sich schnell Pläne zur postmodernen Wiederbebauung des sehr gut gelegenen Areals. Bei dem Projekt des Media-Parks als neuem Stadtteil blieb jedoch der Untergrund unverändert, der zu seiner Südwest-Ecke hin ansteigt. Dort war der Bahnhof an den Bahndamm der freien Strecke angebunden. Für die Herkunft des Media-Parks ist dieser Befund des in sich abgeschlossenen Geländes sogar erhellender als einzelne Bahngebäude, die die Baudenkmalpflege als Zeugnisse erhalten konnte.

Eine ähnliche Erscheinung haben wir bei dem ehemaligen Ausbesserungswerk Köln-Nippes oder dem aufgelassenen Güterbahnhof Köln-Mülheim. Diese Areale werden demnächst umgenutzt, und auch hier findet man ein Bahnplanum großen Ausmaßes, das Anschüttungen und eingelegte Infrastruktur noch enthalten dürfte. Bestandsverluste sind aber gerade bei den oberflächennahen Einbauten in die Bahnkörper zu erwarten, sobald eine Neubebauung der Flächen stattfindet.

Es sind aber nicht nur die Bahnhöfe, die große Flächen hinterlassen. Gerade die bandförmigen Trassen der freien Strecke beweisen wie alle Verkehrswege eine hohe Persistenz – und aufgrund ihres Charakters meist sogar eine Nutzungspersistenz. So wurde aus einer ehemaligen Bahntrasse in Köln-Mülheim ein Straßenband, nachdem man zwischen 1900 und 1910 die Strecke an die Peripherie des Stadtgebiets verlegt hatte – ausdrücklich auch, damit Mülheim von den innerstädtischen Bahnanlagen befreit werde. Mit dem Beginn der Massenmotorisierung gelangten Autokolonnen just auf jene Fläche, von der man die Eisenbahn als Verkehrsbelastung glücklich vertrieben hatte.

Bei dem Auftauchen sehr großer – oder als linienförmige Trassen sehr „sperriger" – Bahnareale als Struktur in der historisch gewachsenen Kulturlandschaft stellen sich immer wieder ähnliche Fragen, die nur durch archäologische Untersuchungen zu klären wären. Vornehmlich:

– In welcher Weise hat man vor 100 Jahren Bahnareale umgenutzt?
– War nicht schon damals offenkundig, wie naiv die Annahme des Preußischen Enteignungsrechts war, nach Betriebsaufgabe könne eine Eisenbahn einfach wieder abgebaut werden, als sei mit ihr nie ein Eingriff in die Landschaft geschehen?

Der Historische Geograph kann mangels Quellen meist nicht klären, ob beispielsweise der Clevische Ring in Köln-Mülheim noch auf die Substrukturen des Bahnplanums der Cöln-Mindener Eisenbahn aufbaut, oder welche Bodenarten – schon Ackerland oder noch die sumpfige Aue des Faulbaches ? – 1906 unter dem neuen Bahndamm im Norden Mülheims wortwörtlich verschüttet wurden. Ganz abgesehen von der Notwendigkeit, auch in Schriftzeugnissen belegte Angaben durch archäologische Gegenproben zu verifizieren, die leider viel zu selten wahrgenommen wird. So marginal sie im Einzelfall also sein mögen, es ist gar nicht selten, daß Erkenntnisse an der Grenze zwischen Bau und Boden Bedingung sind für eine sinnvolle Charakterisierung der Vergangenheit. Die gewachsene Kulturlandschaft, in der wir heute leben müssen, verlangt nach einer vertieften Kooperation von Historischer Geographie und Archäologie. Ohne den ausgreifenden Raumbezug eines Objektes zu kennen, ist oftmals die Schutzwürdigkeit eines Bodendenkmals der Öffentlichkeit, zum Beispiel auch in Rechtsstreitigkeiten, nur schwer plausibel zu machen. Ohne an das Fallbeispiel Köln konkrete Fragen zu stellen, die andere Plätze Nordrhein-Westfalens womöglich in allgemeingültiger Weise dingfest machen lassen, möchte ich mit einer Vermutung enden:

Gerade *flächige* und vor allem auch *landesweit* verbreitete Relikte der Industrialisierung bieten besonders gute Ansätze für das Erschließen unserer jüngeren zivilisatorischen Vorprägung.

Nordeifel – Die Wiederentdeckung einer historischen Industrielandschaft

WOLFGANG WEGENER

Durchschnittlich 19.000 Besucher im Jahr! Besucherbergwerke haben Konjunktur! Diese Aussagen finden sich seit Beginn der 90er Jahre immer wieder bestätigt. Das Interesse der Bevölkerung an den alten Industriewerken und Industrielandschaften ist stark gewachsen. Daher verwundert es nicht, daß zahlreiche Besucherbergwerke, montanarchäologische Wander- und Lehrpfade und technikgeschichtliche Museen in Nordrhein-Westfalen entstanden sind. Mit der Errichtung bzw. Anlage dieser Museen sind zahlreiche Arbeiten und Aktivitäten verbunden die auch die archäologische Denkmalpflege tangieren. Die hier vorzustellende Region, die die Nordeifel und den nordwestlich anschließenden Aachener Raum betrifft, zeigt exemplarisch die oben genannte Entwicklung. In diesem Untersuchungsgebiet gibt es durchgängig verschiedene Erz- und Steinkohlenlagerstätten, die immer wieder Gegenstand mehr oder weniger umfangreicher bergbaulicher Aktivitäten waren. Der Bergbau läßt sich in dieser Region bis in das dritte vorchristliche Jahrhundert verfolgen. Seit dem Mittelalter haben vor allem die metallverarbeitenden Betriebe wie Hütten- und Hammerwerke das Erscheinungsbild der Täler im Schleidener, Dürener und Stolberger Raum geprägt. Hier liegt eine der Wurzeln der modernen Industrialisierung im 19. und 20. Jahrhundert.

Seit dem Beginn des 20. Jahrhunderts liegen die meisten Berg- und Hüttenwerke still, ganze Landschaftsteile haben in diesem Jahrhundert ihr Aussehen grundlegend verändert. Andererseits haben sich von diesen Produktionsbereichen aus allen Epochen zahlreiche Relikte in der Kulturlandschaft erhalten, die von der archäologischen Denkmalpflege betreut werden. In diesem Beitrag sollen einzelne montangeschichtliche Denkmäler vorgestellt, verschiedene Formen einer Präsentation aber auch Grenzbereiche denkmalpflegerischer Nutzung angesprochen werden.

Historischer Bergbau und Metallverhüttung

Bei einer genauen Betrachtungsweise des Untersuchungsraumes erstaunt die Vielfältigkeit der vorhandenen Erzlagerstätten. Anzutreffen sind fast alle Erze, die in den vergangenen Jahrtausenden das Ziel bergbaulicher Aktivitäten waren: Eisen, Blei, Kupfer und Zink. Räumlich erstrecken sich diese Gebiete auf den ganzen Mittelgebirgsbereich der Eifel, wobei innerhalb dieser Region schwerpunktmäßig einzelne Lagerstätten auftreten. Bekannt und von besonderer Bedeutung sind die Eisenerzlagerstätten bei Kall, Schmidtheim/Blankenheim und Hürtgenwald, die Bleilagerstätten bei Mechernich, Maubach und Rescheid und die Galmeivorkommen bei Stolberg.

Die vielfältigen Formen der Lagerstätten haben über die Jahrhunderte hin immer wieder zu verschiedenen Abbautechniken und deren Weiterentwicklung geführt. In der Eifel finden wir Gangerze und Erzlager sowohl beim Eisen als auch bei Blei. Verschiedene historische Abbautechniken, wie sie bereits von G. Agricola beschreiben werden, lassen sich auch im Rheinland nachweisen (De Re Metallica Libri XII 1556).

Eisenerze

Westlich und südwestlich vom Tanzberg, Gemeinde Kall, Ortsteil Keldenich, schließen sich an der Grenze zum mitteldevonischen Dolomit umfangreiche Eisenerzvorkommen. Es handelt sich dabei um Roteisenstein, Eisenmangancarbonat und Brauneisenstein, der lagerartig vorkommt (Wegener 1990). Oberhalb des Grundwasserspiegels oxidiert, erreichen die Lager eine Mächtigkeit von 6–35 m. Allein im Bergwerksfeld Keldenicher Heide und Girzenberg hat das Landesoberbergamt Dortmund ca. 1250 Einzelobjekte vermessen. Das Aussehen der Pingen, ihre Größe, Umfang, Durchmesser und Erhaltungszustand ergeben erste Hinweise auf Funktion und Datierung solcher Anlagen. Sie datieren überwiegend in mittelalterliche bis frühneuzeitliche Zeit. Die Erzlagerstätten setzen sich auf der Westseite des Urfttales fort. Weitere bekannte Lagerstätten liegen nördlich bei Nideggen und Obermaubach sowie südlich bei Schmidtheim auf der Dahlemer Binz.

Bleierze

Die bekanntesten römischen Bergbaugebiete sind die Galmeigruben im Stolberger Raum (Abb. 1). Die Erze treten in mannigfaltigen Formen auf. Sie sind nach Gusone an die Quer- und Diagonalstörungen gebunden und treten vor allem dort auf, wo diese Störungen den devonischen Eifelkalk und den unterkarbonischen Kohlenkalk durchkreuzen. Die Erzkörper zeigen sich als Gänge, Stockwerke, Nester, Lager und Flöze zumeist an der Tagesoberfläche in einer relativ großen Ausdehnung und einer reichen Erzführung. Zudem handelt es sich um keine reinen Lagerstätten; neben Galmei, Bleiglanz und Zinkblende werden Kupferkies und Eisen in Vermischungen gefunden. Das heutige Erscheinungsbild wird geprägt durch den neuzeitlich, aufgelassenen Bergbau. Bis zur Mitte des 19. Jahrhunderts existierten umfangreiche Haldenbereiche der Galmeiverhüttung, die aber im Zusammenhang mit neuen Aufbereitungstechniken in der zweiten Hälfte des 19. Jahrhunderts von der industriellen Produktion wieder aufgearbeitet wurden

Abb. 1: Pingenfeld der Galmei- und Bleierzlagerstätte am Schlangenberg bei Breinig, Stadt Stolberg/AC.

(Graf 1990). Nur vereinzelt sind an der Oberfläche noch Schachtpingen bzw. Tagesbrüche erhalten.

Ähnlich verhält es sich mit den umfangreichen Bleivorkommen bei Mechernich/Eifel. Diese Lagerstätten zeigen sog. Imprägnationserze, die sich in Lagen und Bänken vorwiegend an den Schichten der Bundsandsteinformation bzw. in den Konglomeraten angereichert haben. Vorwiegend handelt es sich dabei um Bleiglanz und Zinkblende. Weiterhin zu nennen sind Kupferkies, Schwerspat und Cerrusit, eine Verwitterungsform des Bleiglanzes, das in der Frühzeit des Bergbaus wegen seiner guten Aufbereitungsmöglichkeiten bevorzugt abgebaut wurde (Schalich 1986). Am westlichen Ende der Lagerstätte, dem Tanzberg, sind alte Stollenbaue mit römischen Befunden bezeugt (Bonner Jahrb. 77, 1884, 212). Ebenfalls sehr alte Abbaubereiche finden sich südwestlich von Mechernich auf dem Kallmuther Berg. Ihre Aufmessung war das Ziel einer Zusammenarbeit mit dem Deutschen Bergbaumuseum in Bochum.

In einem weiteren aufgelassenen Tagebau, dem Griesberg bei Kommern, sind mehrere alte Stollen und Schächte sowie große Abbaukammern aufgeschlossen. Zur Erfassung und Sicherung dieser für die Eifel fast einmaligen Objekte erfolgte im Mai 2000 in Zusammenarbeit mit der Universität/Gesamthochschule Essen, Fachbereich Vermessungswesen, eine Aufmessung und Dokumentation (Daufenbach u.a. 2001). Die in der Südwand der ehemaligen Bleierzgrube Gottessegen erhaltenen Befunde dokumentieren zeitlich sehr unterschiedliche Abbauphasen (Wegener 2001). Durch das Überlagern und die verschiedenen Bearbeitungstechniken lassen sich mindestens vier Zeitabschnitte des Erzbergbaus differenzieren. Die Stollen Stelle 2, 3 und 6 sowie die Schächte Stelle 4 und 5 gehören der ältesten Zeit an. Aus der frühneuzeitlichen Periode stammen die Stollen Stelle 7 und 8. Die aufgelassenen Abbaukammern markieren die vorletzte Abbauphase Ende des 19. Jahrhunderts, der nur noch der Tagebau folgte. Der Stollen Stelle 2 ist auf über 4 m Länge zu verfolgen, dahinter verschwindet er im Abbraum eines ehemaligen Abbaues. Die Ostwand des Stollens steigt langsam an, an ihr sind die Bearbeitungsspuren gut zu erkennen. Bei 3,60 m werden die Firste des Stollens auf 0,60 m geschlossen, um dann wieder nur mit den Seitenwangen weiter zu laufen (Abb. 2). Die Form des

Abb. 2:
Erhaltenes Teilstück eines spätmittelalterlichen Stollens am Griesberg.

Abb. 3 (links): Gut erhalten sind die Bearbeitungsspuren mit Schlägel und Eisen an der Firste und Ostwand des Stollenrest.

Abb. 4: Der teilweise erhaltene spätmittelalterliche Schacht wurde in seinem unteren Bereich durch einen Abbau des 19. Jahrhunderts zerstört. Gut zu erkennen sind die Bünenlöcher und im unteren Teil das Spanloch für die Beleutung.

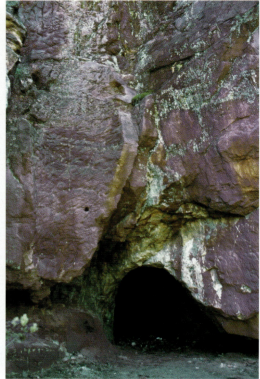

Stollens ist leicht oval, seine Höhe beträgt 1,78 – 1,82 m, seine Breite an der Basis 0,78 m und in mittlerer Höhe 0,82 m. Die Bearbeitung erfolgte ausweislich der gut erhaltenen Bearbeitungsspuren im Buntsandstein mit Schlägel und Eisen (Abb. 3). Im vorderen Bereich weist eine Kluft mit starker Erzanreicherung wie Azurit und Malachit darauf hin, daß hier auch Kupfer abgebaut wurde. Der Stollen biegt im hinteren Teil nach Südwesten um und läuft auf den Schacht Stelle 5 zu.

Der Schachtrest Stelle 4 ist auf einer Länge von 5,25 m erhalten. Der Durchmesser beträgt ca. 1,3 m. In großen Teilen sind die Wände ausgebrochen, so daß nur jeweils einzelne Bereiche erhalten sind. Die zu erkennenden Schachtwände weisen auch hier auf eine Bearbeitung mit Schlägel und Eisen hin. Der untere Teil ist durch einen jüngeren Abbau zerstört. 2,30 m oberhalb der unteren Bruchkante befindet sich die Eintiefung eines Balkenaufliegers, der zur Ostseite ausgerichtet ist. Bei 2,95 m existieren zwei weitere Balkenauflieger zur Südseite hin (Abb. 4). Der Schacht ist zwischen 3,80 m und 5,00 m stark ausgebrochen. Im oberen Bereich finden sich an der

Südseite zwei senkrechte Eintiefungen von ca. 1,0 – 1,2 m Länge für eine Pfahlsetzung. Dadurch erhält der Schacht einen fast rechteckigen Querschnitt. In 1,60 m Höhe vom Schachtende aus befindet sich ein Spanloch.

An einem weiteren Stollenrest (Stelle 6) läßt sich die Vortriebstechnik in allen Einzelheiten ablesen (Abb. 5): Zunächst erfolgte der Vortrieb des Stollens entlang einer Kluft. Anschließend begann eine Erweiterung zu den Seiten, so daß am Fuß eine Ortsbrust stehen blieb. Abschließend wurden die Stollensohle und die Firste herausgearbeitet. Die Art dieser Stollen- und Schachtbefunde, ihre Maße und Bearbeitungstechnik datieren sie ins Spätmittelalter.

Alte Abbaue des ausgehenden 19. Jahrhunderts finden sich an der Nordwestwand des Tagebaues. Der „Elefantenkopf" ist der ehemalige Stützpfeiler einer Abbaukammer (Abb. 6). Hinter den vermauerten Öffnungen befinden sich noch mindestens elf Hohlräume. Eine Aufmessung dieser Kammern erfolgt innerhalb der Diplomarbeit mit freundlicher Unterstützung des Arbeitskreises Fledermausschutz der Gruppe Euskirchen im Naturschutzbund Deutschland.

Mitte der 50er Jahre des 19. Jahrhunderts ermöglichten neue Aufbereitungsverfahren die industrielle Nutzung des Bleiglanzes. Dies führte auch in der Eifel zu einem rasanten Aufschwung des Bleierzbergbaues. In Mechernich, Maubach und Rescheid entstanden zahlreiche neue Grubenbetriebe, die auf den alten Lagerstätten im Tiefbau die Erzvorkommen ausbeuteten. Bis auf die Gruben am Bleiberg in Mechernich und in Maubach sind die meisten dieser Bergwerke bereits um die Wende des 19./20. Jahrhunderts eingegangen. Geblieben sind Halden, Stollen, Schächte und einzelne Tages-

Abb. 5:
In dem aufgelassenen Stollen ist an den erhaltenen Befunden die Vortriebstechnik gut abzulesen.

anlagen. Durch den Aktenverlust des Landesoberbergamtes Bonn zum Ende des 2. Weltkrieges finden sich nur noch in einzelnen Fällen Berechtsamsakten und Grubenbilder zu den ehemaligen Bergwerken.

Steinkohle

Bei der Steinkohle sind es die Gebiete um Eschweiler, Alsdorf sowie das Wurmtal bei Würselen und Herzogenrath, wo sich noch zahlreiche Relikte des vorindustriellen Bergbaues in

*Abb. 6:
Bei dem sogenannten „Elefantenkopf" handelt es sich um den stehengebliebenen Stützpfeilers einer älteren Abbaukammer.*

*Abb. 7:
Halden und Schachtreste des ehemaligen Steinkohlenbergbaues am Donnerberg, Stadt Eschweiler/AC.*

der Landschaft erhalten haben. Ein erster Abbau in römischer Zeit wird durch Grabungsfunde von Steinkohlen in römischen Siedlungsplätzen im rheinischen Braunkohlenrevier dokumentiert. Im Mittelalter kommen schriftlichen Quellen hinzu. Für den Aachener Raum wird erstmals 1133 in den Jahrbüchern der Abtei Klosterrath über den Steinkohlenabbau berichtet.

Im Eschweiler Stadtwald liegt ein ausgedehntes Bergwerksgelände dieses vorindustriellen Steinkohlenbergbaus. Die Tranchotkarte von 1805/07 verzeichnet am heutigen Donnerberg zahlreiche Schächte und Pingen. Ehemalige Abraumhalden stellen sich heute an der Oberfläche als unregelmäßige Wälle dar, alte Schürfgruben als Senken und ehemalige Schächte als trichterförmige Eintiefungen. Besonders markant ist die Vielfältigkeit der Strukturen und damit auch besonderer Ausdruck des hier umgegangenen Schachtbergbaus mit kleinen Pfahlwerksverleihungen. Dieser Steinkohlenabbau erfolgt bis zum Grundwasserspiegel über Reifenschächte.

Im Wurmtal bei Herzogenrath und Würselen sind die an der Oberfläche austretenden Flöze zunächst von der Oberfläche aus und dann im Stollenbau erschlossen worden. Diesen Ausbau dokumentieren die zahlreichen kerbartigen Vertiefungen – Schürfgruben, sowie die trichterförmigen Pingen der Schächte und die verstürzten Stollenmundlöcher (Abb. 7). Für die Bodendenkmalpflege von Interesse sind neben den wüst gefallenen Tagesanlagen vor allem die noch erhaltenen Grubenbaue. Vom frühen Bergbau an den austretenden Flözen im Inde- und Wurmtal bis zum Sterben der letzten 1992 geschlossenen Steinkohlenzeche bei Alsdorf haben alle industriellen Entwicklungsphasen ihre Spuren in dieser Kulturlandschaft hinterlassen.

Hüttenwerke

Nach Peter Neu (1988) ist die Eisenindustrie des Schleidener Tales eines der ältesten Eisenzentren der Eifel. Bereits im 12./13. Jahrhundert standen hier einzelne eisenverarbeitende Betriebe. Träger dieser Produktionen waren die Burggrafen von Schleiden, aber auch das Kloster Steinfeld. Die herrschaftlichen Beziehungen des Klosters zu Hellenthal machen es wahrscheinlich, daß in diesem Ort der Ursprung für die Eisenindustrie im Schleidener Tal zu suchen ist. 1438 existierten hier fünf Hütten und vier Hammerwerke (Abb. 8). Neben dem Oleftal ist das Urfttal zu nennen. In Kall und Gemünd entstanden seit dem 17. Jahrhundert weitere Zentren. Insgesamt lassen sich für diese Zeit in beiden Tälern mehr als 18 Hütten- und Hammerwerke nachweisen. Der Bedarf an Eisen wurde zumeist aus den umliegenden Lagerstätten gedeckt.

Als weitere frühe „Industriestandorte" sind hier das Vichttal und das Wehebachtal zu nennen. Seit dem 15. Jahrhundert existierte eine ausgedehnte Eisenindustrie, die durch den Herzog von Jülich gefördert wurde. Neben dem Ort Mulartshütte gab es vor allem in Zweifall seit dem 16. Jahrhundert zahlreiche Eisenwerke. Verbunden sind diese Werke mit Namen bedeutender Industriellenfamilien, die ihre Wurzeln in der Eifel haben. Jeremias Hoesch kam 1611 als Kupfermeister nach Stolberg und erlangte mit seinen Nachkommen große Bedeutung für die Eisenindustrie im Vichttal. Mitte des 18. Jahrhunderts gründete die Familie neue Produktionsstätten in der Nähe von Düren. Die Ursprünge der Familie Poensgen liegen im wallonischen Raum, der immer schon enge Beziehungen zur Nordeifel unterhielt. Um 1500 sind Mitglieder dieser Familie als Reidemeister in Schleiden und Gemünd tätig. Sie führten neue Verfahrenstechniken ein, um die Eisenindustrie der Nordeifel konkurrenzfähig zu halten.

Auf der Grundlage des vorhandenen Galmei entwickelte sich in Stolberg eine Messingproduktion, die im 17. /18. Jahrhundert ihre Blütezeit erlebte. Hervorgegangen aus der Eisenindustrie und in Konkurrenz zu Aachen besaß der Ort 1648 65 Kupferöfen, die jährlich rund 19.500 Ztr. Messing erzeugten. Das Kupfer wurde aus Mansfeld und Skandinavien importiert (Slotta 1975). Von diesen Eisen- und Kupferwerken sind bis in die heutige Zeit nur einzelne Produktionsanlagen erhalten, die Gegenstand der technischen Denkmalpflege sind. Informationen zu diesen zahlreichen alten Kupferhütten und anderen Industriebetrieben

Abb. 8: Eisenhütte Neuwerk, Gemeinde Kall/EU. Im Vordergrund der wasserbespannte Hüttenteich. Unter den heute stehenden Häusern sind Reste der alten Schmelzöfen und der Wasserkraftanlagen erhalten.

Abb. 9: Besucherbergwerk Grube Wohlfahrt, Gemeinde Hellenthal/EU, Einstiegsschacht des Besucherbergwerkes.

können heute nur noch durch archäologische Grabungen erschlossen werden. 1990 wurde bei einer solchen Untersuchung in Mulartshütte Ofenreste und Schlacken einer Nagelschmiede dokumentiert.

Niedergang der Montanindustrie

In der nachfranzösischen Zeit begann der Niedergang der Eifeler Eisenindustrien. Der Fall von Schutzzöllen, billigere und hochwertigere Erzimporte aus Luxemburg und Nassau, technische Innovationen und moderne Verkehrsmittel, führten zu einer Schließung oder Abwanderung. Poensgen verlegte erste Werke 1860 nach Düsseldorf. Zusammen mit Hoesch verließen 1870 beide Familien endgültig die Eifelregion und übersiedelten ins Ruhrgebiet. Zwischen 1852 und 1875 waren alle Hochöfen im Schleidener Tal erloschen.

Während die Eisenerzgewinnung Ende der 80er Jahre des 19. Jahrhunderts zum Erliegen kam, haben die Bleierzgruben bei Mechernich und Maubach bis in die Mitte des 20. Jahrhunderts weiter gefördert. Bis zur ihrer Stillegung 1958 waren die Gruben in Mechernich einer der bedeutendsten deutschen Bleimetallproduzenten. Bis heute sind noch umfangreiche Lagerstätten vorhanden, doch machen die niedrigen Weltmarktpreise für Eisenerz und Buntmetalle die aufwendige Förderung und Aufbereitung unrentabel. Eine letzte Schließungswelle der metallverarbeitenden Industrie und des Steinkohlenbergbaus erfolgte in den 70er und 80er Jahren im Stolberger Raum, in Eschweiler, Würselen und Alsdorf. 1992 wurde in Alsdorf die letzte Tonne Steinkohle des Aachener Reviers gefördert.

Besucherbergwerke/ Industriemuseen

In dem Maße, wie alte Industrien verschwinden, wächst das Bedürfnis der Bevölkerung nach einem Erleben dieser Wirtschaftsepochen in Industriemuseen oder Besucherbergwerken, aber auch nach Vorträgen, Führungen oder Wanderwegen. Hier ist auch die staatliche Bodendenkmalpflege gefordert: Dies gilt sowohl im Rahmen der Öffentlichkeitsarbeit (Führungen, Publikationen) wie auch bei der Erschließung und archäologischen Dokumentation untergegangener Bergwerke.

tung des Förderstollens mit Beleuchtungskörpern und Schwellbalken für die Grubenbahn. Als Besonderheiten ließen sich einzelne Abbauspuren, geologische Strukturen und Grafitti der Bergleute festhalten.

1995 wurde in Mechernich auf Initiative der Vereinigung der Berg- und Hüttenleute das 1957 geschlossene Bergwerk Günnersdorf als Besucherbergwerk wieder teilweise geöffnet. Auch hier wurden über mehrere Jahre unter Mithilfe der RWTH Aachen die alten Stollen, Strecken und Förderbereiche wieder freigelegt. Durch die Förderung von Arbeitsbeschaffungsmaßnahmen durch das Arbeitsamt Euskirchen konnte das notwendige Personal für die Konzeption des Museums als auch für die Wiederherstellung und Begehbarkeit der Grubenbaue finanziert werden. In riesigen Hallen wurden bis zur Schließung die fein in den Sandsteinschichten verteilten Bleiknoten abgebaut. Im zweiten Weltkrieg diente die Grube als Luftschutzbunker und Hilfskrankenhaus. Die verbliebenen Abbaubereiche vermitteln anschaulich, wie schwer und gefährlich die Untertagearbeit des Bergmannes war. Das Hilfskrankenhaus verdeutlicht, unter welch primitiven Bedingungen die Zivilbevölkerung zum Ende des 2. Weltkrieges den Kriegswirren ausgesetzt war. Ausgangspunkt für die Errichtung der Besucherbergwerke waren in beiden Fällen private Initiativen.

Auch im Aachener Steinkohlenbereich sind in den letzten Jahren verschiedene Museen entstanden, die sich mit der Industriegeschichte beschäftigen. Für den Bereich der Montanindustrie sind hier das Museum Zinkhütter Hof bei Stolberg, 1995 eröffnet, und das z. Zt. Entstehende Bergbaumuseum „Grube Anna II"

Die Bleierzgrube Wohlfahrt in Hellenthal-Rescheid, Kreis Euskirchen, wurde im Herbst 1993 als Besucherbergwerk eröffnet (Abb. 9). Im Vorfeld dieser Maßnahme mußte das wüst gefallene Bergwerk erst wieder erschlossen werden. Aufgabe war es den Förderstollen und einzelne Strecken zu befahren und für den Besucherverkehr wieder herzurichten. Diese mehrjährigen Arbeiten erfolgten durch einen Förderverein und der Rheinisch Westfälische Technische Hochschule (RWTH) in Aachen, in Zusammenarbeit mit dem Rheinischen Amt für Bodendenkmalpflege. Näher untersucht und dokumentiert wurden alte Stollen und Strecken (Abb. 10), die Wasserführung mit Rösche und Gesenken, die technische Ausstat-

Abb. 10: Seitenstollen (Strecke) in den Astertgang. Seit der Stillegung der Grube Ende des 19. Jahrhunderts haben sich die Manganversinterungen gebildet.

Abb. 11:
Hinweisschild bzw. Erläuterungstafel am Montangeschichtlichen Wanderpfad in Kall-Gollbach/EU.

in Alsdorf zu nennen. Die Schwerpunkte dieser Museen liegen auf der Industrie-, Wirtschafts- und Sozialgeschichte der letzten 200 Jahre. Das Rheinisch Archiv- und Museumsamt ist maßgeblich an der Errichtung beteiligt, entsprechende Fördermittel werden durch das Land und den Landschaftsverband Rheinland bereitgestellt. Der Vollständigkeit halber sollen hier noch das Papiermuseum in Düren, die Tuchfabrik Müller als Teil des Rheinischen Industriemuseums in Euskirchen-Kuchenheim und das Rote Haus in Monschau genannt werden.

Geologisch-montanarchäologische Lehrpfade

Neben dem Besucherbergwerk gibt es in Hellenthal einen „Geologisch - Montanhistorischen Lehr- und Wanderpfad", in dem die im Gemeindegebiet erschlossenen geologischen, paläontologischen und montanarchäologischen Fundplätze erklärt werden (Brunemann 1994). Auch dieses Projekt steht im engen Zusammenhang mit den Arbeiten der RWTH Aachen, die bereits vor 1987 mit der Bearbeitung des Eifel-Geopfades begonnen hatte.

Diese Aktivitäten weckten weiteres Interesse in der Region. Anfang der 90er Jahre beschloss die Ortsgruppe Kall des Eifelvereins, einen bergbaugeschichtlichen Wanderweg einzurichten. Heute werden auf einer Strecke von 12 km Länge auf 21 Schautafeln Informationen zum vorindustriellen Bergbau im Bereich Kall-Gollbach dargestellt (Abb. 11).

Im Wurmtal bei Würselen wurde in den letzten Jahren ein bergbaugeschichtlicher Lehrpfad zum Thema Steinkohlenbergbau eingerichtet. An Schautafeln werden einzelnen Geländestrukturen und ihre Entstehung durch den Bergbau erklärt sowie geologische und bergtechnische Begriffe erläutert.

Abschließend sei noch auf ein Projekt im Vichttal bei Stolberg hingewiesen. In mehrjähriger Arbeit konnten hier die industriegeschichtlichen Hinterlassenschaften aufgenommen und in einem Buch veröffentlicht werden. Leider wurden die Ergebnisse bis heute noch nicht in Form eines Wanderweges oder durch Informationstafeln präsentiert.

Problembereiche für die archäologische Denkmalpflege

Auch wenn die Denkmalpflege zumeist von einem puristischen Ansatz aus ihr Interesse auf den Erhalt der originalen Substanz in möglichst großem Umfang richtet, die Initiatoren eines Besucherbergwerkes oder Lehrpfades aber möglichst umfassend herrichten, erneuern oder ergänzen möchten, zeigt das Besucherbergwerk Rescheid, wie beide Belange kooperieren können. Mit viel Interesse und eigenem Engagement wurde von denkmalpflegerischer Seite die Errichtung der Besucherbergwerke begleitet. In Rescheid war es möglich, von den ersten Befahrungen an die erhaltenen Stollen und Befunde zu dokumentieren, wobei gerade bei der fotografischen Dokumentation neue Wege für die Bodendenkmalpflege beschritten wurden. Trotz großer anfänglicher Schwierigkeiten hat es der Heimatverein Rescheid geschafft, ein Museum zu errichten, das mit durchschnittlich 19.000 Besuchern im Jahr eine gute Akzeptanz in der Region gefunden hat. Wünschenswert wäre hier, wie in Günnersdorf, ein stärkeres Engagement durch die Gemeinde Hellenthal bzw. die Stadt Mechernich in Form einer hauptamtlichen Museumsleiterstelle. Allgemein ist ein Mangel an Initiative und finanzieller Hilfestellungen durch die Kommunen festzustellen.

Bei der Einrichtung des Montanarchäologischen Wanderweges in Kall kam gleich zu Anfang die Frage nach möglichen Rekonstruktionen von Stollen, Schächten, Haspeln auf. Das Amt für Bodendenkmalpflege hat unter Hinweis auf das Denkmalschutzgesetz, die zu erwartenden Kosten, v.a. der Unterhaltung und der Folgekosten von solchen Absichten abgeraten.

Bedroht sind aber auch die Bergbaurelikte in Landschafts- oder Naturschutzgebieten. Im Bereich des Kallmuther Berges werden die ausgewaschenen Sande und die Berghalden zum Zwecke des Wegebaues immer wieder abgetragen. Hierdurch wurden bereits Bereiche der ältesten Abbauspuren in Mitleidenschaft gezogen. Auf Schäden durch unsachgemäße forstwirtschaftliche Arbeiten sei an dieser Stelle nur kurz hingewiesen (Luley/Wegener 1995). Unlängst erreichte das Bodendenkmalpflegeamt die Anfrage eines Alsdorfer Bürgervereins nach dem Denkmalwert der vor Ort vorhandenen Abraumhalden, die der Verein als historisches Zeugnis für die Stadt erhalten haben möchte, die aber von anderer Seite abgetragen werden sollten. Aus Sicht des Fachamtes besteht über die Denkmalwürdigkeit kein Zweifel, die Halde ist Teil der gesamten bergbaulichen Anlage. Weitere Probleme treten im Bereich der Bauleitplanung auf, z.B. durch die Erschließung neuer Industrie- oder Wohngebiete. Hier geht es darum, frühzeitig die denkmalpflegerischen Belange zu artikulieren.

Zusammenfassung

Das gerade im letzten Jahrzehnt gestiegene Interesse, die industriegeschichtliche Vergangenheit der Eifel in verschiedener Form zu präsentieren und/oder erlebbar zu machen, wird von Seiten der archäologischen Denkmalpflege begrüßt und unterstützt. Nur wenn ein Bewußtsein und eine Identifikation in der Bevölkerung mit diesen industriegeschichtlichen Zeugnissen entsteht, wächst auch das Bewußtsein für den Denkmalschutz und denkmalpflegerische Belange. Aufgrund personeller Situation und häufig räumlicher Distanz kann nicht immer die Präsenz so ausfallen, wie sie eigentlich wünschenswert wäre, so z. B. in einem Mechernicher Arbeitskreis, der sich mit der Geschichte des Bergbaues beschäftigt und in dem Bergleute, Geologen und Mineralogen zusammenarbeiten.

Alle diese zahlreichen industriegeschichtlichen Hinterlassenschaften in der Nordeifel bilden nur einen Ausschnitt des tatsächlichen Potentials. Sie bedürfen weiterhin der Erforschung, Inventarisation und Unterschutzstellung, aber auch der denkmalpflegerisch verträglichen Präsentation, damit auch für zukünftige Generationen die Nordeifel als eine alte, interessante Industrielandschaft lebendig bleibt.

Kulturlandschaften mit technik- und wirtschaftsgeschichtlichem Zeugniswert

PAUL-GEORG CUSTODIS

Ein breites Feld denkmalpflegerischer Aktivität ist seit Jahren die Mitwirkung des Landesamtes für Denkmalpflege in Kulturlandschaften, die durch technik- und wirtschaftsgeschichtliche Prozesse gestaltet wurden. So standen die Referate zum „Tag der Denkmalpflege" in Bendorf im Jahre 1994 (Graafen/Fischer, Custodis 1992–1996) besonders unter dieser Thematik.

Seit 1993 beschäftigt sich das Landesamt intensiv mit Weinbergen in historischer Steillage, ihrer wissenschaftlichen Aufarbeitung und ihrer Erhaltung. In diesem Zusammenhang wurde entlang der Ahr 1993 zwischen Bad Bodendorf und Altenahr eine Inventarisation durchgeführt (Custodis 1993). Initiiert wurde diese Erfassung vom Kulturamt Mayen in Zusammenhang mit Vorbereitung und Durchführung von Flurbereinigungsmaßnahmen und begleitet vom Seminar für Historische Geographie an der Universität Bonn unter Prof. Dr. Klaus Fehn und insbesondere durch seinen Mitarbeiter, Jürgen Haffke (Haffke 1992).

Weinberge in Steillage sind in besonderer Weise Zeugnisse der Technik-, Wirtschafts- und Sozialgeschichte an der Ahr. Ihre Entstehung wird heute so gedeutet, daß durch Klimaveränderungen, das zahlenmäßige Anwachsen der Bevölkerung und die sich hieraus ergebende Suche nach neuen Erwerbsquellen ein plötzlicher Bedarf an weiteren Weinbauflächen einsetzte. In einer ungeheuren bautechnischen und arbeitsmäßigen Gemeinschaftsarbeit wurden die Berghänge auf der Nordseite des Ahrtales terrassenartig ausgebaut. Dies setzte die Kenntnis von Mauerwerksgründungen auf Felsschrägen und des Baus von Trockenmauern aus Schieferplatten voraus, Fähigkeiten, die sicherlich aus dem Burgenbau herrührten. Die großräumigen Terrassenhänge von Walporzheim und Mayschoß und die Weinberge zu Füßen der Burg Are sind eindrucksvolle Beispiele einer Symbiose von Landschaft und Bautechnik vor dem Hintergrund wirtschaftlicher Zwänge (Abb. 1).

Als Ergebnis dieser Inventarisation war festzustellen, daß an der Ahr zahlreiche Weinberge in Steillage durch Abbruch der Stützmauern in Folge von Auflassung, Strukturänderungen oder Flurbereinigungen derart verändert waren, daß ihr technik- oder wirtschaftsgeschichtlicher Zeugniswert nicht mehr gegeben war. Nur noch in den nachfolgenden vier Bereichen gab es ungestörte terrassierte Weinberge:

– in Ahrweiler am Südwesthang des Silberberges,
– in Walporzheim die terrassierten Lagen „Am Kaiserstuhl" und „Bunte Kuh",
– in Mayschoß der terrassierte, gekrümmte Hang auf dem rechten Ahrufer zwischen Rech und Mayschoß einschließlich des gegenüberliegenden Bergsporns mit der Saffenburg,
– der terrassierte Berghang zwischen Reimerzhoven und Altenahr einschließlich des Bergsporns mit Burg Are.

Abb. 1: Historische Weinbergslagen mit Terrassen zwischen Walporzheim „Am Kaiserstuhl" (links) und Ahrweiler „Silberberg" (rechts).

Alle vier Lagen wurden nach dem Denkmalschutz- und Pflegegesetz als „bauliche Gesamtanlagen" (§ 5 Abs. 1 Nr. 1) eingestuft. Ihre förmliche Ausweisung als Kulturdenkmale wurde bei der Unteren Denkmalschutzbehörde des Kreises Ahrweiler beantragt.

Eine weitere Inventarisation nahm der Verfasser für historische Weinbergslagen in der Verbandsgemeinde Untermosel vor. Hier haben in der Ortsgemeinde Winningen die terrassierten Lagen „Winninger Uhlen" mit der Weiterführung nach Kobern sowie der Nord- und Südhang des Bergrückens der Koberner Burgen einen hohen Dokumentationswert für nachmittelalterlichen Weinanbau in terrassierter Steillage. Sie wurden ebenfalls als „bauliche Gesamtanlagen" definiert.

Der Steinabbau in der Eifel und seine technik- und wirtschaftsgeschichtlichen Zeugnisse waren für das Landesamt für Denkmalpflege wiederholt Anlaß zu einer vertiefenden Beschäftigung: Neben der Bedeutung der Eifel als Region von hohem naturwissenschaftliche Bedeutung steht ihre Einordnung als Kulturlandschaft, als einer Region, deren Steinvorkommen in einer über 2000 Jahre langen Geschichte von der Römerzeit bis heute abgebaut und verwertet wurden. Auf dem Rhein wurde das gewonne Material über Deutschland hinaus nach Holland und Skandinavien transportiert. Industrielle Abbaumethoden und der Bau eines Eisenbahnnetzes beschleunigten die Entwicklung seit dem späten 19. Jahrhundert in hohem Maße. Handel und der Vertrieb von Werksteinen bildeten über Jahrhunderte die Grundlage für den Lebensunterhalt der Bewohner der Vulkaneifel.

Werksteine aus Weiberner Tuff lassen sich neben der unmittelbaren Verwendung an der Klosterkirche von Maria Laach an romanischen

Kirchen in Andernach, Koblenz, Köln und Bonn, ja sogar in der Umgebung von Bremen, nachweisen.

Als Baumaterial wurde Basaltlava wegen seiner Härte zur Herstellung von Fundamenten und zum Bau von Stadtmauern am Mittelrhein bereits im Mittelalter geschätzt und bestimmte die Anlage größerer Orte wie Mayen und Mendig und deren wirtschaftliche Bedeutung (Abb. 2). Mit dem wirtschaftlichen Aufschwung der Steinindustrie unter preußischer Herrschaft erfolgte im 19. Jahrhundert eine Intensivierung der Verwendung von Basalt und Tuff für Großbauten (Custodis 1995).

Seit dem 18. Jahrhundert wurde auch für ländliche Hofanlagen fast ausschließlich heimischer Naturstein verwandt. Es gibt im Umkreis von Mendig Dörfer wie Thür, Kottenheim und Kruft, deren historische Bausubstanz im Ortszentrum ausschließlich aus Basaltsteinen errichtet wurde. Eine ähnliche Entwicklung läßt sich für die Dörfer nördlich des Laacher Sees im Einzugsbereich der Tuffbrüche feststellen. Weibern, Bell, Ettringen und Kempenich zeigen ein durchgehendes Erscheinungsbild in Tuffstein.

Im Jahre 1995 erarbeitete das Landesamt für Denkmalpflege eine Dokumentation „Vulkanpark Eifel – Konzept für Konservierung, Erforschung und Tourismus" (Custodis/Wegner/Wuttke 1995). Beteiligt waren die drei Hauptarbeitsgebiete Allgemeine Denkmalpflege, Archäologische Denkmalpflege und Erdgeschichtliche Denkmalpflege. Dieses Konzept sollte als Basis für die damals im Entstehen begriffene „Vulkanpark GmbH" dienen und verstand sich als Kompendium von Vorschlägen zur wissenschaftlichen Erforschung und didaktischen Präsentation der Zeugnisse des Steinabbaus von der Römerzeit bis in die jüngste Epoche. In fünf Routen sollten danach erdgeschichtliche, archäologische und technikgeschichtliche Spuren und Zeugnisse mit der Präsentation von Kulturdenkmälern aus Tuff und Basalt verknüpft werden:

(1) Brohltal und Nordeifel: Brohltal, Burgbrohl, Burg Olbrück, Weibern, Wehr sowie diverse. Brüche. – (2) Bereich Laacher See: Abteikirche, Fulbertstollen, Brüche. – (3),- Ost: Andernach, Nickenich, Plaidt mit Rauschermühle, Kruft mit Grube Meurin. – (4) Süd: Bell, Mendig, Kottenheim, Thür. – (5) Südwest: Mayen mit Grubenfeld, Schloß Bürresheim.

Abb. 2: Andernach, Liebfrauenkirche (12.–13. Jh.), eines der prominentesten mittelalterlichen Kulturdenkmäler, entstanden unter Verwendung heimischen Basalts und Tuffsteins. Aufnahme von 1914.

Die vorgenannte Dokumentation wurde am 7.6.1995 von den Staatssekretären Dr. J. Hoffmann-Göttig (Ministerium f. Kultur, Jugend, Familie und Frauen) und Eggers (Ministerium f. Wirtschaft, Weinbau und Verkehr) sowie dem Direktor des Landesamtes für Denkmalpflege, Prof. Dr. Brönner im Vulkanmuseum in Mendig öffentlich vorgestellt und dem Landrat des Kreises Mayen-Koblenz, Herrn Berg-Winters, übergeben. Sie war als fortschreibungsfähiges Rohkonzept gedacht, auch als Initialzündung für weiterführende wissenschaftliche Untersuchungen. In diesem Zusammenhang schlug das Landesamt im Jahre 1996 eine „Historisch-geographische Kulturlandschaftsanalyse" des Teilbereiches Mendig in einem Verbund des Seminars für Historische Geographie an der Universität Bonn unter Prof. Dr. Klaus Fehn, des Geographischen Instituts der Universität Koblenz unter Prof. Dr. Rainer Graafen und dem „Büro für historische Stadt- und Landschaftsforschung", Köln/Kelberg, vor, die jedoch nicht zum Tragen kam.

In die Ausarbeitung des „Vulkanparkes Osteifel", der durch die „Vulkanpark GmbH" gemeinsam mit der Stadtverwaltung Mayen gestaltet wird, ist der Unterzeichner als Vertreter des Amtes neben den Vertretern der Abteilung Archäologie, Amt Koblenz, seit 1996 eingebunden. Auf seine Initiative hin wurde das „Büro für historische Stadt- und Landschaftsforschung", Bonn, durch die Stadt Mayen mit einer historisch-geographischen Landesaufnahme des Mayener Grubenfeldes beauftragt und legte diese im Mai 1999 mit Text, Karten und Fotos vor. Hierin war ausdrücklich die Inventarisierung der Bergbaurelikte und eine Prüfung hinsichtlich ihrer landschaftlichen Wirkung und technisch-didaktischen Verwendbarkeit enthalten. Eine Definition des Grubenfeldes als „bauliche Gesamtanlagen" nach § 5 Abs.1 Nr. 1 DSchPfl wurde hierin vorgeschlagen, dem sich der Verfasser als Vertreter des Landesamtes für Denkmalpflege nachdrücklich anschloß.

Im Herbst 2000 wurde der erste Teilbereich des Grubenfeldes, der vorwiegend archäologische Relikte enthält, der Öffentlichkeit als Freizeitpark übergeben. 2001 wird mit der Instandsetzung eines weiteren Teilbereiches als zweiter Abschnitt begonnen. Er wird die didaktische Aufarbeitung der nachmittelalterlichen Abbaubereiche und die Wiederinbetriebnahme von Krananlagen enthalten.

Die Aufzählung von Kulturlandschaften mit technik- und wirtschaftsgeschichtlicher Prägung, an denen das Landesamt für Denkmalpflege mit Inventarisation und Bemühungen zur Erhaltung und Nutzung mitarbeitete, ließe sich beliebig verlängern . Nicht immer waren die Bemühungen von Erfolg begleitet.

In Kaub hat sich ein einzigartiges Ensemble von Anlagen zur Förderung und Verarbeitung von Dachschiefer erhalten, das an Bedeutung und Erhaltungszustand bundesweit ohne Vergleich steht (Slotta 1982). In ihm können Herstellung und Verarbeitung zwischen dem frühen 19. und der Mitte des 20. Jahrhunderts lückenlos dargestellt werden. Eine vorgeschlagene Kombination von musealer und wirtschaftlicher Nutzung ließ sich bisher nicht umsetzen.

Im Kaulenbachtal, einem Seitental der Mosel, haben sich ebenfalls umfangreiche Anlagen der Förderung und Verarbeitung von Dachschiefer erhalten. Das Landesamt für Denkmalpflege sprach sich gegen das Abtragen einer großen Abraumhalde aus, weil damit die historische Kontinuität den Anlagen zwischen ausgehendem Mittelalter und der Neuzeit gestört wäre und stützte damit die Bemühungen der umliegenden Gemeinden um einen technikgeschichtlichen Lehrpfad. Der Bereich wurde inzwischen auf Antrag des Amtes als „bauliche Gesamtanlagen" durch die zuständige Untere Denkmalschutzbehörde des Kreises Cochem-Zell ausgewiesen.

Schließlich sind in diese Aufzählung die langjährigen Bemühungen des Amtes um die Erhaltung des Fördergerüstes der Grube Georg an der Autobahn A 3 im Westerwald bei Willroth einzubeziehen. Dem Autofahrer dokumentiert er schon von weitem die Bergbautradition des Westerwaldes. Zwar erst 1953 entstanden, verdeutlicht er die letzte Stufe einer ganzen Generation von Fördergerüsten im Westerwald und steht stellvertretend für diesen fast gänzlich verschwundenen Wirtschaftszweig. Bereits vor zehn Jahren konnte die Anlage durch namhafte Zuschüsse des Landes Rheinland-Pfalz gesichert werden. Sie sollte einmal der Anfang einer geplanten „Erzstraße des Westerwaldes" sein, die dem Besucher wie an einer Kette Anlagen der Erzförderung und Eisenverhüttung präsentieren sollte. Doch kamen diese Absichten nicht über das Planungsstadium hinaus. Als weitere Station dieser touristischen Straße sollte der „Tiefe Stollen" der Grube Bindweide bei Gebhardshain stehen, dessen Befahrung mit einer Kleinbahn von Verbandgemeinde und einem Freundeskreis vor etwa zehn Jahren sehr engagiert betrieben wurde.

III. Musterfall: Das Mayener Grubenfeld

Bemühungen um die Erhaltung einer historischen Bergbaulandschaft

HANS SCHÜLLER

Entwicklung im Grubenfeld: Ein Überblick

Der Basaltlavabetrieb von Mayen blickt auf eine rund 7.000jährige Geschichte zurück. Seit der Jungsteinzeit wird der Lavastrom des Bellerberg-Vulkanes von den Rändern her ausgebeutet und die poröse Basaltlava zunächst für die Herstellung von Reib-, später von Mühlsteinen genutzt. In der römischen Zeit wurde der vulkanische Stein in großem Maßstab abgebaut und zu Werk- und Mauersteinen aller Art verarbeitet. Mühlsteine aus Basaltlava waren ein Exportschlager und gingen zusammen mit der beliebten Mayener Keramik und dem hier ebenfalls seit römischer Zeit gewonnenen Dachschiefer in die Provinzen. Auch in den folgenden Jahrhunderten wurde in den Mayener Steinbrüchen – dem sogenannten Grubenfeld – kontinuierlich weiter abgebaut. Im Spätmittelalter wechselte die bis dahin übliche Gewinnung der Basaltlava in offenen Gruben zum unterirdischen Glocken- und Hallenbau, eine Abbaumethode, die in Mayen bis in die zweite Hälfte des 19. Jahrhunderts vorherrschend blieb. Zu dieser Zeit wurde ein Teil dieser Hallen wegen ihrer günstigen klimatischen Verhältnisse von Brauereien auch zur Lagerung von Bier genutzt.

In der wilhelminischen Ära erlebte der Basaltlavabetrieb eine bis dahin nicht gekannte Phase der Hochkonjunktur, die in den 80er und 90er Jahren des 19. Jahrhunderts ihren Höhepunkt erreichte. Für die vielen Straßen-, Brücken-, Ingenieur- und Wasserbauten des aufstrebenden Kaiserreiches war die Basaltlava wegen ihrer guten Eigenschaften ein begehrter Baustoff. Mauer- und Werksteine wurden in großen Mengen benötigt. Die Abbaufelder erreichten in dieser Zeit ihre größte Ausdehnung (Abb. 1). Selbst die alten Steingruben und Halden wurden neu ausgebeutet bzw. abgebaut. Um die Jahrhundertwende beschäftigte die Steinindustrie über 3.000 Menschen. Eine Reihe anderer Gewerbezweige profitierte unmittelbar vom florierenden Steinbetrieb.

Aber bereits vor dem Ersten Weltkrieg machten sich erste Anzeichen einer kommenden Krise bemerkbar. Skandinavische Natursteinprodukte überschwemmten den deutschen Markt, und eine zunehmende Vorliebe für hellere Natursteine oder gar Kunststeine machten dem Absatz der Basaltlava zu schaffen. Nach dem Krieg zeigten sich diese Schwierigkeiten vollends. Trotz der verschiedensten Stützungsversuche erlebte Mayen, das nun unter der Monostruktur der Steinindustrie litt, vor allem in den 20er Jahren des 20. Jahrhunderts eine hohe Arbeitslosigkeit. Zwar konnte die Entwicklung durch die Wirtschaftsförderung in den 30er Jahren und den Wiederaufbau nach dem Zweiten Weltkrieg zeitweise aufgefangen werden, doch an einem endgültigen Rückgang dieses Wirtschaftszweiges änderte dies nichts. Nach dem Abflauen des Wie-

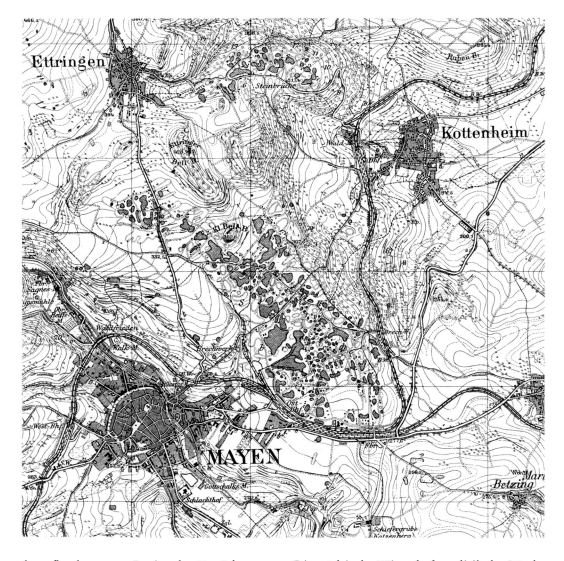

*Abb. 1:
Die Abbaufelder des Mayener Grubenfeldes erreichten an der Wende vom 19. zum 20. Jahrhundert ihre größte Ausdehnung.*

deraufbaubooms zu Beginn der 60er Jahre war die Basaltlavawirtschaft auf einige wenige mittelständische Betriebe zusammengeschrumpft (Abb. 2).

Die städtische Wirtschaftspolitik der Nachkriegszeit war daher geprägt von dem Bemühen, die Monostruktur der Steinindustrie zu durchbrechen. Im Zuge einer vorausschauenden Stadtentwicklung glaubte die Stadt, die offengelassenen Steinbrüche schrittweise zu gewerblichen Flächen entwickeln zu können. Im Wirtschaftsplan der Stadt (1957) wurden die Grubenfelder als gewerbliche Fläche ausgewiesen und in einer Baupolizeiverordnung (1959), die später als einfacher Bebauungsplan fortbestand, als Industriegebiet festgesetzt. Weite Teile der Abbaufelder, darunter die vorgeschichtlichen Steinbrüche, wurden nun von der Siedlungsentwicklung überprägt. Gruben wurden verfüllt und für bauliche Zwecke hergerichtet. Die Stadt selbst erwarb mehrere Gruben und errichtete dort eine Müllkippe. Mit dem Wechsel der Zuständigkeit in der Abfallbeseitigung an den Landkreis Mayen-Koblenz wurden hier nach und nach drei Mülldeponien eröffnet und zuletzt von einem Deponiezweckverband aus den Landkreisen Mayen-Koblenz, Cochem-Zell und der Stadt Koblenz unterhalten; private Deponien folgten. Zu Beginn der 70er-Jahre wurde als notwendige Verkehrsinfrastruktur gegen den Widerstand der Steinindustrie die Kreisstraße 21 – die sogenannte Nordumgehung von Mayen – mitten durch das Grubenfeld gebaut. Langwierige Enteignungs- und Entschädigungsverfahren folgten und zogen sich bis Ende der 90er Jahre hin.

Erhaltung des Grubenfeldes: Erste Bemühungen

Seit Ende der 60er Jahre mehrten sich die Stimmen, die eine Erhaltung der historischen Basaltlavasteinbrüche forderten. Erste Impulse gingen von der lokalen, archäologischen Forschung aus. Hier ist vor allem der Archäologe Dr. Josef Röder – Leiter der „Staatlichen Sammlung für Vorgeschichte und Volkskunde des Mittelrheins" (heute: Landesmuseum Koblenz) – zu nennen, der sich seit den 50er Jahren verstärkt mit der historischen Montanindustrie im Raum zwischen Andernach und Mayen beschäftigte und in einer Reihe von Aufsätzen und Beiträgen auf die Bedeutung der Abbaufelder in Mayen hingewiesen hatte. Zusammen mit dem örtlichen Geschichts- und Altertumsverein war Röder schon Ende der 60er Jahre für die Erhaltung und Sicherung des Mayener Grubenfeldes eingetreten.

Abb. 2: Blick über das Mayener Grubenfeld nach dem Abflauen des Wiederaufbaubooms zu Beginn der 60er Jahre des 20. Jahrhunderts.

Die kulturhistorische Bedeutung wurde aber nicht nur von den amtlichen und ehrenamtlichen Denkmalpflegern vor Ort erkannt. 1968 hatte Prof. Dr. Horst Falke vom Geologischen Institut der Universität Mainz im Rahmen des Landschaftsplanes Vulkaneifel, einem Gutachten über den Natur- und Landschaftsschutz in der Vulkaneifel, eine Erhaltung der vulkanischen Schlackenkegel und der alten Basaltsteinbrüche von Mayen gefordert.

Erste konkrete Schritte wurden im Mai 1972 auf Betreiben des damaligen Stadtrates und Landtagsabgeordneten des Wahlkreises Mayen, Paul Knüpper, durch die Kreisverwaltung Mayen-Koblenz veranlaßt. Eine Gruppe von Experten und Behördenvertretern – darunter Josef Röder, Dr. Hans Eiden, damals Leiter des „Staatlichen Amtes für Vor- und Frühgeschichte" in Koblenz und dem in Mayen ansässigen Bildhauer Udo Weingart – traf sich unter der Leitung von Horst Falke, um über Möglichkeiten eines Schutzes zu sprechen. Schon damals stand die Initiative dem Widerstand der steinabbauenden Betriebe gegenüber, die von dem Treffen erfahren und eine Protestnote an die Kreisverwaltung gerichtet hatten. Seitens der Steinbetriebe wurde ein ungehinderter Abbau der noch vorhandenen Rohstoffreserven gefordert. Trotzdem sprach sich die Runde für eine Erhaltung der historischen Steinbrüche aus, beschränkte aber die Erhaltungsabsichten auf ein Gebiet von 600 m Tiefe südöstlich angrenzend an den Kottenheimer Weg, in dem Erhaltungsschwerpunkte gebildet werden sollten. Eine Kommission um Josef Röder sollte „das zu schützende Gelände im einzelnen" festlegen.

Mangels entsprechender Rechtsgrundlagen in der Denkmalpflege wurde seinerzeit das Naturschutzrecht bemüht. Zunächst sollte eine Unterschutzstellung als Naturschutzgebiet nach dem damals noch geltenden Reichsnaturschutzgesetz (RNatSchG), ein Jahr später mit dem Inkrafttreten des rheinland-pfälzischen Landespflegegesetzes (LPflG) als Landespflegebereich (§ 12 LPflG) erfolgen. Schließlich erwog man die Ausweisung eines Landschaftsschutz- (§ 14 LPflG) und sogar eines Naturschutzgebietes (§ 17 LPflG).

Paul Knüpper versuchte, für die Erhaltung des Grubenfeldes und für die Einrichtung eines Industriemuseums politische Unterstützung zu gewinnen und organisierte Geländebegehungen. 1972 und 1974 gelang es ihm, den damaligen Ministerpräsidenten Dr. Helmut Kohl, zu einem Besuch des Grubenfeldes und der Lapidea zu bewegen (s. S. #). Im Kultusministerium sprach Knüpper 1975 „wegen der Gründung eines Freilichtmuseums" vor. Auch Wirtschaftsminister Heinrich Holkenbrink besuchte das alte Steinbruchgelände. Unter dem Eindruck des Konfliktes mit den steinabbauenden Betrieben äußerte Holkenbrink die Hoffnung, „Altes mit Neuem in der Weise miteinander zu verbinden, daß Steingewinnung und neuzeitliche Bearbeitung in einem Schutzgebiet (gemeinsam) dargestellt würden". Auch die Jugendorganisationen der beiden Parteien setzten sich durch eigene Aktionen für die Erhaltung des Grubenfeldes ein. Die städtischen Gremien sprachen sich ebenfalls für einen Schutz des Geländes aus.

Die Bemühungen um einen Schutz des Grubenfeldes erhielten aber einen empfindlichen Rückschlag. Mit dem plötzlichen Tod von Josef Röder 1975 verlor die Initiative ihren wissenschaftlichen Kopf. Im selben Jahr starb der Bildhauer Udo Weingart, der mit dem von ihm gegründeten Bildhauersymposion auf „künstlerischem Weg" für die Erhaltung des Grubenfeldes eingetreten war.

Denkmalschutz im Grubenfeld: Denkmalzone kontra Grabungsschutzgebiet

Erst mit dem 1978 in Kraft getretenen Denkmalschutz- und -pflegegesetz von Rheinland-Pfalz (DSchPflG) eröffnete sich eine adäquate Möglichkeit, Teile des Grubenfeldes rechtlich zu schützen. Die Stadt Mayen ergriff die Initiative und führte im September mit den Eigentümern der Grundstücke ein erstes Erörterungsgespräch. Schließlich regte die Stadt 1979 bei der zuständigen Unteren Denkmalschutzbehörde eine Unterschutzstellung als Denkmalzone (§ 5 DSchPflG) an. Eine entsprechende Rechtsverordnung wurde auch Ende 1980 öffentlich ausgelegt. Da die Erforschung und die Schutzbemühungen bis dahin eine Domäne der archäologischen Denkmalpflege waren, firmierte der Verordnungsentwurf unter dem Titel „Grabungsschutz", hatte aber einen dauerhaften Denkmalschutz zum Ziel. Daher stieß der Entwurf prompt auf massive Einsprüche der betroffenen Eigentümer und Steinbetriebe, die hohe Entschädigungsansprüche geltend machten.

Vor dem Hintergrund dieser Forderungen strebten Untere und Obere Denkmalschutzbehörde eine Verkleinerung des bis dahin vorgesehenen Schutzgebietes an. Ferner änderten sie im Benehmen mit der Bodendenkmalpflege Instrument und Zielrichtung eines Denkmalschutzes. Statt der ursprünglich gewünschten Denkmalzone sah nun der Verordnungsentwurf auch inhaltlich einen Grabungsschutz (§ 22 DSchPflG) vor, der den Abbau von Steinen lediglich unter Genehmigungsvorbehalt stellte. Nicht den sichtbaren Bergbaurelikten galt der Schutz, sondern den in diesem Gebiet vermuteten Bodenfunden, die bis zu einer wissenschaftlichen Dokumentation gesichert werden sollten. Abbaubegehren hätten so mit der Auflage baubegleitender wissenschaftlicher Untersuchungen genehmigt werden können. Gegen diesen Entwurf erhob die Stadt Bedenken und forderte nach wie vor den Erlaß einer Denkmalzone. Die Untere Denkmalbehörde war jedoch anderer Meinung, da sie „die Belange der archäologischen Denkmalpflege durch die Ausweisung eines Grabungsschutzgebietes befriedigend gewährleistet" sah. Dem Wunsch nach einem Freilicht- und Industriemuseum könne die Stadt im Rahmen ihrer Planungshoheit mit bauleitplanerischen Mitteln selbst lösen. Mit der öffentlichen Bekanntmachung und der Eintragung in das Denkmalbuch erlangte die Verordnung am 1. April 1985 Bestandskraft. Damit endete das jahrelange Gezerre um eine Unterschutzstellung. Aus städtischer Sicht war die Unterschutzstellung enttäuschend verlaufen. Zu eigenen Maßnahmen konnte sich die Stadt mangels geeigneter Konzepte und angesichts des immensen Investitions- und Entschädigungsvolumens nicht entschließen. Um den Denkmalschutz im Grubenfeld sollte es in den folgenden Jahren ruhig werden.

Kunst im Grubenfeld: Das Bildhauersymposion Lapidea

Die historische Kulturlandschaft des Grubenfeldes machte in den folgenden Jahren auf einem anderen Gebiet von sich reden. An den ersten Gesprächen um einen Schutz des Mayener

Grubenfeldes zu Beginn der 70er Jahre war der Mayener Bildhauer Udo Weingart beteiligt. Für ihn war die Erhaltung des Grubenfeldes eine Herzensangelegenheit. Weingart hatte mitten im alten Abbaugebiet des Grubenfeldes, in der Nachbarschaft des sog. Silbersees, ein Gebäude angemietet, in dem er eine Werkstatt unterhielt. Die Kulturlandschaft des Grubenfelds fand er für seine Arbeit besonders inspirierend. Künstlerisches Arbeiten in den Grubenfeldern war für ihn auch Teil einer historischen Kontinuität. 1969 lud er erstmals befreundete Künstler zu einem Bildhauersymposion auf das Mayener Grubenfeld ein, die in der Umgebung der alten Werkplätze eine künstlerische Auseinandersetzung mit dem vulkanischen Stein suchten. Unter dem Titel Lapidea sollten weitere Symposien folgen. Die geschaffenen Kunstobjekte blieben zum Teil vor Ort zurück und bildeten einen spannungsreichen Gegensatz zu den alten Abbaufeldern. 1975 starb Udo Weingart und damit die erste Lapidea.

Unter maßgeblicher Initiative des damaligen Oberbürgermeister Albert Nell unternahm 1983 ein Kreis kulturinteressierter Bürger, darunter Paul Knüpper, einen erneuten Versuch, Bildhauersymposien zu veranstalten. Sie gründeten einen „Förderkreis Mayener Naturstein", an dem sich auch Vertreter der Steinindustrie in Vorstandsämtern und als Förderer maßgeblich beteiligten. Nur so war es möglich, neue Symposien auf dem Gelände, das Udo Weingart bereits genutzt hatte, abzuhalten. Durch die Wahl des Grubenfeldes als Werksgelände sollte in bewußter historischer Rückkopplung an die alten Werkplätze die Tradition der Verwendung und Gestaltung der Basaltlava fortgesetzt und durch eine künstlerische Gestaltung vermittelt werden.

Die Steinindustrie förderte die Symposien durch Bereitstellung des benötigten heimischen Steinmaterials. Seit 1985 veranstaltete der Förderkreis alle drei Jahre das Bildhauersymposion. Auch außerhalb der mehrere Wochen andauernden Werktage des Symposions können dort Werke der Künstler besichtigt werden. Wenn auch durch Verkauf Kunstobjekte das Gelände verlassen haben, so wird durch die Symposien der Bestand immer wieder durch neue Exponate ergänzt. Lapidea ist daher nicht mit einer herkömmlichen Dauerausstellung vergleichbar. Wechselnde Exponate laden zu einer mehrmaligen Besichtigung ein. Der öffentliche Zuspruch ist im Verlauf der Jahre ständig gestiegen. Heute gehört das Symposion zu den bedeutendsten kulturellen Ereignissen der Stadt, deren Wirkung bereits weit über die Grenzen Mayens hinausreicht. Lapidea ist Bestandteil des rheinland-pfälzischen Kultursommers, der im Jahr 2000 durch die Kulturministerin Dr. Rose Götte am Symposiongelände eröffnet wurde (Abb. 3).

Naturschutz im Grubenfeld: Das FFH-Gebiet

Neben einer Unterschutzstellung und einer kulturellen Nutzung war in den Bemühungen um die Erhaltung und Entwicklung des alten Grubengeländes im Laufe der Jahre ein weiterer Aspekt hinzugekommen. Mit dem Rückgang der Steinindustrie wurde in weiten Teilen des Grubenfeldes der Abbau vorerst eingestellt. In diesen Bereichen hat sich seit den 60er Jahren im Wege der Sukzession eine natürliche Vegetation eingestellt, die neben den zum Teil schon waldartigen Pionierge-

Abb. 3:
Internationales
Bildhauersymposion
Lapidea '97 –
Kulturschaffen im
Grubenfeld.

hölzbeständen auch aus Kalk-Trockenrasenflächen besteht. Mit dem Beginn der Unterschutzstellungsbemühungen Anfang der 70er Jahre war mangels denkmalrechtlicher Instrumente ersatzweise auf die damaligen naturschutzrechtlichen Möglichkeiten zurückgegriffen worden. Dabei standen zwar das Industriedenkmal und die Kulturlandschaft im Vordergrund des Schutzinteresses, doch wurde schon damals unter dem Eindruck der sich entwickelnden Naturlandschaft die Landespflege zum Anliegen der Schutzbemühungen. Unabhängig von den letztlich gescheiterten denkmalschützerischen Bestrebungen wurde der landespflegerische Wert des Grubenfeldes z.B. im Landschaftsrahmenplan der ehemaligen Region Mittelrhein 1978, oder in den Landschaftsplänen der Stadt Mayen 1983 und 1999, immer wieder bestätigt.

Ende der 80er Jahre wurden Naturschützer auf das Grubenfeld aufmerksam. Sie beobachteten eine „erstaunliche Flugaktivität von Fledermäusen vor und in den Mayener Mühlsteingruben". 1989 wurde mit einer ersten Untersuchung durch das Zoologische Institut der Universität Mainz begonnen. Es schlossen sich weitere Untersuchungen in den Jahren 1989 bis 1992 an. Die Ergebnisse wurden 1994 bis 1996 veröffentlicht. Zeitgleich zu den Untersuchungen kam es zur Gründung eines „Arbeitskreises Fledermausschutz Rheinland-Pfalz", einem Zusammenschluß von Fachvertretern der anerkannten Naturschutzverbände. Dieser Arbeitskreis richtete 1993 einen Antrag auf Ausweisung eines Naturschutzgebietes an die Bezirksregierung Koblenz. Ein Unterschutzstellungsverfahren wurde aber nicht mehr eingeleitet, da das Mayener Grubenfeld zusammen mit dem Mendiger Grubenfeld vom Landesamt für Umweltschutz und Gewerbeaufsicht gemäß den Bestimmungen der EU-Richtlinie 92/43/EWG als FFH-Gebiet eingestuft und zwischenzeitlich über das Ministerium für Umwelt und Forsten an das Bundesumweltministerium zwecks Meldung an die EU-Kommission weitergeleitet wurde.

Schutzziel sind neben den dort vorhandenen Kalk-Trockenrasen vor allem die Fledermausvorkommen. Die unterirdischen, aus dem Spätmittelalter und der frühen Neuzeit stammenden Abbauhallen des Basaltlavabetriebes werden vor allem als Winterquartier genutzt. Seit Jahrhunderten sind sie Heimstatt einer Reihe von Fledermausarten (13–15 Arten), wobei drei (Teichfledermaus, Großes Mausohr, Bechsteinfledermaus), seit neuestem vier Arten (Mopsfledermaus), nach Anhang II der FFH-Richtlinie als besonders schutzwürdig eingestuft sind. Das Mayener Grubenfeld gehört zu den bedeutendsten Sammelplätzen für Fledermäuse in Mitteleuropa.

Kulturlandschaftspflege im Grubenfeld: Das Vulkanpark-Projekt

Die Kulturlandschaft des Grubenfeldes rückte erst 1993 wieder ins Blickfeld des kommunalen Interesses. Im Rahmen eines Standortgutachtens über die künftige Entwicklung von Mayen wurden an den Geographischen Instituten der Rheinischen Friedrich-Wilhelms-Universität Bonn eine Reihe von geographischen Diplom-Arbeiten vergeben, darunter eine von Jan-Heyko Gehle bearbeitete historisch-geographische Bestandsaufnahme im Stadtgebiet von Mayen. Ein besonderer Schwerpunkt dieser Arbeit war der Bergbaulandschaft des Grubenfeldes gewidmet. Erstmals wurde eine Bestandsaufnahme der erhaltenen Bergbaurelikte durchgeführt. Auch Gehle forderte die Ausweisung einer Denkmalzone in jenem Bereich, der von Josef Röder 1972 vorgeschlagen worden war und für den die Stadt 1979 eine Unterschutzstellung angeregt hatte, da hier noch eine besondere Häufigkeit und Dichte (Abb. 5) von Bergbauzeugnissen aus rund 2.000 Jahren vorhanden ist. Gehles Forderung nach einer Unterschutzstellung und Inwertsetzung der Kulturlandschaft des Grubenfeldes fand Eingang in das endgültige, von Prof. Ingeborg Henzler bearbeitete Standortgutachten „Mayen 2000", zunächst aber ohne politische Schlußfolgerungen.

Erst drei Jahre später kam wieder Bewegung in die stecken gebliebenen Erhaltungsbemühungen. Mit der zu Beginn der 90er Jahre im benachbarten Mendig entwickelten Vulkanpark-Idee keimten neue Hoffnungen auf. Eine Reihe von Konzepten wurden mit dem Ziel erstellt, die vulkanische Landschaft und die mit ihr verbundene historische Montanindustrie in einem riesigen Landschaftspark zwischen den Städten Andernach und Mayen für den Tourismus zu erschließen. Da Mayen mit seinen Vulkanen und Steinbrüchen in diesen Konzepten zunächst keine Berücksichtigung fand, erarbeiteten auf Bitten der Stadt der Geschichts- und Altertumsverein und das Eifelmuseum 1996 ein spezielles Konzept für den Bereich der Stadt Mayen. Neben einer Reihe von vulkanologischen Aufschlüssen auf dem Stadtgebiet, die im Zusammenhang mit dem Projekt gesichert und für den Tourismus aufgeschlossen werden sollten, griff das Konzept die Idee eines Industrie- und Steinbruchmuseums auf dem Grubenfeld wieder auf. Unter dem Eindruck der vergeblich gebliebenen Bemühungen in den 70er und 80er Jahren formulierte man im Konzept pessimistisch, „daß sich die Ernsthaftigkeit der Mayener Bestrebungen um den Vulkanpark gerade an der Sicherung, Pflege und Inwertsetzung des historischen Steinbruchgeländes des Grubenfeldes" beweisen müßten.

Auf der Grundlage dieses Konzeptes gelang es der Stadt mit einer Reihe von Projekten, darunter dem Mayener Grubenfeld, Aufnahme in das große Vulkanpark-Projekt zu finden. Nach der Gründung einer Vulkanpark GmbH durch den Landkreis Mayen-Koblenz und das Römisch-Germanische Zentralmuseum Mainz 1996 startete 1997 das Projekt. In Mayen unterhält seither die Vulkanpark GmbH eine eigene Forschungsstelle für Vulkanologie, Archäologie und Technikgeschichte, die interdisziplinär – hauptsächlich mit Geologen und Archäologen – besetzt ist. Die Betreuung des Grubenfeld-Projektes wurde dem Archäologen Fritz Mangartz übertragen, der auf dem Gebiet des historischen Basaltlavabetriebes bereits grundlegend gearbeitet hat; die Bearbeitung der Vulkanologie des Grubenfelds liegt seither in den Händen von Dr. Eduard Harms. Im Gegensatz zu den früheren Bestrebungen stand am Anfang einer Realisierung nicht mehr eine Unterschutzstellung des Geländes im Vordergrund, sondern sofort eine konkrete Umsetzung. Im Rahmen eines ersten Bauabschnittes wurden vor allem die letzten Reste des antiken Steinbruchbetriebes ergraben, gesichert und für die Besucher erschlossen. Hierzu war das Einvernehmen der Eigentümer bzw. der steinabbauenden Betriebe erforderlich, das zumindest in einem ersten Abschnitt erreicht werden konnte. Eine nicht zu unterschätzende Rolle spielte dabei das Lapidea-Projekt. Der erste Abschnitt des Vulkanpark-Projektes im Grubenfeld konzentrierte sich auf das Symposiongelände. Durch die vielen Symposien war im Laufe der Jahre ein Teil des Grubenfeldes für die Öffentlichkeit regelrecht okkupiert worden. Dadurch faßte das Vulkanpark-Projekt im Grubenfeld wesentlich besser Fuß, als dies

für das ursprünglich geplante Industriemuseum über die vergeblichen Unterschutzstellungsbemühungen der 70er/80er Jahre erreicht worden war. Die öffentliche Aufmerksamkeit und Wertschätzung des Lapidea-Projektes war für den Start des Vulkanpark-Projektes von unschätzbarem Wert.
Zunächst fanden 1998 archäologische Grabungen und Untersuchungen in den noch erhaltenen römischen Steinbrüchen statt (Abb. 4) (s. S. 152). Im Anschluß an die Grabungen folgten konkrete Pflege- und Erschließungsmaßnahmen. So mußte ein Teil der Vegetation behutsam zurückgeschnitten und der Blick auf die einzelnen Elemente und Relikte dieser Bergbaulandschaft freigestellt werden. Wege, Treppen und Geländer wurden zur Erschließung der vulkanologischen und archäologischen Aufschlüsse angelegt und Basaltlavablöcke für die Montage von Erklärungstafeln im Gelände aufgestellt. Zur Eröffnung der Son-

Abb. 4: Archäologische Grabung im Auftrag der Archäologischen Denkmalpflege Koblenz durch die Vulkanpark GmbH in den römischen Steinbrüchen des Grubenfeldes.

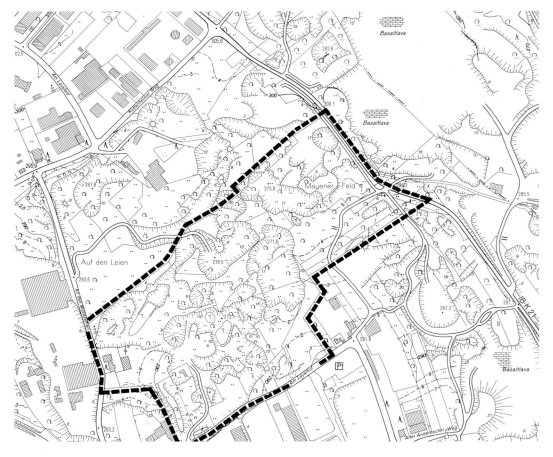

Abb. 5: Schutzvorschlag für eine Denkmalzone nach Burggraaff & Kleefeld (1999) sowie Häufigkeit der dort erhaltenen Bergbaurelikte nach Gehle (1993).

derausstellung des Eifelmuseums, „Mayen – Zentrum der Mühlsteinherstellung in der Römerzeit", in einer Ausstellungshalle am Grubenfeld am 1. Mai 2000 durch den Schirmherrn Ministerpräsident Kurt Beck konnten an der Vulkanpark-Station „Grubenfeld" die ersten Erklärungstafeln der Öffentlichkeit präsentiert werden.

Die nun abgeschlossene erste Phase wurde sowohl von der Archäologischen Denkmalpflege (Koblenz) als auch von der Baudenkmalpflege (Mainz) des Landesamtes für Denkmalpflege begleitet. Um für die weitere Bearbeitung des Vulkanpark-Projektes „Grubenfeld" weitere Beurteilungs- und Entscheidungsdaten zu gewinnen, beauftragte auf Wunsch des Landesamtes für Denkmalpflege die Stadt Mayen das renommierte „Büro für historische Stadt- und Landschaftsforschung", Dr. Peter Burggraaff und Dr. Klaus-Dieter Kleefeld,

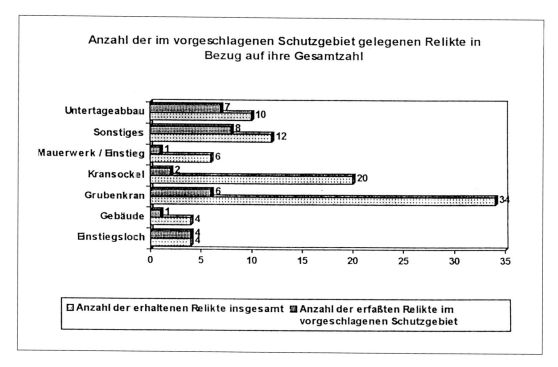

1998/99 mit einer historisch-geographischen Landesaufnahme des Mayener Grubenfeldes. Diese Bestandsaufnahme schloß an die Untersuchungen von 1993 an und konzentrierte sich auf das von Röder und Gehle vorgeschlagene Gebiet. Diese Untersuchung bestätigte den besonderen Wert dieser Kulturlandschaft (s. S. 138). Als Synthese eines Landschafts- und Freilichtmuseums empfahlen Burggraaff und Kleefeld im Zuge des laufenden Vulkanpark-Projektes eine Entwicklung des Grubenfeldes zu einem Freilandmuseum und schlugen eine endgültige Unterschutzstellung des untersuchten Gebietes als Denkmalzone (§ 5 DSchPflG) sowie – auf die Erhaltungsgrundsätze des Bundesnaturschutz – (§ 2 Abs. 1 Nr. 13 BNatSchG) und des Landespflegegesetzes (§ 2 Nr. 13 LPflG) über historische Kulturlandschaften gestützt – einen Schutz als zu „schützender Landschaftsbestandteil" (§ 20 LPflG) vor (Abb. 5).

Ein zweiter Abschnitt ist für 2001 und folgende Jahre geplant. Im Anschluß an die römischen Steinbrüche des ersten Abschnittes soll von der Vulkanpark GmbH vor allem die Erschließung des spätmittelalterlichen und neuzeitlichen Abbaues in Angriff genommen werden und dabei Göpelwinden, Grubenkräne und andere Einrichtungen wiederhergestellt werden. Vor allem aber soll der Versuch unternommen werden, ausgewählte unterirdische Abbaubereiche für den Tourismus zu erschließen.

Aber auch der Schutz der Fledermausvorkommen soll berücksichtigt werden. Lösungsmodelle für ein Nebeneinander von Naturschutz und Kulturlandschaftspflege werden derzeit diskutiert.

Touristische Information im Grubenfeld: Das Vulkanpark-Zentrum

Der Stadt Mayen gelang es in den letzten Jahren innerhalb der alten Abbaufelder Grundstücke zu erwerben oder zu pachten. Zu den erworbenen Immobilien gehören auch das Bürogebäude und die Ausstellungshalle eines in Konkurs gegangenen steinverarbeitenden Industriebetriebes. Das Firmengelände grenzt unmittelbar an die alten Abbaufelder an. Gebäude und Halle sollen zum Ausbau eines größeren Informationszentrums für den gesamten Vulkanpark genutzt werden. Erste Schritte hat die Stadt Mayen bereits unternommen. In der ehemaligen Ausstellungshalle richtete das Eifelmuseum Mayen zum Römerjahr 2000 die bereits erwähnte Sonderausstellung über den antiken Basaltlavabetrieb ein, die in überzeugender Form die Erläuterungen im Freigelände ergänzt. Diese Ausstellung soll in den kommenden Jahren zu einer ständigen Einrichtung des Eifelmuseums erweitert werden und die gesamte 7000jährige Geschichte der Basaltlavaindustrie behandeln. Als Teil dieser Spezialausstellung soll unmittelbar neben der Halle im Freien ein weiterer Ausstellungsbereich geschaffen werden. Hier sollen die Unterstände und Hütten der Steinhauer und Pflastersteinschläger und eine Werkzeugschmiede wiederentstehen, die im Rahmen der Museumspädagogik aktiv genutzt werden können. Die Gesamtausstellung inner- und außerhalb der Halle wird mit dem Vulkanpark des Grubenfeldes didaktisch und funktional verbunden werden. Innerhalb der komplizierten Befundlage des Landschaftsdenkmales Grubenfeld wird die Ausstellung aufklärend helfen und darüber hinaus andere, im Gelände nicht nachvollziehbare Aspekte des Steinbetriebes, wie etwa die sozialgeschichtliche Seite, darstellen können. Neben dem Steinbruchmuseum soll eine weitere Halle errichtet werden, die dem Förderkreis Lapidea für Sonderausstellungen von kleineren Exponaten zur Verfügung steht. Dazu wird ein besonderer Werkstattbereich gehören, der mit dem erwähnten historischen Werkplatz im Freigelände neben der Halle verknüpft wird.

Im ehemaligen Bürogebäude wird eines von insgesamt vier für den Gesamtvulkanpark geplanten Informationszentren errichtet. Diese Zentren sind eine Verbindung von sachlicher und touristischer Information und sollen dem künftigen Besucher Orientierung im Vulkanpark bieten. Sie sind logistische Stützpunkte, aber auch mediale Highlights. So wird hoffentlich in den nächsten Jahren eine große Informations-, Museums- und Kunstschau wachsen, die sich mit dem Industrie- und Landschaftsdenkmal Grubenfeld und den benachbarten Vulkanpark-Stationen des Bellerberg-Vulkanes zu einem großen Thema verbindet.

Umgang mit dem bergbaulich und gewerblich geprägten kulturellen Erbe

PETER BURGGRAAFF

Einleitung

Wie gehen wir mit dem alltäglichen, bergbaulich und gewerblich geprägten kulturellen Erbe im Gegensatz zu den Highlights des kulturellen Erbes wie z.B. historische Siedlungen, bedeutende archäologische Fundstätten, Schlösser, Kirchen und Parks um? Trotz der großen Veränderungsdynamik sollte auch das unscheinbare, gewerblich und technisch geprägte kulturelle Erbe nicht einfach beseitigt werden, sondern eher als Erbe unserer Vorfahren und deren Existenzgrundlage hervorgehoben werden. Im Falle des Mayener Grubenfeldes in der Eifel hat der seit über 7.000 Jahre nachweisbare Basaltabbau und Basaltlavaverarbeitung, Produkte (bis ca. 1880 hauptsächlich Mühlsteine) hervorgebracht und durch den Handel eine große Bekanntheit und Verbreitung in Europa erlangt. Dieses traditionelle Gewerbe hat wesentlich dazu beigetragen, daß Mayen heute noch immer in der Öffentlichkeit als Stadt der Steine und Erden betrachtet wird. Die Gewinnung der Vulkanressource Basaltlava und das Steingewerbe spielte und spielt die Identität und das Image der Stadt eine bedeutende Rolle.

Heute werden im Mayener Grubenfeld im Vergleich zu früheren arbeitskraftintensiven Zeiten nur noch in wenigen Großgruben Basaltlava maschinell und arbeitsextensiv abgebaut. Für einen Teil des stillgelegten Grubenfeldes sind seit dem 4. Mai 2000 im Rahmen des Vulkanparks die römerzeitlichen und frühmittelalterlichen Abbau- und Verarbeitungsspuren im Bereich des sogenannten Silbersees und des Absetzteiches für die Besucher freigelegt und auf Infotafeln erläutert. Da nicht nur die weit zurückliegenden Geschichtsperioden bevorzugt dargestellt werden sollen, ist für einen Teil des Grubenfeldes, das sich im Eigentum der Stadt Mayen befindet bzw. in dem die Stadt über langfristige Nutzungsrechte verfügt, die Geschichte des Basaltlavaabbaus seit der Römerzeit bis zur Stillegung der Gruben in den 1970er Jahren untersucht worden. Hierzu wurde im Auftrag der Stadt Mayen 1999 eine historisch-geographische Bestandsaufnahme vom Büro für historische Stadt- und Landschaftsforschung erstellt, in der die Kulturlandschaftsentwicklung beschrieben und die historischen Elemente und Strukturen im Grubenfeld in einem sogenannten Kulturlandschaftskataster erfaßt, kartiert und dokumentiert worden sind.

Historischer Überblick

Ein Vulkanausbruch des Bellerbergkomplexes im Quartär vor etwa 200.000 Jahren schuf die Voraussetzung für Bergbau und Gewerbe des Mayener Grubenfeldes. Dieser erdgeschichtliche Vorgang bescherte den Menschen Basaltlava, ein Material, das aufgrund seiner Porosität für die Herstellung von Reib- und Mühlsteinen hervorragend geeignet war. Nach dem Vulkanausbruch floß der südliche Lavastrom ins Tal und erstarrte. Durch die Abkühlung entstanden dicke fünf- bis sechseckige vertikale Säulen (Durchmesser ca. 2m), die zunächst in den nachfolgenden geologischen Perioden mit Deckschichten bis ca. 3–4 m überlagert wurden.

Neben Tierknochen und Holz war insbesondere Flint für die steinzeitlichen Menschen das erste Material, aus dem sie Werkzeuge und Waffen herstellten. Um 3000 v.Chr. entdeckte man, daß die poröse Mayener Basaltlava des Bellerberglavastromes sehr gut für das Mahlen von Getreide geeignet war. Seitdem wurde im Grubenfeld Basalt für die Herstellung von Reib- und Mahlsteinen im Handbetrieb (z.B. der Napoleonshut) abgebaut. Mit der Entwicklung der angetriebenen Mühlen wie die römerzeitlichen Kraftmühlen, von denen ein von Fridolin Hörter rekonstruiertes Exemplar in der Ausstellungshalle im Mayener Grubenfeld zu besichtigen ist, und die seit dem Hochmittelalter eingeführten und im Laufe der Zeit weit verbreiteten von Wasser und Wind angetriebenen Mühlen, nahm die Nachfrage nach Mühlsteinen rapide zu. Erst nach 1880 sank die Produktion von Mühlsteinen, für die Papierindustrie wurden noch bis weit in das 20. Jahrhundert Mühlsteine hergestellt. Mühlsteine in verschiedenen Größen sind im Grubenfeld ausgestellt.

Der neolithische, römische und früh- bzw. hochmittelalterliche Steinabbau war obertägig. Seit dem Spätmittelalter bis ca. 1870 wurde der Basalt hauptsächlich untertägig abgebaut, wobei zahlreiche Schächte entstanden (Abb. 1). Zunächst wurde der Schacht abgeteuft und mit Mauerwerk gesichert, dann erfolgte der Abbau der Basaltlava säulenweise. Die Steine wurden mit einem von Pferden angetriebenen Göpelwerk durch den Schacht nach oben getakelt. Für die Stabilisierung der dadurch entstehenden Glockenhallen mußten einige Säulen stehen bleiben, die als Träger fungierten. Diese Hallen waren wegen der konstanten Temperatur auch für die kühle Lagerung des Biers hervorragend geeignet und wurden als Bierkeller eingerichtet. Deswegen hatten sich in Mendig und Mayen um 1900 viele Bierbrauereien angesiedelt. Das heutige Mendiger VulkanBrauhaus stammt aus dieser Zeit.

Um 1870 entstanden die ersten kleinflächigen Tagebaue (Abb. 1), deren Zahl und Ausdehnung in der nachfolgenden Zeit zunahm.

Im Zeitalter der dynamischen industrietechnischen Entwicklung seit ca. 1880 nahm die Herstellung von Mühlsteinen an Bedeutung ab, während die Produktion von Pflastersteinen für den Chaussee- und Straßenbau stark zunahm, ebenso für die Herstellung von Schotter (Kies), vor allem für die Befestigung von Eisenbahntrassen. Der Schotter wurde zunächst von Hand durch sogenanntes Kiesklopfen hergestellt, nach 1900 wurden hierzu mechanische Kieswerke als Steinbrecher errichtet.

Für die mechanische Herstellung von Schotter konnten wiederum die Halden (Rötsche) – auch die historischen Halden – wiederum abgebaut werden. Daneben wurden andere Erzeugnisse wie Kreuze und Grabmale hergestellt und Basalt fand zunehmend Anwendung als Baumaterial (Abb. 2).

Die obertägigen neolithischen, römerzeitlichen und mittelalterlichen sowie die spätmittelalterlichen, frühneuzeitlichen und neuzeitlichen untertägigen Spuren und Zeugen des Basaltabbaus sind durch die dynamische Ent-

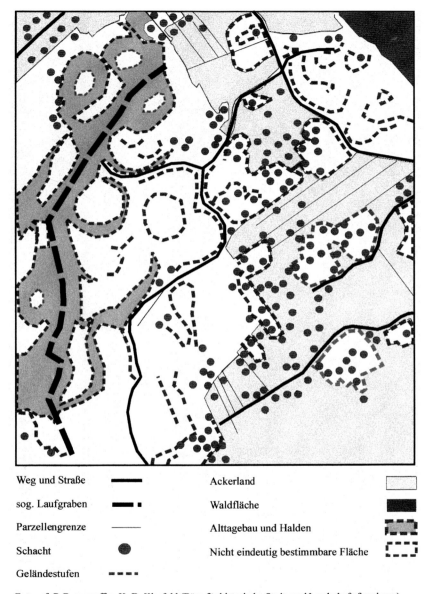

*Abb. 1:
Schächte und
Tagebaue um 1870
(fortgeschriebene
Bergamtskarte 1842,
Fortführungsstand
1876).*

Abb. 2: Tagebau mit Göpelwerken. Auffallend ist die obere gemauerte Grubenwand.

wicklung des obertägigen Bergbaus seit 1870 mit zunehmend größeren Tagebauen bis auf wenige herausragende Stellen überlagert bzw. verschwunden. Nach der Aufgabe des untertägigen Abbaus wurden viele Schächte mit Glockenhallen und Gruben zugekippt bzw. verfüllt. Im Rahmen des seit 1880 stark expandierenden obertägigen Abbaus entstanden größere und kleinere Tagebaue, die fortlaufend abbautechnisch bedingt ihre Form veränderten. Im Grubenfeld lagen zahlreiche Hütten und Traachte (Arbeitsplätze). Die Steine wurden bis 1903 mit den Göpelwerken aus dem Tagebauen hochgetakelt, verarbeitet und mit Loren zum Mayener Ostbahnhof für den Transport nach Andernach bzw. für die Schotterherstellung zum Brechwerk transportiert. Die Bahnlinie Mayen-Mendig-Andernach wurde 1878 für den Basaltlavatransport angelegt. 1903 ließ der Mayener Grubenbetreiber Kaspar Helmes den ersten elektrisch angetriebenen Grubenkran nach dem Beispiel eines Hamburger Hafenkrans mit einem zugehörigen Kraftwerk errichten (Abb. 1).

Man kann sich heute kaum noch vorstellen, dass in der Blüteperiode vor dem Ersten Weltkrieg Tausende von Menschen im Mayener Grubenfeld beschäftigt waren, die eine Geräuschkulisse (Gehämmer, Kiesklopfen, Steinverarbeitung, Sprengungen, Steintransport usw.) erzeugten, die bis in die Stadt zu hören war. Aus den Bildern, Karten und intensiven Geländebegehungen geht hervor, dass das Grubenfeld eine sehr intensiv genutzte und gewerbliche Kulturlandschaft war, von der heute noch Grubenkräne, Gruben (Tagebaue), Schächte, Glockenhallen, Hütten, Arbeitsplätze (Traacht) und Gleise als funktionslose Relikte zeugen (Abb. 5) wie Fotos des Grubenfeldes um 1900 belegen. Um diese Zeit war das Grubenfeld faktisch eine Steinwüste mit Halden, Gruben und Arbeitsplätzen ohne jegliche Vegetation.

Das Basaltgewerbe prägte auch das städtische Leben. In der Blütezeit des Basaltlavaabbaus und der Verarbeitung in den Jahren vor dem Ersten Weltkrieg zogen zahlreiche Arbeiter morgens ins Grubenfeld, um ihre Arbeit nachzugehen und kehrten am frühen Abend in die Stadt zurück. In der Mittagszeit kamen die Frauen oder Kinder ins Grubenfeld, um die Männer mit Essen zu versorgen (Abb. 4).

Die Entwicklung des Grubenfeldes zeigt die Karte von 1893–1993 (Abb. 3). 1893 gab es einige größere Tagebauen im nordwestlichen Abschnitt und viele weitere kleine Tagebaue. Die Abbaudarstellungen weisen noch die Schächte der untertägigen Abbauphase nach. Auf dem Grubenfeld sind Hütten, Wege und Gleise eingezeichnet. Im südlichen Bereich befindet sich noch Ackerland. 1936 verzeichnet die Karte wiederum ein ganz anderes Bild mit mittelgroßen bis kleineren Tagebauen und Halden. Das Wegenetz und die Standorte der Hütten haben sich im Grubenfeld verändert. Um 1954/57 hat sich das Aussehen wiederum verändert: Die Zahl der Gruben hat sich zwar verringert, doch der Umfang hat sich vergrößert, Grubenwegtrassen haben sich verlagert. Die Karte von 1992 stellt nur noch östlich der K 21 zwei Gruben dar, die noch heute in Betrieb sind. Die übrigen Tagebaue im Grubenfeld wurden im Laufe der 1970er Jahren stillgelegt. Außerdem sind nur noch wenige Wege und Hütten eingetragen. Wald- und Grünlandflächen weisen auf die spontan entwickelte Vegetation hin. In einigen tiefen Gruben sind durch das aufsteigende Grundwasser kleine Weiher entstanden wie der Silbersee.

Nach der Stillegung der Gruben konnte sich eine Natur mit Trockenrasenflächen, Birkenwäldern und stellenweise fast undurchlässigen dornigen Sträuchern als Folgevegetation frei entwickeln, die das Aussehen des Grubenfeldes eingreifend verändert hat. Die Fotos des Grubenfeldes um 1900 zeigen deutlich, wie es dort ausgesehen hat.

Außer den stillgelegten, größeren und kleineren Gruben mit ihren steilen Wänden sowie Anschnitten von Schächten und untertägigen

Abb. 3: Der erste Grubenkran von der Firma Kaspar Helmes (1903) mit Lorengleisen.

Glockenhallen und den dazugehörigen auf gemauerten Sockeln errichteten elektrischen Grubenkränen seit 1903 sieht ein uninformierter Besucher wenig. Denn eine ca. 7.000jährige Geschichte muß aufgrund der Entwicklung seit der Stillegung zunächst im Gelände des Grubenfeldes aufgespürt, kartiert, dokumentiert, freigelegt und in einige Fällen (Hütten) rekonstruiert werden (Abb. 5).

Ausblick

Der Besucher nimmt das Grubenfeld im Sommer in seinem heutigen Ansehen auf den ersten Blick als etwas ungewöhnliches und durch die natürliche Vegetation als ungeordnet wahr. Erst bei näherer Betrachtung wird er mit den sichtbaren Merkmalen der Basaltlavagewinnung (Steilwände, Schachtanschnitte, Kräne) konfrontiert.

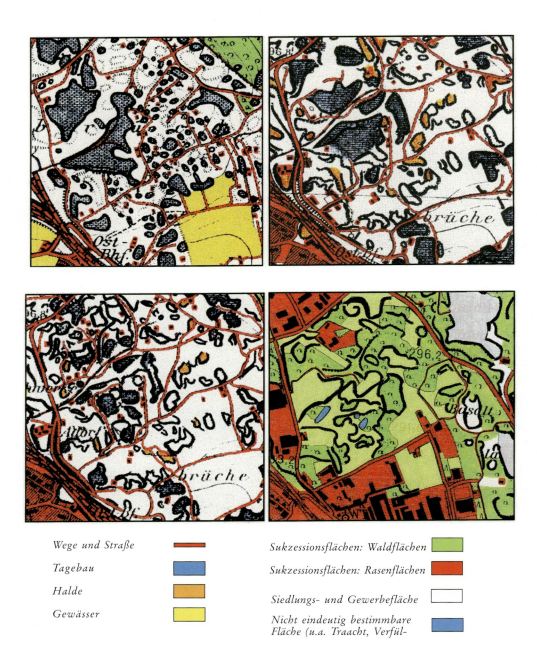

Abb. 4:
Die Entwicklung
des Grubenfeldes
1893–1992.

Wege und Straße	🟥
Tagebau	🟦
Halde	🟧
Gewässer	🟨

Sukzessionsflächen: Waldflächen	🟩
Sukzessionsflächen: Rasenflächen	🟥
Siedlungs- und Gewerbefläche	⬜
Nicht eindeutig bestimmbare Fläche (u.a. Traacht, Verfül-	🟦

Bei Maßnahmen zu stärkerer Visualisierung des bergbaulich geprägten kulturellen Erbes muss darauf geachtet werden, daß die Authentizität der Objekte und Strukturen erhalten bleibt und diese behutsam erneuert, umgestaltet und ergänzt werden. Auf den geplanten Rundrouten im Grubenfeld sind Hinweise auf bergbauliche Verfahren und Zusammenhänge, die durchwegs nicht mehr vorhanden sind, unerläßlich, um die vorhandene Landschaft zu verstehen und zu erleben.

Die durch den Vulkanismus entstandene Ressource Basaltlava war und ist noch für die Identität und das Image von Mayen bedeutsam. Neben der römerzeitlichen und mittelalterlichen Abbaustätten im Silbersee- und Absetzteichbereich durch die Vulkanpark GmbH wird die jüngere Geschichte mit dem untertägigen Abbau und den großflächigen obertägigen Abbau seit ca. 1880 und den Rückgang des Mayener Basaltabbaus und des Basaltgewerbes in Zusammenarbeit und Einvernehmen mit dem Landesamt für Denkmalpflege des Landes Rheinland-Pfalz erschlossen.

Die systematische wissenschaftliche Prospektion (historisch-geographische Landesaufnahme) und eine damit verbundene Dokumentation und Kartierung als Kulturlandschaftskataster der historischen Abbaubereiche dient als Grundlage für die Umsetzung. Außerdem hat die Stadt Mayen durch den Grunderwerb, die zugesicherten Nutzungsmöglichkeiten im Grubenfeld und den Erwerb der Ausstellungshalle der Firma Adorf als Informationszentrum und Ausstellungshalle wichtige Voraussetzungen für die Realisierung des Konzeptes geschaffen.

Die Einbeziehung in den Vulkanpark erfolgt innerhalb der Erweiterung durch eine neuzeitliche Erschließung mit Rundrouten des Grubenfeldes.

Die Umsetzung des Museumskonzeptes hat allerdings Konsequenzen für die vorhandene Vegetation, die die Sichtbarkeit vieler Objekte und Strukturen stark beeinträchtigt. Die Hervorhebung einer von Menschen gestalteten Bergbau- und Wirtschaftslandschaft, die Eigenart als Bergbaulandschaft ist mittlerweile durch die Vegetation nicht mehr gegeben, weshalb bereits die Sukzessionsvegetation in Absprache mit den zuständigen Fachbehörden an mehreren Stellen entfernt worden ist.

Mit diesem Konzept ist zugleich der Erhalt der Objekte und der Strukturen des Grubenfeldes dauerhaft gewährleistet und damit ein aktiver Beitrag zur Kulturlandschaftspflege mit einer touristischen Inwertsetzung gegeben. Die historisch-geographische Betrachtung bezieht alle Epochen der Bergbaugeschichte mit ein - Geschichte verläuft bis Gestern und wirkt im Landschaftsbild bis Heute. Auch zukünftige Generationen haben ein Recht auf kulturelle regionale Vielfalt. Das ist der Auftrag einer inwertsetzenden Kulturlandschaftspflege, die die Stadt Mayen und der Vulkanpark mit diesem Projekt innovativ verfolgt.

Zusammenfassend wird mit dem Museumskonzept des Mayener Grubenfeldes das bergbaulich und gewerblich geprägte kulturelle Erbe weitgehend erhalten, instandgesetzt und Besuchern zugänglich gemacht werden. Die wichtigsten Aspekte dieses Konzeptes sind: Inwertsetzung und Präsentation der vorhandenen, standortgebundenen Objekte und Strukturen des Basaltabbaus und -verarbeitung (bereits für den Westteil des Grubenfeldes mit den

Abb. 5: Reliktkarte des Grubenfeldes.

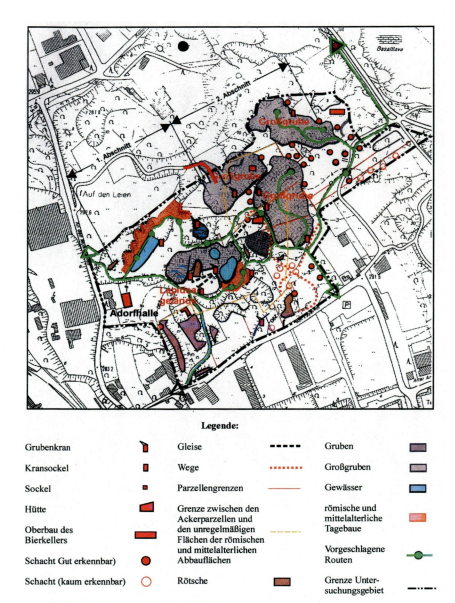

römerzeitlichen und frühmittelalterlichen Abbauplätzen fertiggestellt), Einbeziehung folgender Institutionen: vorhandene und geplante museale Einrichtungen und Freilandstationen im Vulkanpark und Eifelmuseum in Mayen, Heimat- und Geschichtsvereine, Förderkreis Mayener Naturstein e.V. (Lapidea), regional bedeutende Forschungspersönlichkeiten (Ehrenamt) sowie der Volkshochschulen, Mayener Natursteingewerbe, Bau- und Bodendenkmalpflege (Landesdenkmalamt, untere Denkmalbehörde), Naturschutz und Landschaftspflege und Identitätsförderung der einheimischen Bevölkerung und überregionale Außenwirkung als Imageträger.

Mit diesen Maßnahmen im Grubenfeld wird eine von vielen zunächst auf den ersten Blick als nicht schön empfundene Gewerbelandschaft mit einer hohen Eigenart und reicher Vielfältigkeit durch die Aufarbeitung, Erschließung, Ausstellung und Erläuterung des gewerblichen und bergbaulichen kulturellen Erbes interessant vermittelt und aktuell inwertgesetzt. Die behutsame Vorgehensweise garantiert den faktischen Erhalt von als boden- und baudenkmalpflegerisch relevanten Objekten in der Fläche.

Das Mayener Grubenfeld – Ein Projekt im Vulkanpark Osteifel

ANGELKA HUNOLD,
FRITZ MANGARTZ,
HOLGER SCHAAFF

7000 Jahre Steingewinnung im Mayener Grubenfeld

Das Mayener Grubenfeld ist eines von 14 Landschaftsdenkmälern, die in der ersten Projektphase im Vulkanpark Osteifel realisiert wurden (Abb. 1). Bei diesem bedeutenden Industriedenkmal handelt es sich um eine der ältesten und wichtigsten Gewinnungsstätten für Basaltlava nördlich der Alpen. Der Rohstoff entstand vor ca. 200.000 Jahren, als ein mächtiger Lavastrom aus dem Bellerberg-Vulkan nach Süden ausfloß. Beim Erkalten der Lava bildeten sich charakteristische polygonale Säulen, eine Form, die für den späteren Abbau vorteilhaft war. Das Material (Basaltlava) läßt sich gut bearbeiten, seine poröse Struktur ist für eine Verwendung als Reib- oder Mahlstein besonders geeignet. Schon in der frühen Jungsteinzeit vor 7000 Jahren wurden aus Mayener Basaltlava Getreidereiben hergestellt. Industrielle Ausmaße erreichte der Abbau von Basaltlava spätestens in der römischen Epoche, etwa seit Christi Geburt. Nun waren es vor allem Mühlsteine, die in gut organisierten Steinbrüchen gewonnen wurden (Abb. 2). Das wertvolle Material war auch in weiter entfernt gelegenen Teilen des römischen Reiches sehr begehrt: Der intensive Handel mit Mühlsteinen reichte bis ins römische England. Bis in das späte Mittelalter hinein wurde der Stein ausschließlich im Tagebau gewonnen. In der Folgezeit markieren der Abbau untertage (15.–19. Jh.), die Anwendung von Schwarzpulver (ab dem 19. Jh.) sowie die Einführung des elektrisch betriebenen Krans (1903) wichtige Abschnitte der technischen Entwicklung im Grubenfeld. Heute ist die Landschaft überprägt von den Abbaurelikten des 19. und 20. Jahrhunderts: Tiefe Tagebaugruben, Kräne und Kransockel, Halden aus Gesteinsschutt, Gleisanlagen und vieles mehr. Nur wenige Betriebe gewinnen noch Basaltlava, während die Mehrzahl der Brüche seit Jahrzehnten aufgelassen ist. Hier hat eine dichte Vegetation die bizarre, von Menschenhand geschaffene Landschaft zurückerobert.

Erforschung und Erschließung

Aufgrund seiner herausragenden Bedeutung für die Archäologie und die Technikgeschichte wie auch für die Vulkanologie ist das Mayener Grubenfeld für das Vulkanpark-Vorhaben ausgewählt worden. Beide Schwerpunkte der Forschung im Vulkanpark – die Entstehung der Landschaft sowie deren Nutzung durch den Menschen seit prähistorischer Zeit – treten hier besonders hervor. Aufgabe war es, das Denkmal für die Öffentlichkeit zugänglich zu machen und zu erklären. Dazu bedurfte es zunächst einer wissenschaftlichen Erforschung und Erfassung, liegen doch die grundlegenden Untersuchungen von P. und F. Hörter, F.X. Michels und J. Röder mehr als vierzig Jahre zurück. So

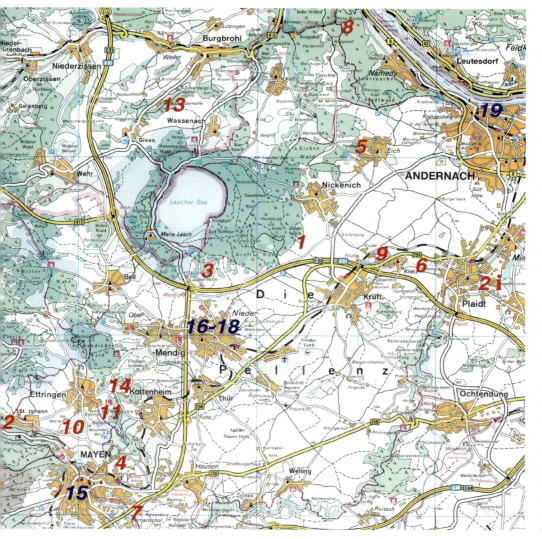

*Abb. 1:
Vulkanpark Osteifel.
Arbeitsgebiet und
Projekte.
i: Infozentrum, Plaidt/
Saffig,
1: Eppelsberg, Nickenich.
2: Rauscherpark, Plaidt,
3: Wingertsbergwand,
Mendig, 4: Grubenfeld,
Mayen, 5: Nastberg,
Andernach-Eich,
6: Krufter Bachtal, Plaidt,
7: Katzenberg, Mayen,
8: Hohe Buche, Andernach-
Namedy, 9: Trassgrube
Meurin, Kretz
10: Grubenfeld, Ettringen,
11: Bellerberg und
Büden, Ettringen und
Kottenheim,
12: Ahl, St. Johann und
Mayen, 13: Mauerley,
Wassenach, 14: Winfeld,
Kottenheim.
Kooperationsprojekte:
15: Eifelmuseum/
Genovevaburg, Mayen,
16: Felsenkeller, Mendig,
17: Deutsches Vulkan-
museum, Mendig,
18: Museumslay, Mendig,
19: Stadtmuseum,
Andernach*

Abb. 2:
Das Mayener Grubenfeld im Bereich des „Silbersees". Bei der Anlage der Tiefgrube im 20. Jahrhundert wurden große Teile der höher liegenden alten Steinbrüche zerstört. Bruch 1: römisch, Bruch 2: mittelalterlich. Der Kran (rechts im Bild) ist ein Zeugnis des modernen Abbaus.

Abb. 3
Bruch 1 im Mayener Grubenfeld. Typisch für die Steingewinnung ist der stufenweise Abbau der Lavasäulen. In der oberen Bildmitte sind römische Abbauspuren (Keiltaschen) zu erkennen.

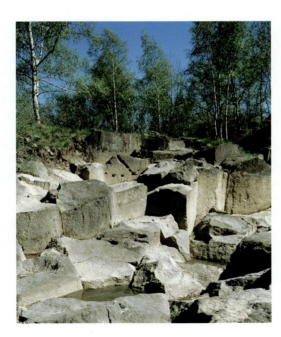

fanden in den Jahren 1999 und 2000 Ausgrabungen oberhalb der modernen Tiefgrube am Silbersee statt. Schon in den 1950er Jahren waren dort zwei Brüche (Abb. 2) durch den modernen Abbau so weit freigelegt worden, daß ihre Ausdehnung erkennbar war. Die Bruchgrenzen bestanden aus langen Reihen von stehengelassenen Basaltlava-Säulen. Charakteristische Abbauspuren, wie wir sie nur vom römerzeitlichen Steinabbau kennen, deuteten auf eine frühe Zeitstellung von Bruch 1 hin (Abb. 3). Hierbei handelt es sich um einzelne, nebeneinander angelegte Eintiefungen (sog. Keiltaschen), die zur Aufnahme der eisernen Spaltkeile dienten. Dieser Befund gab den Anlaß, mit der Ausgrabung an dieser Stelle zu beginnen. Sie wurde von der Stadt Mayen und der Vulkanpark GmbH im Auftrag des Landesamtes für Denkmalpflege, Abt. Archäologische Denkmalpflege, Amt Koblenz, durchgeführt.

In bis zu vier Meter mächtigen Schutthalden kamen mehrere Dutzend schadhafter Rohlinge von Mühlsteinen zutage (Abb. 4). Vom rohen, abgekeilten Säulenabschnitt bis hin zum beinahe vollendeten Mühlstein sind fast alle Fertigungsstadien vertreten. Die meisten Stücke liegen als flache Zylinderform roh zugerichtet vor. Einige weisen sich durch ihre konisch ausgearbeitete Oberseite als typische Untersteine für römische Mühlen aus. Auch die anderen Rohlinge hätten noch gut römische Mühlsteine ergeben können, während charakteristische vorgeschichtliche oder mittelalterliche Typen fehlen. Keramikscherben aus der Schuttfüllung bestätigen die römische Zeitstellung. Sie belegen eine Steinbruchtätigkeit im ersten Jahrhundert n. Chr.

Keiner der Mühlsteine ist fertig bearbeitet, Schärfungsrillen, Achslöcher oder Aufnahmen für Handhaben etc. fehlen völlig. Dies bestätigt alte Beobachtungen: Die Mühlsteine wurden als Rohlinge in Werkstätten, wie sie aus dem vicus Mayen bekannt sind, geliefert. Das Auftreten von Hand- und Kraftmühlsteinen beweist, daß beide Größen durchaus in ein und demselben Bruch hergestellt worden sind. Zahlreiche Spuren von horizontal angelegten Keiltaschenspaltungen zeigen, daß die Basaltlava-Säulen scheibenweise aus ihrem Lager gespalten wurden (Abb. 3). Einige unvollendete Spaltungen dokumentieren den Arbeitsschritt vor dem Abspalten mit Eisenkeilen. Gleichzeitig wird hieran die Beschwerlichkeit der Brucharbeit mit ihren zahlreichen Fehlschlägen deutlich.

Obwohl unter der römischen Bruchsohle noch viele Meter gutes Gestein anstehen, hat man eine Bruchtiefe von etwa 5 Metern nicht überschritten. Der Grund hierfür liegt im nach unten zunehmenden Durchmesser der Basaltlava-Säulen. Je tiefer man brach, desto schwerer war der Stein zu gewinnen und die in der Tiefe abgekeilten Rohblöcke wären mit ihren Maßen deutlich über die gewollten Formate hinausgegangen, was wiederum Mehrarbeit verursacht hätte.

Einige wenige Abbauspuren deuten auf eine geringe mittelalterliche Nachgewinnung in der ersten Parzelle.

In Bruch 2 fanden sich dagegen nur mittelalterliche Abbauspuren: Kurze, etwa einen halben Meter lange Keilrillen nahmen gleich mehrere Eisenkeile auf. Die nur noch etwa zwei Meter mächtige Schuttfüllung in diesem Bruch enthielt ebenfalls zahlreiche Mühlsteinrohlinge in verschiedenen Bearbeitungsstadien. Römische und vorrömische Typen fehlen völlig. Wie in Bruch 1 sind hier sowohl Hand- als auch Kraftmühlen produziert worden. Darüber hinaus konnten unweit des Silbersees weitere Brüche aus römischer und mittelalterlicher Zeit untersucht werden. Hier trennen abermals lange Reihen von senkrecht stehenden Basaltlavasäulen deutlich mehrere Bruchparzellen voneinander. Darin spiegeln sich Organisation und Besitz- oder Pachtverhältnisse im frühen Steinbruchbetrieb wider. Es ist schon ein besonderer Glücksfall, daß inmitten eines riesigen Abbaugebietes aus moderner Zeit solche alten Steinbrüche vom späteren Abbau verschont geblieben sind.

Seit Frühjahr 2000 ist das Mayener Grubenfeld im Bereich des Silbersees für den Besucher erschlossen. Entlang eines Weges führen reich bebilderte Infotafeln durch dieses bedeutende Industriedenkmal (Abb. 5). Den Auftakt bilden Erläuterungen zum Ausbruch des Bel-

Abb. 4: Bruch 1 im Mayener Grubenfeld während der Ausgrabung 2000. Auf der freigelegten Bruchsohle liegen zwei Rohlinge von römischen Kraftmühlsteinen. Nr. 1: grob zylindrisch zugerichteter Rohling für einen Kraftmühlstein Nr. 2: fast fertiger Unterstein für eine Kraftmühle mit konischer Mahlfläche.

lerberg – Vulkans und zur Entstehung der Basaltlavavorkommen. Auf dem Weg zu den Brüchen 1 und 2 erfährt man wissenswertes zu den prähistorischen Abbaumethoden. Bedauerlicherweise sind heute keine Spuren des vorrömischen Abbaus, wie sie in den 1950er Jahren noch in situ beobachtet werden konnten, erhalten. Die Steinbruchgeschichte der nachfolgenden Epochen kann dagegen an Originalbefunden anschaulich erläutert werden. Dabei wird besonderer Wert auf einen direkten Bezug zwischen Befund und Tafelabbildung gelegt. Dies erscheint angesichts der besonderen Situation in antiken Steinbrüchen notwendig: Durch den nachfolgenden Abbau sind ältere Brüche, wenn nicht zerstört, so doch zumindest stark verändert worden. Hinzu kommt, daß bei der archäologischen Ausgrabung der beim Bruchbetrieb anfallende Schutt aus den alten Brüchen entfernt wird. So erhalten sie ein Aussehen, wie es zur Zeit der Steinbruchtätigkeit nie bestand. Um eine Vorstellung vom ursprünglichen Zustand der Brüche zu vermitteln, ist die Steinbrucharbeit der Römerzeit und des Mittelalters auf sog. Lebensbildern rekonstruiert (Abb. 6), die die heute noch sichtbaren archäologischen Befunde in den Zeichnungen widerspiegeln. Diese Art der Darstellung hat sich bereits an mehreren erschlossenen Geländedenkmälern im Vulkanpark bewährt. Darüber hinaus wurden in Bruch 1 und 2 Mühlsteine an Ort und Stelle belassen, um dem Besucher nicht nur einen Eindruck von Steinbruchstruktur und -technik, sondern auch von den hergestellten Produkten zu vermitteln. Alte Fotos zur neuzeitlichen Steingewinnung runden die Präsentation ab.

Mit der Eröffnung dieser Vulkanparkstation ist die Tätigkeit der Vulkanpark GmbH im Mayener Grubenfeld aber noch nicht abgeschlossen. Lag der Schwerpunkt bislang auf den vor- und frühgeschichtlichen Epochen, so soll in naher Zukunft auch die Steingewinnung des 15. bis 20. Jahrhunderts ausführlicher behandelt werden: Riesige unterirdische Felsenkeller stehen tiefen Tagebauen gegenüber. Auch wird die mit dem Steinbruchwesen eng verknüpfte Sozialgeschichte von Mayen Gegenstand der Forschungen sein.

Der Vulkanpark Osteifel

Das Gebiet um den Laacher See ist seit alters her vom Steinabbau geprägt. Vor allem vulkanische Rohstoffe werden hier gewonnen: Basaltlava, Tuffstein und Bims. Diese sind durch eine rege vulkanische Tätigkeit entstanden, die vor mehr als 500.000 Jahren begann und ihr vorläufiges Ende in dem Laacher See-Vulkanausbruch vor 13.000 Jahren fand. Hinzu kom-

Abb. 5: Grubenfeld Mayen: Als Träger für die Tafeln dienen pultartig angeschrägte Säulen aus lokaler Basaltlava.

Abb. 6: Rekonstruktion von Bruch 1 im Mayener Grubenfeld in römsicher Zeit. Darstellung einzelner Abbauschritte und der Rohlingsproduktion. Die bei den Ausgrabungen entfernte Schuttpackung ist zeichnerisch ergänzt.

men erdgeschichtlich viel ältere Schiefer und Tone. Die Nähe zu einem wichtigen Verkehrsweg – dem Rhein – führte schon früh zu einem weit über die Region hinausreichenden Handel mit den steinernen Produkten.

Die Modernisierung der Abbautechniken ermöglicht seit den letzten 150 Jahren eine immer großflächigere und tiefgreifendere Gewinnung der Bodenschätze. Seitdem werden immer wieder aufgelassene Steinbrüche und Stollensysteme (Abb. 7) entdeckt, die eindrucksvoll das hohe Alter der Steinindustrie belegen: Die ältesten Spuren reichen, wie das Beispiel Mayener Grubenfeld zeigt, 7000 Jahre in die Vergangenheit zurück. Gleichzeitig entstehen geologische Aufschlüsse, die einen tiefen Eindruck in die Entstehungsgeschichte der Landschaft ermöglichen (Abb. 8). So hat der bis heute andauernde Abbau, neben aller Problematik, Voraussetzungen geschaffen, die diese Landschaft deutlich von anderen absetzen. Hier ist die Gelegenheit zur wissenschaftlichen Erforschung und Dokumentation von Denkmälern gegeben, die ansonsten verborgen geblieben wären. Darüber hinaus bietet die Einmaligkeit der Objekte die Chance, diese Sehenswürdigkeiten einem größeren Publikum zu erschließen und anschaulich zu erläutern. Erforschung und touristische Erschließung dieser erd-, kultur- und technikgeschichtlichen Denkmäler sind das Ziel des Vulkanparks. Dabei bilden die Entstehung der Landschaft sowie ihre Nutzung und Veränderung durch den

Abb. 7:
Auf dem Gelände der Trasswerke Meurin bei Kretz wurde im Rahmen des Vulkanpark-Projektes ein römisches Tuffbergwerk ausgegraben. Heute ist das alte Bergwerk durch eine Halle geschützt. Ein Wegesystem führt den Besucher durch die unterirdischen Abbaubereiche.

Abb. 8:
Der Eppelsberg bei Nickenich ist ein typischer Osteifelvulkan, der vor 230.000 Jahren aktiv war. Durch den modernen Abbau sind Krater und Kraterwall des Schlackenkegels in eindrucksvoller Weise angeschnitten. So ist ein Fenster entstanden, das tiefe Einblicke ins Innere des Vulkans gestattet.

Abb. 9:
Die spätrömische Befestigung auf dem Katzenberg bei Mayen wird seit 1997 ausgegraben. Für die Präsentation im Rahmen des Vulkanparks wurde ein Teil der Festungsmauern wieder aufgebaut.

Menschen zentrale Themen. Zur Realisierung des Vorhabens wurde 1996 die Vulkanpark GmbH mit Sitz in Koblenz gegründet. Gesellschafter sind zu gleichen Teilen der Landkreis Mayen-Koblenz (vertreten durch einen mit den betroffenen Kommunen gegründeten „Zweckverband Vulkanpark") und das Römisch-Germanische Zentralmuseum, Forschungsinstitut für Vor- und Frühgeschichte in Mainz. Diese neuartige Konstellation – ein international arbeitendes Forschungsinstitut auf der einen und eine Gebietskörperschaft auf der anderen Seite – erlaubt es, wissenschaftliche Interessen und Tourismus in Einklang zu bringen und gleichermaßen zu fördern. Dabei konzentrieren sich die Arbeiten in einer ersten Phase auf den Landkreis Mayen-Koblenz und dort vor allem auf die Region zwischen den Städten Andernach im Osten und Mayen im Westen. Eine Erweiterung des Arbeitsgebietes ist vorgesehen. Die Erstellung der Projekte erfolgt mit Finanzmitteln des Landes, der Sitzgemeinde und des Landkreises durch die gemeinnützige Vulkanpark GmbH.

Seit 1997 ist die Forschungsstelle für Vulkanologie, Archäologie und Technikgeschichte in Mayen der Sitz der wissenschaftlichen Mitarbeiter der GmbH. Von hier aus werden die Denkmäler untersucht, erschlossen und betreut. Zur Zeit sind zwei Geologen und drei Archäologen in der Forschungsstelle tätig. Zu ihren Aufgaben gehören Geländeprospektion und Ausgrabungen ebenso wie die Auswahl der Denkmäler und die Erstellung und Umsetzung von Konzepten zu deren Erschließung (Abb. 9). Da die Denkmäler im Bereich des Vulkan-

*Abb. 10:
Das Informationszentrum der Vulkanpark GmbH in Plaidt/Saffig.*

parks einerseits von europäischer Bedeutung, andererseits gemessen an dieser Bedeutung nur unzureichend erforscht und dokumentiert sind, bedarf es hier intensiver Arbeit. Die wissenschaftlichen Ergebnisse finden ihren Niederschlag u.a. in der Publikationsreihe „Vulkanpark-Forschungen. Untersuchungen zur Landschafts- und Kulturgeschichte".

Die dezentrale Struktur des Vulkanparks erfordert Informationszentren. Erste zentrale Anlaufstelle für den Besucher ist das im Juni Die dezentrale Struktur des Vulkanparks erfordert Informationszentren. Erste zentrale Anlaufstelle für den Besucher ist das im Juni 2000 von der Vulkanpark GmbH eröffnete Infozentrum in Plaidt/Saffig (Abb. 10). Mit Hilfe multimedialer Techniken (Film, Computeranimationen, Großleuchtbilder) sowie mit Modellen und Originalfunden kann er sich über alle Projekte informieren und sich seine Touren im weitläufigen Gebiet des Vulkanparks zusammenstellen. Gut gekennzeichnete Routen führen von dort aus zu den einzelnen Landschaftsdenkmälern, die wiederum untereinander vernetzt sind. Im Laufe des Jahres 2001 werden vierzehn solcher Vulkanpark-Stationen fertiggestellt sein. Hinzu kommen das Eifelmuseum Mayen und das Stadtmuseum Andernach sowie das Deutsche Vulkanmuseum, die Museumslay und die Felsenkeller in Mendig.

Für die Zukunft ist es erstrebenswert, ein solches Projekt mit entsprechenden Vorhaben in vergleichbaren Kulturlandschaften zu verknüpfen und so in einen internationalen Zusammenhang zu stellen. Erste Schritte sind bereits getan.

Zusammenfassung und Ausblick

HARALD KOSCHIK

Zwei Begriffskomplexe haben das Thema der Veranstaltung bestimmt: Zum einen die Kulturlandschaft in ihrer besonderen Ausprägung als Industriekulturlandschaft und zum anderen die archäologische Bodendenkmalpflege mit ihren Mitteln, Methoden und Möglichkeiten. Genauer gesagt, hätte das Thema mit dem Untertitel „Was kann die Bodendenkmalpflege dazu leisten?" erweitert werden können. Eine weitere thematische Ergänzung zeichnete sich schon bald ab und zog sich wie ein roter Faden durch alle Referate, die sich mit der Darstellung unterschiedlicher Industrielandschaften und ihrer Relikte samt ihrer Problemsituation befaßten. Es geht nämlich nicht nur um die Erhaltung und Pflege von Industriekulturlandschaften mit ihren spezifischen Orten und Objekten, sondern zuallerst um ihre Kenntnis. Kenntnis bedeutet in solchen Fällen vielfach Forschung, und zwar Erforschung in allen Details als Grundlage von anschließenden Maßnahmen zu Schutz und Pflege. Erst dann kann man darangehen, die geforderte Gesamtkonzeption für einen systematischen Schutz zu entwickeln.

Eine derartige Planung muß durch konkrete Ausgangspunkte initiiert werden. Der naheliegendste ist zweifelsfrei die Landschaft selbst, d.h. am besten eine überschaubare Region der Industriekulturlandschaft, die insgesamt oder als Teilgebiet überzeugend definiert werden kann. Neben dem landschaftlichen Aspekt, aber zunächst auch unabhängig davon, kann eine wissenschaftliche Fragenstellung – z.B. „läßt sich römischer Bergbau im Rechtsrheinischen nachweisen?" – die Erforschung einer (prä-) historischen Kulturlandschaft einleiten.

Um diese Untersuchung samt den beabsichtigten Schutz- und Pflegemaßnahmen zum Erfolg zu führen, bedarf es der Erfüllung einer allerdings überaus wichtigen Grundvoraussetzung. Wie sich in allen Referaten zeigte, wird der inter- bzw. multidisziplinären Zusammenarbeit ein hoher, ausschlaggebender Stellenwert beigemessen. Die Erforschung industrielandschaftlicher Aspekte ist von einem Fach allein nicht zu leisten, sie bedarf der Zusammenarbeit einer Vielzahl von Institutionen und Einzeldisziplinen. Institutionell müßten vertreten sein die

- Boden- und Baudenkmalpflege
- Universitätsinstitute für Historische Geographie, Mittelalter- und Neuzeitgeschichte, Wirtschaftsgeschichte, Sozialgeschichte usw.
- Forschungseinrichtungen für Landeskunde
- Einrichtungen der Landschaftspflege und des Naturschutzes
- Museen, besonders Industriemuseen.

Die Aufstellung verdeutlicht das überaus breite Spektrum von Fächern, die aus der Sache heraus in Affinität mit unserem Thema stehen. Diese Berührungspunkte ergeben sich aber nicht allein aus Gründen von eigener Wissenschaft und Forschung. Besonders auf den Feldern Landschaftspflege und Naturschutz erscheint es in jeder Hinsicht auch „fachpolitisch" opportun, von Anfang an den Kontakt zu den Kompetenzträgern dieser Einrichtungen zu suchen und intensiv zusammenzuarbeiten.

Einer solchermaßen organisierte Arbeitsgruppe muß es zuerst obliegen, die die Fragestellungen und die Ziele eines entsprechenden Projektes zu formulieren. Dabei ist von Bedeutung, daß es zumindest in Nordrhein-Westfalen keine zeitliche Begrenzung „nach oben" für denkmalrechtliche Maßnahmen gibt. Dies bedeutet, daß selbstverständlich auch die Phase der Hochindustrie seit etwa der Mitte des vergangenen Jahrhunderts samt ihren Auswirkungen bis in die Gegenwart Zielobjekt entsprechender Forschungs- und Schutzaktivitäten sein kann.

In dieser Vernetzung lassen sich die folgenden Arbeitsschritte durchführen, wie sie in verschiedenen Vorträgen, aber auch im Zuge der Exkursion zu den montanarchäologischen Spuren im neuen Vulkanpark Osteifel, beispielhaft vor Augen geführt wurden.

Der erste dieser Schritte betrifft die Erfassung oder Prospektion der Landschaft und ihrer industriebezogenen Relikte, und zwar von der Archivarbeit bis zu Geländeforschungen. Ein hervorragend nutzbares Ergebnis einer solchen Erfassung kann ein sog. Kataster sein, der beispielsweise in Bestands- und Zeitschichten ein anschauliches Bild der tatsächlichen Situation und ihrer Problemstellung liefert. - An diese Erfassung muß sich nun als zweiter Schritt eine Analyse anschließen, die die bisherigen Ergebnisse bewertet und für weitere Schritte aufbereitet. Diese weiteren Arbeiten richten sich nach den ursprünglichen Fragestellungen und Zielsetzungen bzw. nach den erzielten Resultaten. Hierzu rechnen beispielsweise die Unterschutzstellung eines Areals oder eines Objektes, die fach- wie populärwissenschaftliche Publikation und die Präsentation vor Ort als museale Anlage. Keiner Frage bedarf es, daß es jedem einzelnen Mitglied dieser vielschichtigen Arbeitsgruppe ein hohes Anliegen sein muß, die Interessen der (archäologischen) Denkmalpflege in Industriekulturlandschaften sozusagen publikumswirksam nach außen zu vertreten und Einfluß auch dort geltend zu machen, wo beispielsweise im politischen Raum letztlich die Entscheidung über Schutz- und Pflegemaßnahmen fällt.

Die Leistung der Bodendenkmalpflege in diesem Konzert bezieht sich zunächst generell auf die Mitwirkung bei allen Arbeitsschritten. Wie stark diese Mit- oder Zuarbeit ist, hängt natürlich von der Fragestellung und von den Zielobjekten ab, d.h. von Situationen, die mit archäologischen Arbeitsmethoden zu erforschen sind. Die amtliche Bodendenkmalpflege verrichtet ihre Tätigkeit nach einem Aufgabenkatalog, der durch das Denkmalschutzgesetz vorgegeben ist. Innerhalb dieser inhaltlichen Grenzen sowie innerhalb eines Rahmens, der durch die Leistungskapazität vorgegeben ist, kann das Fachamt aktiv werden.

Die interdisziplinäre Zusammenarbeit der Bodendenkmalpflege hat im Rheinland bereits Tradition, die 1991 mit einem vielbeachteten Kolloquium in Kleve zur Genese der Kulturlandschaft am unteren Niederrhein – samt Publikation 1992 – begann und die sich seither mannigfaltig entwickelt hat. Diese Praxis setzt sich derzeit bei der Erarbeitung des Kulturlandschaftskatasters des Landschaftsverbandes Rheinland fort und wird sich auch bei anderen Projekten, die noch konkret zu definieren sind, erweisen. Dies bedeutet also als Antwort auf die Frage hinter dem Thema des Kolloquiums, daß sich die Bodendenkmalpflege im Rheinland auch zukünftig offen für alle geeigneten Vorhaben zeigen wird und ihre Leistung nach den vorhandenen Möglichkeiten einbringen wird.

Literaturverzeichnis

Achilles, W. 1992: Wechselbeziehungen zwischen dem Harzer Bergbau und der Landwirtschaft des Umlandes im 18. und 19. Jahrhundert. In: Kaufhold, K.H. (Hrsg.): Bergbau und Hüttenwesen im und am Harz (Hannover) 30–37.

Alfrey, J. u. Putnam, T. 1992: The Industrial Heritage. Managing ressources and uses. London u. New York.

Bartels, Chr. 1996: Mittelalterlicher und frühneuzeitlicher Bergbau im Harz und seine Einflüsse auf die Umwelt. Naturwissenschaften 83, 483–491.

Bartsch, Chr. 1988: Das Erzbergwerk Rammelsberg. Die Betriebsgeschichte 1924–1988 mit einer lagerstättenkundlichen Einführung sowie einem Abriß der älteren Bergbaugeschichte (Goslar).

Beckmann, D. 1992: Mietfabriken der bergischen Hausbandwirkerei. Relikte einer vergangenen industriellen Organisation. In: Die Bergischen „ein Volk von zugespitzter Reflexion". Region-Schule-Mentalität (Wuppertal) 118–151.

Beddies, Th. 1996: Becken und Geschütze. Der Harz und sein nördliches Vorland als Metallgewerbelandschaft im Mittelalter und früher Neuzeit. Europ. Hochschulschr. R. 3, 698 (Frankfurt).

Behm, H. (Hrsg.) 2000: Kulturelles Erbe. Landschaften im Spannungsfeld zwischen Zerstörung und Bewahrung (Wittenburg).

Bloemers, J.H.F. 1997: Landschaftsarchäologie und Raumordnung in den Niederlanden. Arch. Nachrichtenbl. 2, 229–243.

Bode, A. 1928: Reste alter Hüttenbetriebe im West- und Mittelharz: Ein Beitrag zur Siedlungs- und Wirtschaftsgeschichte des Harzes. Jahrb. Geograph. Gesell. Hannover 141–197.

Bork, R./Bork, H./Dlachow, C./Faust, B./Piorr, H.-P. u. Schatz, T. 1998: Landschaftsentwicklung in Mitteleuropa (Gotha u. Stuttgart).

Brunemann, H.G. 1994: Der Geologisch-Montanhistorische Lehr- und Wanderpfad.

Brüning, K. 1926: Der Bergbau im Harz und im Mansfeldischen. Veröff. Wirtschaftswiss. Gesell. Studium Niedersachsens, Reihe 3,1 (Braunschweig).

Burggraaff, P. 2000: Fachgutachten zur Kulturlandschaftspflege in Nordrhein-Westfalen. Siedlung und Landschaft in Westfalen 27 (Münster).

Burggraaff, P. u. Kleefeld, K.D. 1999: Das Mayener Grubenfeld – eine Betrachtung aus historisch-geographischem Blickwinkel. In: Mayen Zeit. Zum 48ten mal Stein- und Burgfest. Das Fest im Vulkanpark (Mayen) 35–63.

Burggraaff, P. u. Kleefeld, K.-D. 1999a: Historisch-geographische Landesaufnahme des Mayener Grubenfeldes. Teil 1: Text, Teil 2: Kulturlandschaftskataster. Gutachten im Auftrag der Stadt Mayen (Bonn).

Buschmann, W. 1998: Zechen und Kokereien im rheinischen Steinkohlenbergbau. Aachen und westliches Ruhrgebiet.- Die Bau- und Kunstdenkmäler von Nordrhein-Westfalen, I. Rheinland (Berlin).

Bützler, H. 1910: Geschichte von Kalk und Umgebung. Bilder aus alter und neuer Zeit (Kalk).

Custodis, P.-G. 1995: Der Abbau von Naturstein in der Vulkaneifel und seine Verwendung beim Bau bedeutender Kulturdenkmäler im rheinischen Raum. In: Wegner, H.H. (Hrsg.): Archäologie, Vulkane und Kulturlandschaft. Studien zur Entwicklung einer Landschaft in der Osteifel, Archäologie an Mittelrhein und Mosel 11 (Koblenz) 51–63.

Custodis, P.-G. 1993: Erfassung und Bewertung historischer Weinbergsanlagen an der Ahr. Nachrichten aus der Landeskulturverwaltung Rheinland-Pfalz 12, 1993, Sonderh. 11, 30–34.

Custodis, P.-G. 1995: Technische Denkmäler – Möglichkeiten und Grenzen ihrer Erhaltung. Rhein. Heimatpfl. 32, 252–262.

Custodis, P.-G. 1996: Kulturlandschaft Unteres Lahntal/Koblenz – Denkmalpflegerische Positionen. In: In: Denkmalpflege in Rheinland-Pfalz, Jahresberichte 1992-1996, 157–164.

Custodis, P.-G./Wegner, H.-H. u. Wuttke, M. 1995: Vulkanpark Eifel, Konzept für Konservierung, Erforschung und Tourismus, Masch.schr. Mainz.

Dahm-Zeppenfeld, K. u.a. 2000: Das Jahr der Industriekultur 2000. Eine Projektskizze. Rhein. Heimatpfl. 37, 3–11.

Daufenbach, A./Janßen, St. u. Mesenburg, P. 2001: Die Bleierzgrube „Gottessegen" bei Kommern, Arch. Rheinland 2000 (Köln) 146f.

Denecke, D. 1978: Erzgewinnung und Hüttenbetriebe des Mittelalters im Oberharz und im Harzvorland. Arch. Korr. 8, 1978, 77–86.

Denecke, D. 1992: Die Besiedlung des Westharzes – ein Bericht über jüngere Forschungen zum Bergbau. Siedlungsforsch. 10, 163–171.

Denecke, D. 1992a: Zum Stand der Kartierung und Untersuchung von Relikten des Bergbaus und Hüttenwesens im Harz für das Mittelalter und die frühe Neuzeit. In: Kaufhold, K.H. (Hrg.): Bergbau und Hüttenwesen im und am Harz (Hannover) 21–29.

Denecke, D. 2000: Geographische Kulturlandschaftsforschung für eine Kulturlandschaftspflege, bezogen auf unterschiedliche Landschaftsräume. Ber. dt. Landeskde 74, 197–219.

Dennert, H. 1986: Bergbau und Hüttenwesen im Harz vom 16. bis 19. Jahrhundert, dargestellt in Lebensbildern führender Persönlichkeiten (Clausthal-Zellerfeld).

Die Inwertsetzung von Zeugnissen der Industriekultur als angewandte Landeskunde. In: 47. Deutscher Geographentag Saarbrücken 1989. Tagungsbericht und Wissenschaftliche Abhandlungen. Stuttgart 1990, 345–360.

Dix, A. (Hrsg.) 1997: Angewandte Historische Geographie im Rheinland. Aufsätze und Spezialbibliographie. Köln.

Düsterloh, D. 1967: Beiträge zur Kulturgeographie des Niederbergisch-Märkischen Hügellandes: Bergbau und Verhüttung vor 1850 als Elemente der Kulturlandschaft Göttinger Geogr. Abh. 38.

Ehlers, E. 2000: Geographie in der Welt von heute – Möglichkeiten und Grenzen eines integrativen Faches. Geographica Helvetica 55, 153–162.

Engelmann, J. u. Scherz, F. 1888: Geschichte der Gewerbetätigkeit Kölns.

Festschrift zur Feier des 50jährigen Bestehens der Firma Vorster & Grüneberg, jetzt Chemische Fabrik Kalk GmbH in Cöln (Cöln 1908).

Ericsson, I. 1995: Archäologie der Neuzeit. Ziele und Abgrenzung einer jungen Disziplin der archäologischen Wissenschaft. Ausgr. u. Funde 40, 7–13.

Falke, H. u. Zwanzif, G.W. 1968: Landschaftsplan Vulkaneifel. Beitr. Landespfl. Rheinland-Pfalz 2 (Kaiserslautern).

Fehn, K. 1986: Überlegungen zur Standortbestimmung der Angewandten Historischen Geographie in der Bundesrepublik Deutschland. Siedlungsforsch. 4, 215–224.

Fehn, K. 1995: Die Bedeutung neuzeitlicher Bodendenkmäler für Schutz, Pflege und erhaltende Entwicklung der historischen Kulturlandschaft. Ausgr. u. Funde 40, 46–52.

Fehn, K. 1995a: Gemeinsame Aufgaben von Historischer Geographie und Archäologie im Bereich der Bodendenkmalpflege: Schutz, Pflege und Erneuerung historischer Kulturlandschaftspflege. In: Situation und Perspektiven archäologischer Denkmalpflege in Brandenburg und Nordrhein-Westfalen. Mat. Bodendenkmalpfl. Rheinland 4 (Köln) 129–133.

Fehn, K. 1995b: Die Bedeutung der 50er Jahre des 20. Jahrhunderts für die Kulturlandschaftsentwicklung in der Bundesrepublik Deutschland. In: Der Aufbruch ins Schlaraffenland. Environmental History Newsletter Special Issue No. 2 (Mannheim) 89–111.

Fehn, K. 1997: Historisch-geographische Kulturlandschaftspflege 1986–1997. Siedlungsforsch. 15, 221–248.

Fehn, K. 1997a: Landschaftsbezogene interdisziplinäre Zusammenarbeit zwischen Historischer Geographie und Archäologie des Mittelalters und der Neuzeit. In: Aus der Urgeschichte zum Mittelalter. Festschrift für Vladimir Nekuda (Brno) 27–35.

Fehn, K. 1997b: Aufgaben der Denkmalpflege in der Kulturlandschaftspflege. Überlegungen zur Standortbestimmung. Die Denkmalpflege 55, 31–37.

Fehn, K. 1998: Bergbau- und Industrielandschaften unter besonderer Berücksichtigung von Steinkohlenbergbau und Eisen- und Stahlindustrie. Siedlungsforsch. 16, 9–30.

Fehn, K. 1998a: Die hochindustrielle Kulturlandschaft des Ruhrgebiets 1840–1939. Aufbau und Blüte – Kernzonen und Peripherien. Siedlungsforsch. 16, 51–100.

Fehn, K. u. Burggraaff, P. 1992: Die Kulturlandschaftsentwicklung der Euregio Maas-Rhein vom Ende der Stauferzeit bis zur Gegenwart im Spiegel der Bodendenkmalpflege. In: Spurensicherung. Archäologische Denkmalpflege in der Euregio

Maas-Rhein. Kunst und Altertum am Rhein 136, 145–181 u. 576–578.
Fehn, K. u. Wehling, H.W. (Hrsg.) 1999: Bergbau- und Industrielandschaften unter besonderer Berücksichtigung von Steinkohlenbergbau und Eisen- und Stahlindustrie (Essen).
Föhl, A. 1995: Industrielles Erbe in der postindustriellen Gesellschaft. 25 Jahre Industriedenkmalpflege im Rheinland. Rhein. Heimatpfl. 32, 2–13.
Föhl, A. 1983: Zehn Jahre Erfassung technischer Denkmale im Rheinland. Dokumentieren und Erhalten 1970–1980. Jahrb. Rhein. Denkmalpfl. 29, 347–368.
Franzen, C. u. Hermann, F. 1911: Kölner Bezirks-Verein deutscher Ingenieure. Geschichtliche Aufzeichnungen.
Ganser, K./Grunsky, E./Kania, H. u. Mainzer, U. 1999: Zeche Zollverein in Essen. Eine Denkmal-Landschaft von Weltrang im Herzen Europas. Denkschrift und Antrag zur Aufnahme in die UNESCO-Liste des Weltkulturerbes (Essen).
Gechter, M. 1997: Der Beginn des mittelalterlichen Erzbergbaus im Bergischen Land. In: Arch. Rheinland 1996, 155–158.
Gechter, M. 2001: Die Wirtschaftsbeziehungen zwischen dem Römischen Reich und dem Bergischen Land. In: Th. Grünewald (Hrsg.), Germania inferior. RGA Ergänzungsband 28 (Berlin) 517–546.
Gechter, M. u. Seemann, A. 1995: Stollen, Schlägel, Schächte. Montanarchäologie im Wenigerbachtal (Lohmar).
Gechter, M. u. Seemann, A. 1997: Untersuchungen zum neuzeitlichen Erzbergbau im Bergischen Land. Arch. Rheinland 1996, 158–161.
Gehle, J.-H. 1995: Das Mayener Grubenfeld im Kartenbild. Die Auswertung historischer Kartenquellen des 19. und 20. Jahrhunderts als Basis für eine Bestandsaufnahme historischer Kulturlandschaftselemente. Beitr. Heimatgesch. 7, 59–79.
Gehle, J.-H. 1993: Stadtentwicklung und Kulturlandschaftsschutz. Historisch-geographische Bestandsaufnahme im Stadtgebiet Mayen als Beitrag zur kommunalen Bauleitplanung. Geogr. Dipl.-Arbeit (Bonn).
Geldern-Crispendorf, G. von 1933: Die deutschen Industriegebiete, ihr Werden und ihre Struktur. Deutsche Sammlung Geographie 4 (Karlsruhe).
Gleitsmann, R.J. 1984: Der Einfluß der Montanwirtschaft auf die Waldentwicklung Mitteleuropas: Stand und Aufgaben der Forschung. Der Anschnitt, Beih. 2, 24–39.
Graafen, R. u. Fischer, H. 1996: Kulturlandschaft Unteres Lahntal – Technik- und Wirtschaftsgeschichte. Denkmalpfl. Rheinland-Pfalz, Jahresber. 1992–1996, 151–156.
Graf, H.G. 1990: Blei- und Zinkerzbergbau um Stolberg bei Aachen. Der Aufschluß 41, 111–130.
Gunzelmann, Th. U. Schenk, W. 1999: Kulturlandschaftspflege im Spannungsfeld von Denkmalpflege, Naturschutz und Raumordnung. Inf. Z. Raument. H. 5/6, 347–360.
Gusone, R. 1964: Untersuchungen und Betrachtungen zur Paragenese und Genesis der Blei-Erzlagerstätte im Raum Stolberg-Aachen. Diss. Aachen.
Haffke, J. 1992: Weinbaulandschaft und Weinbaugeschichte im Ahrgebiet, Stellungnahme für das Landesamt f. Denkmalpflege und die Kreisverwaltung Ahrweiler, Masch.schr. Bonn.
Haffke, J. 1993: Die Bedeutung der alten Weinbergterrassen im Ahrtal im Licht der Historischen Geographie. Nachr. Landeskulturverwaltung Rheinland-Pfalz 12, Sonderh. 11 (Mainz) 16–23.
Hegerhorst, K. 1998: Der Harz als frühmittelalterliche Industrielandschaft. Archäometrische Untersuchungen an Verhüttungsrelikten aus dem Westharz (Clausthal-Zellerfeld).
Heimbruch, G. 1990: Archäometrie an Verhüttungsrelikten der Harzregion (Clausthal-Zellerfeld).
Hein, G., Museum und Kulturlandschaft im Oberharz: zur Erforschung und Vermittlung der Kulturlandschaftsentwicklung in einer ehemaligen Bergbauregion. Siedlungsforsch. 16, 1998, 329–337.
Henzler, I. 1994: Mayen 2000. Analysen, Prognosen und Handlungsbedarf für den Lebensraum Mayen (Mayen).
Herz N. u. Garrison, E.G. 1998: Geological Methods for Archaeology. (New York u. Oxford).
Heyen, F.-J. 1991: Mayen als kulturelles Zentrum der Vordereifel. In: H. Schüller u. F.-J. Heyen (Hrsg.), Geschichte von Mayen (Mayen) 469–486.
Hildebrandt, H. u. Heuser-Hildebrandt, B. 1994: Kulturlandschaftsgeschichtliche Zeugen in Wäldern deutscher Mittelgebirge und ihre Inwertset-

zung durch den Tourismus. Mainzer Geogr. Studien 40, 403–422.

Hildebrandt, H. u. Heuser-Hildebrandt, B. 1998: Historisch-geographische Geländedenkmäler am Landgraben nordöstlich von Zimmerschied – Verbandsgemeinde Nassau a.d. Lahn. (Nassau / Bad Ems).

Hillebrecht, M.-L. 1982: Die Relikte der Holzkohlewirtschaft als Indikator für Waldnutzung und Waldentwicklung. Untersuchungen an Beispielen aus Südniedersachsen. Göttinger Geogr. Abhandl. 79.

Hoffmann-Axthelm, D. 2000: Kann die Denkmalpflege entstaatlicht werden? Gutachten für die Bundestagsfraktion von Bündnis 90/Die Grünen.

Holtmeyer-Wild, V. 2000: Vorgeschichtliche Reibesteine aus der Umgebung von Mayen (Mainz).

Horn, H. G. u.a.. (Hrsg.) 1993: Was ist ein Bodendenkmal? - Archäologie und Recht [Ministerium für Stadtentwicklung und Verkehr des Landes Nordrhein-Westfalen / Westfälisches Museum für Archäologie – Amt für Bodendenkmalpflege]. Münster ˜1993.

Hörter, F. sen./Michels, F.X. u. Röder, J. 1950/51: Die Geschichte der Basaltlavaindustrie von Mayen und Niedermendig. Jahrb. Gesch. u. Kultur Mittelrhein u. seiner Nachbargeb. 2/3, 1950/51, 1–32.

Hörter, F. 1994: Getreidereiben und Mühlsteine aus der Eifel. Ein Beitrag zur Steinbruch und Mühlsteingeschichte (Mayen).

Hottes, K. 1971: Wie läßt sich der von Waibel für die Landwirtschaftsgeographie entwickelte Formationsbegriff für die Industriegeographie verwenden? Heidelberger Geogr. Arb. 36, 35–41.

Hottes, K. 1961: Köln als Industriestadt. In: Köln und die Rheinlande (1961) 129–154.

Hübschen, C. 1999: Aufgegebene Eisenbahntrassen in Westfalen. Heutige Nutzung und Möglichkeiten neuer Inwertsetzung. In: Siedlung und Landschaft in Westfalen 26 (Münster).

Jockenhövel, A. (Hrsg.) 1996: Bergbau, Verhüttung und Waldnutzung im Mittelalter. Auswirkungen auf Mensch und Umwelt . Vierteljahrschr. Sozial- u. Wirtschaftsgesch. Beih. 121 (Stuttgart).

Kaufhold, K.-H. (Hrsg.) 1992: Bergbau und Hüttenwesen im und am Harz. Quellen und Untersuchungen zur Wirtschafts- und Sozialgeschichte Niedersachsens in der Neuzeit; 14 (Hannover).

Kistemann, E. 1997: Historische Geographie und ihr Bezug zur Regionalplanung in der Bundesrepublik Deutschland – Stand und Perspektiven. In: K.-D. Kleefeld u. P. Burggraaff (Hrsg.), Perspektiven der Historischen Geographie: Siedlung – Kulturlandschaft – Umwelt in Mitteleuropa (Bonn) 377–396.

Kistemann, E. 1991: Denkmäler des Erzbergbaus und ihre Berücksichtigung in der Planung im Bergischen Blei-Zink-Erzbezirk. Ber. dt. Landesk. 65, 441–460.

Kistemann, E. 2000: Gewerblich-industrielle Kulturlandschaft in Schutz- und Planungskonzepten. Bergisch Gladbach 1820–1999 (Essen).

Klages, H. 1968: Die Entwicklung der Kulturlandschaft im ehemaligen Fürstentum Blankenburg: Historisch-geographische Untersuchungen über das Werk des Oberjägermeisters Johann Georg von Langen im Harz. Forsch. dt. Landesk. 170 (Bad Godesberg).

Klappauf, L. u. Linke, F.A. 1996: Archäologie im westlichen Harz. Zur Erschließung einer frühgeschichtlichen Industrielandschaft. In: Museen im Wandel: Entwicklungen und Perspektiven in der niedersächsischen Museumslandschaft (Lüneburg) 114–123.

Klappauf, L. u. Linke, F.A. 1997: Montanarchäologie im westlichen Harz. Nachr. Niedersachsens Urgeschich. 66, 21–53.

Klappauf, L./Linke, F.A. u. Brockner, W. 1990: Interdisziplinäre Untersuchungen zur Montanarchäologie im westlichen Harz. Zeitschr. Arch. 24, 207–242.

Knau, H.L. u. Sönnecken, M. 1987: Funde von Massenhütten-Wüstungen im bergisch-märkischen Grenzbereich bei Marienheide. Der Märker 36, 172–179.

Kosche, Th. 1986: Bauwerke und Produktionseinrichtungen der Textilindustrie in Mönchengladbach. Ein Beitrag der angewandten Historischen Geographie zur Erforschung technischer Denkmale. Beitr. Gesch. Stadt Mönchengladbach 24.

Koschik, H. (Hrsg.) 1993: Kulturlandschaft und Bodendenkmalpflege am unteren Niederrhein, Mat.Bodendenkmalpfl.Rheinl.2 (Köln).

Köttner-Benigni, K. 1983: Abläufe (Wien/Eisenstadt).
Köttner-Benigni, K.: Lapidea '97. Begegnungen (Mayen o. J).
Krings, W. 1981: Industriearchäologie und Wirtschaftsgeographie. Zur Erforschung der Industrielandschaft. Erdkunde 35, 167–174.
Krumsiek, R. 1981: Obernkirchen, Chronik einer alten Stadt (Wuppertal/Obernkirchen).
Kürten, W. von 1973: Landschaftsstruktur und Naherholungsräume im Ruhrgebiet und seinen Randzonen. Bochumer Geogr. Arb., Sonderr. Bd 1 (Bochum).
Laub, G. 1982: Zu den Hüttenbetrieben und Sägemühlen der Karte des nördlichen Harzes bei Goslar um 1530. Harz-Zeitschr. 34, 17–30.
Liessmann, W. 1992: Historischer Bergbau im Harz: Ein Kurzführer (Köln).
Link, M. u. Link, R. 1998: Pulvermühlen im Helenental. Arch. Rheinland 1997, 170–172.
Linse, U. 1986: Die Entdeckung technischer Denkmäler. Über die Anfänge der „Industriearchäologie" in Deutschland. Technikgesch. 53, 201–222.
Luley, H. u. Wegener, W. 1995: Archäologische Denkmäler in den Wäldern des Rheinlandes. Mat. Bodendenkmalpfl. Rheinland, 5 (Köln/Bonn).
Mangartz, F. 1998: Die antiken Steinbrüche der Hohen Buche bei Andernach (Mainz).
Matschullat, J. u.a. 1997: Bergbau und Verhüttung im Spiegel von Sedimentprofilen: Untersuchungen am Uferbach, Gemeinde Badenhausen, Landkreis Osterode, Harz. Nachr. Niedersachsens Urgesch. 66, 69–82.
Mende, M. 1987: Industriearchäologie im Dickicht. Die technischen Denkmale des Wealdenbergbaus östlich der Weser. Der Anschnitt 39. Jg. 24–35.
Mende, M. 1999: Osterode und die Söse: ein Fließgewässer und seine industrielle Nutzung seit dem späten 18. Jahrhundert. In: Fließgewässer in der Kulturlandschaft (Köln) 43-54.
Meynen, H. u. Wübbeke, B. 1992: Kalk. Rheinischer Städteatlas, Lfg X, Nr. 54 (Köln).
Milz, H. 1962: Das Kölner Großgewerbe von 1750 bis 1835.Schr. rhein.-westf. Wirtschaftsgesch. N. F. Bd 7.
Müller-Karpe, H. 1982: Zur Bedeutung der Archäologie für das Geschichtsbewußtsein der Gegenwart. In: Archäologie und Geschichtsbewußtsein. Koll. zur allg. u. vergl. Arch. 3 (München) 111–124.
Nagel, F.N. 1999: Kulturlandschaftsforschung und Industriearchäologie – Inhalte, Methodik, Anwendung. In: Zur Kulturgeographie und Industriearchäologie in Norddeutschland – Versorgung, Verteidigung, Verkehr (Wentorf) 9–25.
Naturfreunde Saarland (Hrsg.) 1994: Erlebnis Industriekultur. Auf Spurensuche (Völklingen).
Neu, P. 1988: Eisenindustrie in der Eifel. Aufstieg, Blüte und Niedergang. Werken und Wohnen 16 (Bonn).
Niedersächsisches Landesamt für Denkmalpflege 2000: Auf den Spuren einer frühen Industrielandschaft: Naturraum – Mensch – Umwelt im Harz. Arbeitsh. Denkmalpfl. Niedersachsen 21 (Hannover).
Niehoff, N./Matschullat. J. u. Pörtge, K.-H. 1992: Bronzezeitlicher Bergbau im Harz? Ber. Denkmalpfl. Niedersachsen 12, 12–14.
Oesterwind, B. C. u. Schüller, H. 1996: Vulkanpark Osteifel, Teilbereich Mayen (Mayen).
Plöger, R. 1998: Die Bergbaulandschaft „Zollverein" im Nordosten von Essen. Siedlungsforsch. 16, 113–166.
Plöger, R. 1999: Anwendung Geographischer Informationssysteme (GIS) für historisch-geographische Aufgabenstellungen. In: Ebeling, Dietrich [Hrsg.], Historisch-thematische Kartographie. Konzepte – Methoden – Anwendungen (Bielefeld) 9–23.
Prössler, B. 1991: Mayen im Kaiserreich 1871–1914. Basaltlavabetrieb und politisch-soziale Verhältnisse. Phil. Diss. (Bonn).
Quasten, H. 1997: Grundsätze und Methoden der Erfassung und Bewertung kulturhistorischer Phänomene der Kulturlandschaft. In: Schenk, W./Fehn, K. u. Denecke, D. (Hrsg.): Kulturlandschaftspflege. Beiträge der Geographie zur räumlichen Planung (Berlin/Stuttgart) 19–34.
Quasten, H. u. Wagner, J. M. 1997: Vorschläge zur Terminologie der Kulturlandschaftspflege. In: Schenk, W. /Fehn, K. u. Denecke, D. (Hrsg.): Kulturlandschaftspflege. Beiträge der Geographie zur räumlichen Planung (Berlin/Stuttgart) 80–84.
Quasten, H. u. Wagner, J. M. 2000: Kulturlandschaftspflege in altindustrialisierten Räumen. Ber. dt. Landeskde Bd. 74, H. 3, 249–282.

Rademacher, C. 1930: Ausgrabung von Schlackenhügeln im Kölner Gebiet. Germania 14, 177–179.

Rech, M. 1991: Das obere Dhünntal. Rhein. Ausgrab. 33 (Köln) 110–127.

Rapp Jr., G. u. Hill, C.L. 1998: Geoarchaeology. The Earth Science Approach to Archaeological Interpretations (New Haven u. London).

Rathjens, C. 1979: Die Formung der Erdoberfläche unter dem Einfluß des Menschen: Grundzüge einer anthropogenetischen Geomorphologie (Stuttgart).

Rees 1932/33, Erfahrung bei der Einrichtung technischer Museen. Nachr.Bl. rhein. Heimatpfl. 4, H. 7/8, 264–267.

Reuber, P. 1995: „Ihr parkt auf meinen Erinnerungen" – zur Rolle der räumlichen Umwelt für die Entstehung von Ortsbindung. In: Gebhardt, H. u. Schweizer, G. (Hrsg.): Zuhause in der Großstadt. Ortsbindung und räumliche Identifikation im Verdichtungsraum Köln. Kölner Geogr. Arb. 61, 61–74.

Ribbert, H.-K. 1985: Erläuterungen zu Blatt 54005 Mechernich. Geologisches Landesamt Nordrhein Westfalen.

Rippel, J.K. 1958: Die Entwicklung der Kulturlandschaft am nordwestlichen Harzrand. Schriften der Wirtschaftswissenschaftlichen Gesellschaft zum Studium Niedersachsens e.V., NF. 69 (Hannover).

Ritter, W. 1993: Allgemeine Wirtschaftsgeographie. (München u. Wien ˜1993).

Röhrs, H. 1983: Der Ibbenbürener Steinkohlenbergbau von den Anfängen bis zur Gegenwart (Paderborn).

Römhild, G. 1984: Das frühere Kohlenrevier Buchholz bei Ibbenbüren. Der Anschnitt 36. 203–211.

Römhild, G. 1998: Montanindustrie an der Peripherie. Die nordwestdeutsche Wealdenkohle und der frühere Bergbau im Gesamtbergamt Obernkirchen-Barsinghausen – im Übergang von der Früh- zur Hochindustrialisierung – unter besonderer Berücksichtigung des 1961 erloschenen Schaumburger Steinkohlenbergbaus. Siedlungsforsch. 16, 279–327.

Roseneck, R. 1992: Denkmallandschaft – Museumslandschaft. In: Auer, H. (Hrsg.): Museum und Denkmalpflege (München u.a.) 62–72.

Roseneck, R. 1992: „Montandenkmalpflege" im Harz – Eine Bilanz. Ber. Denkmalpfl. Niedersachsen 12, 2–10.

Roseneck, R. 1993: Der Harz als historische Kulturlandschaft. In: Historische Kulturlandschaften. ICOMOS-Hefte des Deutschen Nationalkomitees 11 (München) 55–61.

Roseneck, R. u. Marbach, W. 1993: Historische Bergbauregion Harz. Denkmalpflegerisch-museales Rahmenkonzept (Braunschweig/ Clausthal-Zellerfeld).

Roseneck, R. 1994: Neue Wege denkmalpflegerisch-musealer Kooperation: Das Modell „Historische Bergbauregion Harz". Mitt.bl. Museumsverband Niedersachsen u. Bremen 48, 8, 21–32.

Sauer, M. 2000: In geplanten Bahnen: Eisenbahnanlagen als Kulturlandschaftselemente in Deutschland von 1848 bis 1998, Diss. Phil. Univ. Bonn.

Schäfer, L. u. Kistemann, E. 2000: Wassermühlen im Bergischen Land. In: Mit Feuer und Wasser. Stationen der Industriekultur zwischen Wupper und Sieg (Essen) 44–49.

Schäfer, L./Kistemann, E. u. Boesler, D. 1999: Mühlen und Hämmer im Naturpark. Wie die Bergischen die Kraft des Wassers nutzten (Köln).

Schalich, J. u.a. 1986: Die Bleierzlagerstätte Mechernich – Grundlage des Wohlstandes, Belastung für den Boden (Krefeld).

Schenk, W./Fehn, K. u. Denecke, D. (Hrsg.) 1997: Kulturlandschaftspflege. Beiträge der Geographie zur räumlichen Planung (Stuttgart).

Scherz, F.: Gebäude für gewerbliche Zwecke, in: Die Industrie von Köln und Umgebung, Abschnitt 5, in: Köln und seine Bauten. Festschrift zur Wanderversammlung des Verbandes deutscher Architekten- und Ingenieur-Vereine in Köln vom 12. bis 16. Aug.1888 (Köln), 725–806.

Schmidt, M. 1993: Die Wasserwirtschaft des Oberharzer Bergbaues. Schriftenr. Frontinus-Gesellschaft e.V. 13 (München).

Schönfeld, G. u. Schäfer, D. 1991: Erhaltung von Kulturlandschaften als Aufgabe des Denkmalschutzes und der Denkmalpflege. In: Grätz, R.; Lange, H.; Beu, H. (Hrsg.): Denkmalschutz und Denkmalpflege (Köln) 235–245.

Schubart, W. 1978: Die Verbreitung der Fichte im und am Harz vom hohen Mittelalter bis in die Neuzeit. Aus dem Walde 28 (Hannover).

Semmel, A. 1993: Das aktualistische Prinzip und seine Anwendung in der deutschen Tropen-Geomorphologie. Z. Geomorph. N.F. 93, 47–59.

Slotta, Rainer 1975: Technische Denkmäler in der Bundesrepublik Deutschland. Veröffentl. Bergbau-Museum Bochum 7 (Bochum).

Slotta, R. 1982: Einführung in die Industriearchäologie (Darmstadt).

Slotta, R. 1982a: Der Wilhelm-Erbstollen in Kaub. Das herausragende technische Denkmal des Dachschieferbaus am Mittelrhein. Der Anschnitt 34, 154–156.

Slotta, R. 1983: Technische Denkmäler in der Bundesrepublik Deutschland 4/I Der Metallerzbergbau. (Bochum).

Slotta, R. 1988: Zum landeskulturellen Wert und zur Erhaltung von Bergschüttungen: Ergebnis einer Analyse in der industriellen Kernregion des Saarlandes. Der Anschnitt 40, 20–29.

Soyez, D. 1993: Kulturtourismus in Industrielandschaften. Synopse und „Widerstandsanalyse". In: Becker, C.; Steinecke, A. (Hrsg.): Kulturtourismus in Europa: Wachstum ohne Grenzen ? ETI-Studien 2 (Trier) 40–63.

Steinbruch und Bergwerk 2000: Denkmäler römischer Technikgeschichte zwischen Eifel und Rhein. Kataloghandbuch von den Ausstellungen in Mayen und Andernach (Mainz).

Steuer, H. u. Zimmermann, U. (Hrsg.) 1993: Montanarchäologie in Europa. Berichte zum internationalen Kolloquium: Frühe Erzgewinnung und Verhüttung in Europa. Archäologie und Geschichte. Freiburger Forsch. zum ersten Jahrtausend in Süddeutschland 4 (Sigmaringen).

Technische Denkmäler des Bergbaus als kulturelles Erbe (Europarat-Kolloquium im Deutschen Bergbau-Museum Bochum). Der Anschnitt 41, 1989.

Tenfelde, K. 1998: Aktuelle Themen der Bergbaugeschichte. Forum Industriedenkmalpflege u. Geschichtskultur 2, 29–35.

Timm, A. 1974: Technische Denkmale im Blickfeld des Historikers. In: Denkmalpflege im rheinischen Ballungsraum (Bonn) 113–35.

Trinder, B. 1987: The making of the industrial landscape (Guernsey).

Uhlig, H. 1993: Die Kulturlandschaft. Methoden der Forschung und das Beispiel Nordostengland. Kölner Geogr. Arb. 9/10 (Sigmaringen).

Voppel, G. 1989, Die geographische Stadtforschung Kölns im Wirtschafts- und Sozialgeographischen Institut der Universität zu Köln, in: K. Hottes (Hrsg.), Köln und sein Umland, 283–289.

Wagenbreth, O. 1983: Zur landeskulturellen Erhaltung von Bergbauhalden. Geogr. Ber. 68, 196–205.

Wagenbreth, O./Wächtler, E. u.a. 1986: Der Freiberger Bergbau. Technische Denkmale und Geschichte (Leipzig).

Wagenbreth, O./Wächtler, E. u.a. 1990: Bergbau im Erzgebirge. Technische Denkmale und Geschichte (Leipzig).

Wagner, J. M. 1997: Zur emotionalen Wirksamkeit der Kulturlandschaft. In: Schenk, W./ Fehn, K. u. Denecke, D. (Hrsg.): Kulturlandschaftspflege. Beiträge der Geographie zur räumlichen Planung (Berlin/Stuttgart) 59–66.

Wagner, J. M. 1999: Schutz der Kulturlandschaft – Erfassung, Bewertung und Sicherung schutzwürdiger Gebiete und Objekte im Rahmen des Aufgabenbereiches von Naturschutz und Landschaftspflege. Eine Methodenstudie zur emotionalen Wirksamkeit und kulturhistorischen Bedeutung der Kulturlandschaft unter Verwendung des Geographischen Informationssystems PC ARC/INFO. Saarbrücker Geograph. Arbeiten 47.

Waters, M.R. 1992: Principles of Geoarchaeology – a North American perspective (Tucson).

Weber, W. 1980: Von der „Industriearchäologie" über das „ndustrielle Erbe" zur „Industriekultur". In: Überlegungen zum Thema einer handlungsorientierten Technikhistorie. Technikgesch. 1980, 420–447.

Wegener, W. 1990: Pingen und Schächte, Kreis Euskirchen Jahrb. 1991, 1990, 67–75.

Wegener, W. 1991: Kulturlandschaftswandel: Ein archäologisches Problem ? Bonner Jahrb.191, 373–384.

Wegener, W. 1995: Bodendenkmäler der neuzeitlichen Montanindustrie. Ausgrab. u. Funde 40, 18–29.

Wegener, W. 1995a: Kulturlandschaftsuntersuchungen als Teil bodendenkmalpflegerischer Aufgaben. Mat. Bodendenkmalpflege Rheinland 4 (Köln) 135–141.

Wegener, W. 1998: Archäologische Denkmalpflege in industriellen Ballungsräumen am Beispiel der Stadt

Essen. Kulturlandschaft. Zeitschr. Angewandte Hist. Geogr. 8, 79–82.

Wegener, W. 2000: Rurmühlenteiche: Bodendenkmäler zur Wirtschaftsgeschichte des Rheinlandes. Arch. Rheinland 1999, 165–168.

Wegener, W. 2001: Spätmittelalterliche und frühneuzeitliche Bergbauspuren am Griesberg bei Kommern. Arch. Rheinland 2000, 126–130.

Wegner, H.H. 1995: Erste Bergwerke, Steinbrüche und Abbauspuren. In: Archäologie, Vulkane und Kulturlandschaft. Studien zur Entwicklung einer Landschaft in der Osteifel. Archäologie an Mittelrhein und Mosel, 11 (Koblenz) 35–50.

Wehdorn, M. 1989: Die „Industrielandschaft" als neuer Begriff der Denkmalpflege. Vier Beispiele aus Österreich. Der Anschnitt 41, 70–74.

Wehling, H.-P. 1987: Die Siedlungsentwicklung der Stadt Essen (Essen).

Weisgerber, G. 1996: Mittelalterliche Bergbaufunde aus der Grube Bliesenbach im Oberbergischen Kreis. Der Anschnitt 48, 2–18.

Westermann, E. 1984: Der Mansfelder Kupferschieferbergbau und Thüringer Saigerhandel im Rahmen der mitteldeutschen Montanwirtschaft 1450–1620: Aufgaben der Forschung. Der Anschnitt, Beih. 2, 144–147.

Westfehling, U. 1979: Köln um die Jahrhundertwende in Bildern von Jakob und Wilhelm Scheiner (Köln).

Willms, Chr. 1995: Untersuchungen auf einer frühen Massehütte im oberen Wippertal. Arch. Rheinland 1994, 132–135.

Wulf, F.-W. u. Schlüter, W. (2000): Archäologische Denkmale in der kreisfreien Stadt und im Landkreis Osnabrück (Hrsg.: Niedersächsisches Landesamt für Denkmalpflege, Hannover).

Autorenverzeichnis

Dr. Peter Burggraaff
Büro für historische Stadt- und Landschaftsforschung
Rathausstr. 13
51143 Köln

Dr. Paul Custodis
Landesamt für Denkmalpflege
Schillerstr. 44
55116 Mainz

Prof. Dr. D. Denecke
Merkelstraße 22
37085 Göttingen

Prof. Dr. Klaus Fehn
Geographisches Institut
der Universität Bonn
Historische Geographie
Meckenheimer Allee 166
53115 Bonn

Dr. Michael Gechter
Landschaftsverband Rheinland
Rheinisches Amt für Bodendenkmalpflege
Außenstelle Overath
Gut Eichthal
51491 Overath

Dr. Angelika Hunold
Vulkanpark GmbH
Forschungsstelle für Vulkanologie,
Archäologie und Technikgeschichte
Marktplatz 55
56727 Mayen

Dr. Eva Kistemann, Dipl.-Geogr.
Land und Leute
Kontor für Kulturlandschaft, Kulturelles Erbe
und Industriekultur
Reuterstraße 208
51467 Bergisch Gladbach

Dr. Klaus-Dieter Kleefeld
Büro für historische Stadt- und Landschaftsforschung
Rathausstr. 13
51143 Köln

Dr. Harald Koschik
Landschaftsverband Rheinland
Rheinisches Amt für Bodendenkmalpflege
Endenicher Str. 133
53115 Bonn

Fritz Mangartz M.A.
Vulkanpark GmbH
Forschungsstelle für Vulkanologie, Archäolo-
gie und Technikgeschichte
Marktplatz 55
56727 Mayen

Dr. Henriette Meynen
Stadt Köln
Konservator-Denkmalbehörde
Willy-Brandt-Platz 2
50679 Köln

Dr. Thomas Otten
Rheinischer Verein für Denkmalpflege und
Landschaftsschutz
Ottoplatz 2
50679 Köln

Dipl.-Phys. Rolf Plöger
Geographisches Institut
der Universität Bonn
Historische Geographie
Meckenheimer Allee 166
53115 Bonn

Dr. Georg Römhild
Universität–Gesamthochschule
Paderborn
FB 1, Fach Geographie
Warburger Str. 100/Geb. N
33098 Paderborn

Dr. Mark Sauer
Steinkaulerstr. 11
51063 Köln

Dr. Holger Schaaff
Vulkanpark GmbH
Forschungsstelle für Vulkanologie,
Archäologie und Technikgeschichte
Marktplatz 55
56727 Mayen

Hans Schüller
Finstingenstraße 2
56727 Mayen

Dr. Juan Manuel Wagner
Universität des Saarlandes
Fachrichtung Geographie
Postfach 15 11 50
66041 Saarbrücken

Wolfgang Wegener M.A.
Landschaftsverband Rheinland
Rheinisches Amt für Bodendenkmalpflege
Endenicher Straße 133
53115 Bonn

Prof. Dr. Ludwig Zöller
Geographisches Institut
Meckenheimer Allee 166
53115 Bonn

Abbildungsnachweis

Titelbild: Chr. Schwabroh: Landschaftsverband Rheinland, Rheinisches Amt für Bodendenkmalpflege, Außenstelle Overath

K. Fehn: 1–3 E. Kistemann.

K.-D. Kleefeld: 1 aus: R. Graafen u. K.-D. Kleefeld, Siedlungsflächenentwicklung im rechtsrheinischen Köln 1845–1986. In: Geschichte in Köln 34, 1993, 131.

G. Römhild: Autor.

L. Zöller: 1 nach Bork et al. 1998; 2 nach Waters 1992. R. Plöger: 1-5 GIS-Karten R. Plöger, Bonn, 2000; Datengrundlagen: 2 Geobasisdaten Landesvermessungsamt Nordrhein-Westfalen, Bonn, S 1818/2001; 3 Flächennutzungskartierung des Kommunalverbandes Ruhrgebiet, Essen, Genehmigung vom 21.08.1995; 4 u. 5: Darstellung auf der Grundlage der Topographischen Karte 1:25000 des Landes Nordrhein-Westfalen mit Genehmigung des Landesvermessungsamtes NRW vom 15.01.2001, Az.: S 1044/2001.
Hinweis; Die Ausfransungen im Randbereich des Untersuchungsgebietes sind durch noch ausstehende Datenerfassungen bedingt.
Quelle: Topographische Karte 1.25.000 (4408 u. 4508), Berichtigungsstand 1939 bzw. 1949, Auflage 1950.

M. Gechter: Landschaftsverband Rheinland, Rheinisches Amt für Bodendenkmalpflege, Außenstelle Overath.

E. Kistemann: Autorin.

H. Meynen: 1 aus: Festschrift zur Feier des 50jährigen Bestehens der Firma Vorster & Grüneberg. Cöln 1908; 2 Stadtkonservator Köln; 3 u. 4 aus H. Meynen, Köln: Kalk und Humboldt-Gremberg. Köln 1990, 309, 18; 5 aus den ehemaligen firmeneigenen Unterlagen der CFK.

W. Wegener: 8 S. Mentzel; 9, 11 A. Thünker; 10 Brunemann, Heimatverein Rescheid. Alle anderen Abbildungen von Verfasser.

P.-G. Custodis: 1 Wilhelm, Landesamt für Denkmalpflege Rheinland-Pfalz; 2 Th. Wildemann, Landesamt für Denkmalpflege Rheinland-Pfalz.

H. Schüller: 1 Ausschnitt aus der Preußischen Landesaufnahme 1895/1910; LVA Rhld.-Pf. 71/93; 2 (Archiv Geschichts- und Altertumsverein Mayen; 3 Lapidea Förderkreis Naturstein; 4 Vulkanpark GmbH; Gehle 1993.

P. Burggraaff: 1 Archiv des Geschichts- und Altertumsvereines Mayen; s. oben S. 145; 2 u. 3 Eifelmuseum Mayen; 4 u.5 Burggraaff & Kleefeld.

F. Hunold: 1–5, 8, 9 Vulkanpark GmbH; 6 A. Schmickler; 7, 10 D. O. Mielke.